应用型本科物流管理专业精品系列教材

# 港口物流学

主　编　汪德荣　黄　武
副主编　黄海嫚

北京理工大学出版社
BEIJING INSTITUTE OF TECHNOLOGY PRESS

## 内容简介

本书在吸取应用型本科院校培养应用型人才方面取得的成功经验的基础上，以应用为目的，以必需、够用为原则，依据“工学结合”的教学指导思想编写而成。本书主要介绍了船舶进出港及集装箱进出港、货物进出港的物流活动；重点研究了港口物流货物的装卸搬运、运输、拆装箱、仓储管理、包装加工、信息处理、保税、通关商检及其他增值服务的运作；同时注重研究港口大物流、一体化及虚拟物流链等港口物流管理的理论及其发展趋势。



**图书在版编目（CIP）数据**

港口物流学 / 汪德荣，黄武主编. --北京：北京理工大学出版社，2019.12（2024.8 重印）

ISBN 978-7-5682-8019-8

Ⅰ. ①港…　Ⅱ. ①汪… ②黄…　Ⅲ. ①港口-物流管理-高等学校-教材　Ⅳ. ①U695.2

中国版本图书馆 CIP 数据核字（2019）第 281871 号

**责任编辑**：李　薇　　**文案编辑**：赵　轩
**责任校对**：周瑞红　　**责任印制**：李志强

**出版发行** / 北京理工大学出版社有限责任公司
**社　　址** / 北京市丰台区四合庄路 6 号
**邮　　编** / 100070
**电　　话** / （010）68914026（教材售后服务热线）
（010）68944437（课件资源服务热线）
**网　　址** / http://www.bitpress.com.cn

**版 印 次** / 2024 年 8 月第 1 版第 3 次印刷
**印　　刷** / 廊坊市印艺阁数字科技有限公司
**开　　本** / 787 mm×1092 mm　1/16
**印　　张** / 14
**字　　数** / 328 千字
**定　　价** / 45.00 元

# 前言

党的二十大报告提出加快构建新发展格局，着力推动高质量发展。特别强调发展海洋经济，加快建设海洋强国。强调要优化区域开放布局，巩固东部沿海地区开放先导地位，提高中西部和东北地区开放水平，加快建设西部陆海新通道。加快建设海南自由贸易港，加快形成陆海内外联动、东西双向互济的全面开放格局。

港口发展始终是习近平总书记考察和关注的重点之一。党的十八大以来，习近平总书记多次深入国内主要港区，强调港口是基础性、枢纽性设施，是经济发展的重要支撑。党的二十大以来，习近平总书记一次次港口之行，聚焦现代化港口建设。提出要持续推进港口转型升级和资源整合，打造现代海洋经济发展高地，为港口加速发展指引航向。向海图强，我国海运连接度全球领先，港口货物吞吐量、港口集装箱吞吐量等指标稳居世界第一。我国港口已与世界200多个国家和地区建立了航线联系，航线覆盖共建“一带一路”的沿海国家和地区，服务网络不断完善，积极发展与沿线国家的经济合作伙伴关系，共同打造政治互信、经济融合、文化包容的利益共同体、命运共同体和责任共同体，持续书写海上丝绸之路的新篇章。

港口历来都是境内外贸易的重要中转站，港口的出现大大缩短了与各种贸易相关商品的运输时间，缩短了运输路程，带动了国家间经济贸易往来。随着经济全球化趋势的加剧，国与国之间的经济交往日益密切，现代化的港口便利了国家之间、区域之间的贸易开展，利用港口作为开展贸易的平台，大大提高了国家之间、区域之间的贸易往来，促进了商业繁荣，进而带动了物流业的发展，形成良性循环，使商贸得到进一步发展。港口作为全球综合运输网络的节点，其功能不断拓宽，在现代物流发展中扮演着越来越重要的角色。

港口物流是指中心港口城市利用其自身的口岸优势，以先进的软硬件环境为依托，强化其对周边物流活动的辐射能力，突出港口的集货、存货及配货特长，以临港产业为基础，以信息技术为支撑，以优化港口资源整合为目标，具有物流产业链所有环节特点的港口综合服务体系。港口物流是特殊形态下的综合物流体系，是物流过程中一个无可替代的重要节点，可完成整个供应链物流系统中基本的物流服务和衍生的增值服务。

面对学术研究和实践操作的热潮，我们一方面积极开展港口物流理论领域的科学研究，另一方面也在物流管理等本科专业开设了“港口物流”相关课程。本教材就是在上述科学研究和教学实践基础上撰写而成的。

本教材分为基础理论篇和实训项目篇，以港口物流基本概念和港口物流知识体系构建为突破口，系统、全面地介绍了港口物流的基本知识。同时，本教材以实用、创新为特色，以应用型技能培养为出发点，吸收了国内外港口物流研究的最新成果，本着精炼理论、强化应用及培养技能的原则，内容涉及港口物流理论和实践的各个方面，具有科学性、创新性。本教材适合物流管理专业本科生使用，亦可供工商管理类各专业和港口物流方向的研究生作为教学参考用书，同时也可供物流企业技术人员和管理人员及港口物流研究人员阅读参考之用。

本教材第 1 章、第 2 章、第 11 章、第 12 章、第 13 章、第 14 章汪德荣编写，第 3 章、第 4 章、第 5 章、第 8 章黄武编写，第 6 章、第 7 章、第 9 章、第 10 章黄海嫚编写。全书由汪德荣拟纲，黄武统稿，黄海嫚校核。

在本教材编写过程中，我们参考了大量有关的著作和文献，未能全部列出，谨向原著作者表示感谢!

由于学识所限，本教材难免有很多不足之处，欢迎大家不吝赐教、批评指正。

编　者

# 目 录

## 第一篇　基础理论篇


第1章　导　论 …… (3)
引导案例：中国-东盟港口城市合作网络 …… (3)
1.1　物流与港口物流 …… (4)
1.2　港口物流经济 …… (15)
练习题 …… (23)
第2章　港口主要设施和装备 …… (24)
引导案例：中国五大港口群 …… (24)
2.1　港口概述 …… (25)
2.2　码头概述 …… (29)
2.3　港口主要物流设备 …… (33)
2.4　港口铁路、道路、库场及其他设施 …… (35)
练习题 …… (38)
第3章　港口物流生产管理 …… (39)
引导案例：美国西海岸港口治理堵塞方案 …… (39)
3.1　港口生产活动的内容及特点 …… (40)
3.2　港口换装作业及构成 …… (42)
3.3　港口生产计划与作业计划 …… (44)
3.4　港口物流生产统计指标 …… (47)
练习题 …… (50)
第4章　船舶理货业务 …… (51)
引导案例："特拉蒙塔那"轮短卸货物扣租金争议案裁决书 …… (51)

4.1　船舶理货概述 ……………………………………………………………………… (52)
4.2　船舶理货业务 ……………………………………………………………………… (66)
练习题 ……………………………………………………………………………………… (70)
第5章　港口集装箱业务 ……………………………………………………………… (71)
引导案例：集装箱装载羽绒滑雪衫货损 …………………………………………… (71)
5.1　集装箱运输基础知识 ……………………………………………………………… (72)
5.2　集装箱进出口业务 ………………………………………………………………… (78)
5.3　集装箱货运站业务 ………………………………………………………………… (85)
5.4　集装箱码头的检查桥业务 ………………………………………………………… (88)
5.5　集装箱箱务管理业务 ……………………………………………………………… (90)
练习题 ……………………………………………………………………………………… (96)
第6章　现代港口口岸管理 …………………………………………………………… (97)
引导案例：宁波港发展历程 ………………………………………………………… (97)
6.1　我国港口口岸管理概述 …………………………………………………………… (98)
6.2　中国海关货运监管制度 …………………………………………………………… (101)
6.3　国外口岸管理研究 ………………………………………………………………… (103)
6.4　“单一窗口”管理模式的兴起 …………………………………………………… (104)
练习题 ……………………………………………………………………………………… (104)
第7章　保税物流与区港联动 ………………………………………………………… (105)
案例导引：上海外高桥保税物流园区引领区港联动新模式 ……………………… (105)
7.1　保税物流 …………………………………………………………………………… (107)
7.2　保税区 ……………………………………………………………………………… (112)
7.3　港口与保税区的关系 ……………………………………………………………… (115)
7.4　区港联动 …………………………………………………………………………… (116)
练习题 ……………………………………………………………………………………… (120)
第8章　现代港口物流管理信息系统 ………………………………………………… (121)
引导案例：马士基——港口堆场信息管理系统应用 ……………………………… (121)
8.1　现代港口物流管理信息系统概述 ………………………………………………… (123)
8.2　现代港口物流管理信息系统需求分析 …………………………………………… (128)
8.3　现代港口物流管理系统数据流图 ………………………………………………… (131)
练习题 ……………………………………………………………………………………… (132)
第9章　现代港口物流系统与供应链 ………………………………………………… (133)
案例引导：基于供应链管理的煤炭港口发展新思路 ……………………………… (133)

9.1 港口物流系统及其特征 …… (134)
9.2 港口物流系统一体化 …… (137)
9.3 港口物流供应链管理 …… (142)
练习题 …… (146)
**第10章 空港物流管理** …… (147)
引导案例：UPS航空货运 …… (147)
10.1 空港物流概述 …… (148)
10.2 航空货运 …… (152)
练习题 …… (158)

## 第二篇 实训项目篇

**第11章 报关业务实训项目** …… (161)
11.1 随附单证准备 …… (161)
11.2 申报 …… (171)
11.3 查验 …… (172)
11.4 征税 …… (175)
11.5 放行 …… (175)
**第12章 报检业务实训项目** …… (178)
12.1 出境报检业务 …… (178)
12.2 入境报检业务 …… (182)
**第13章 港口集装箱业务实训项目** …… (186)
13.1 港口集装箱单证 …… (186)
13.2 港口集装箱进口业务流程 …… (189)
13.3 港口集装箱出口业务流程 …… (191)
**第14章 船舶理货业务实训项目** …… (193)
14.1 件杂货船理货业务 …… (193)
14.2 集装箱船理货业务 …… (195)
14.3 外轮理货单证 …… (200)
**参考文献** …… (210)

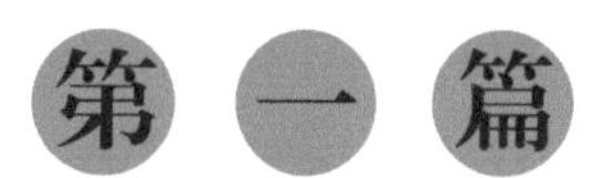


# 基础理论篇

# 第1章

# 导 论

## 引导案例：中国-东盟港口城市合作网络

中国南部沿海及东盟各国的海域面积广阔，拥有极佳的海运条件和密集的港口群。其中，中国的北部湾、新加坡和马来西亚等均拥有水深15米以上的深水泊位；群岛国家印度尼西亚拥有大小港口约670个；全国水运航道共计约2.157 9万千米。天然的地理特征，加之社会经济发展的需要，为促进港口城市之间双边、多边合作机制的形成和发展提供了条件。

2013年9月，在中国南宁举行的第十届中国-东盟博览会期间，举办了中国-东盟港口城市合作网络论坛，各方为推进海上乃至全方位的互联互通、在合作中实现互利共赢，宣布建立中国-东盟港口城市合作网络（以下简称“合作网络”）。这一构想得到了东盟港口城市的广泛欢迎。随后的几年中，这一构想在相关各方的积极推动下悄然变为现实——“合作网络”已经覆盖东盟国家的47个主要港口城市。

2016年5月，作为第九届泛北部湾经济合作论坛的重要组成部分，“合作网络”工作会议得到了举行。会议讨论了《中国-东盟港口城市合作网络合作办法》和《中国-东盟港口城市合作网络愿景与行动》，成立了“合作网络”中方秘书处，标志着这一国际组织进入正式运行新阶段。

本次会议以“推进中国-东盟港口合作，打造‘一带一路’海上桥梁”为主题，分别在中国广西南宁和钦州举行。会议透露，广西愿为“合作网络”提供基础服务，并已开始在钦州建设海洋气象监测预警、水上训练、港口物流信息及海上搜救等服务设施。当天成立的“合作网络”中方秘书处是沟通议事平台，为“合作网络”的正常运转、成员之间相互合作提供基本沟通和协调服务。会议指出，“合作网络”是一个开放互动、服务为主的平台，欢迎各国港口城市政府、港口管理和运营机构及国际航运物流企业等加入，充分体现共商、共建、共享的精神。

2018年5月，来自中国和东盟十国有关部委、机构、港口城市政府、港口管理和运营机构、船务公司、企业的代表以及专家学者共210人参加了在中国广西南宁举行的“合作网络”工作会议。会议设置了三个议题，分别是多式联运跨界协同、信息互联互通、机制建设与联动。会议向新加入中国–东盟港口城市合作网络的六家成员单位颁发了牌匾，中国–东盟信息港股份有限公司发布了信息平台合作成果。“合作网络”工作在信息共享和多式联运合作中取得新突破，南向通道海铁联运成功实现常态化，国家交通物流信息平台、中国–东盟信息港、中国–东盟港口物流信息平台开展信息共享合作，“合作网络”成员进入了共建信息网和物流网的新阶段。中国与东盟海上互联互通取得积极的建设成果，港口投资合作日益升温，信息互联互通加快推进，海上航线不断加密，通关便利化水平明显提升，中新互联互通南向通道先导示范效应突出，更多的港口和港口城市从合作网络中受益，正日益成为中国–东盟合作的新平台。

“合作网络”是中国与东盟合作的一项重要行动，是泛北合作十年来第一个中国与东盟整体层面实施的专题合作项目，对今后泛北推动项目合作具有探索和先行意义。目前，“合作网络”已获得首批中国–东盟海上合作基金资助，从共识走向实践，实现合作共享、开放共赢，共同谱写着“海上丝绸之路”新篇章。

**思考题：**“合作网络”给港口、城市、物流和经济带来了什么机遇与挑战？

## 1.1 物流与港口物流

### 1.1.1 现代物流的发展

#### 一、物流的演进与发展

“物流”一词的使用始于1915年，但是，现代社会的物流，特别是经营领域的物流，实际上始于第二次世界大战。当然，作为军事领域“后勤”的使用，可以追溯到古希腊、古罗马时代。不论是古代的战争、第二次世界大战还是现代海湾战争，没有物流的支援，军事行动的实现则完全不能想象。

美国于1915年提出了“Physical Distribution”（直译为“实物分拨”或“实物分销”的概念），可缩写为PD。第二次世界大战期间，围绕着战争物资供应，“后勤”（Logistics）理论被应用于战争活动中。“后勤”是指将战时物资生产、采购运输、配给等活动作为一个整体进行统一布置，以求战略物资补给的费用更低、速度更快、服务更好。第二次世界大战以后的20世纪50年代末至60年代，“后勤”一词在企业管理中广泛使用，使得物流的含义扩大，包括生产过程和流通过程中的物流。中国早期的物流概念来自日本，日本的物流概念是1956年从英文的“Physical Distribution”翻译过来的。对于PD和Logistics两个概念，PD侧重于运输、保管、包装、装卸及信息活动本身，而Logistics侧重于对物流的现代化管理，故Logistics外延更广。在我国，有的物流权威学者主张将前者称为传统物流，将后者称为现代物流。

在将社会发展、经济发展、物流发展及物流学科发展的特点进行比较分析的基础上，物流的发展大体分为三个阶段。第一阶段：20 世纪初期至 20 世纪 50 年代；第二阶段：20 世纪 60 年代至 90 年代；第三阶段：20 世纪 90 年代至今。各阶段的主要特点如表 1-1 所示。

**表 1-1 物流发展的三个阶段**

| 阶段 | 社会发展特点 | 经济发展特点 | 物流发展特点 | 物流学科发展特点 |
| --- | --- | --- | --- | --- |
| 第一阶段：20 世纪初期至 20 世纪 50 年代 | 工业化时期，大多数欧美国家陆续进入工业化社会 | 制造业发展迅速，社会分工不断细化 | 物流发展规模小，渠道不畅，成本高，其作用未受到应有的重视 | 从经济学角度建立了物流学科（PD）；第二次世界大战时期，从技术角度确立了物流学科的地位 |
| 第二阶段：20 世纪 60 年代至 90 年代 | 世界各国大都采用了“大量生产、大量销售、大量消费、大量废弃”的社会化发展模式 | 制造业的大规模化与零售业的大规模化并举 | 物流产业逐步形成和壮大，多品种、少批量的配送方式成为这一阶段主流 | 第三方物流理论的出现确立了物流产业 |
| 第三阶段：20 世纪 90 年代至今 | 网络化时代到来 | 经济全球化、一体化，知识经济初露端倪 | 发展到供应链管理阶段 | 支撑物流学科发展的物流经济学科、物流管理学科、物流技术学科初步形成理论体系，综合性的物流学科正在发展 |

## 二、物流的概念与内涵

### （一）欧洲的物流定义

欧洲物流协会（European Logistics Association，ELA）1994 年发表的《物流术语》中将物流定义为：物流是在一个系统内对人员及/或商品的运输、安排及与此相关的支持活动的计划、执行与控制，以达到特定的目的。

### （二）美国不同时期的物流定义

美国国家物流管理协会（National Council of Physical Distribution Management，NCPDM）在 1963 年对物流管理的定义（简称“63 定义”）是：物流管理是为了计划、执行和控制原材料，在制品库存及制成品从起源地到消费地的有效率的流动而进行的两种或多种活动的集成。这些活动可能包括但不仅限于顾客服务、需求预测、交通、库存控制、物料搬运、订货处理、零件及服务支持、工厂及仓库选址、采购、包装、退货处理、废弃物回收、运输、仓储管理等。

1986 年，美国物流管理协会（Council of Logistics Management，CLM）取代 NCPDM 而成立，Logistics 的概念代替了 Physical Distribution 的概念。1986 年其对物流的定义（简称“86 定义”）是：物流是对货物、服务及相关信息从起源地到消费地的有效率、有效益的流动和储存进行计划、执行和控制，以满足顾客要求的过程。该过程包括进向（Inbound）、去向

(Outbound)、内部和外部的移动以及以环境保护为目的的物料回收。

1998年，CLM将物流定义修订（简称“98定义”）为：物流是供应链过程的一部分，是对货物、服务及相关信息从起源地到消费地的有效率、有效益的流动和储存进行计划、执行和控制，以满足顾客要求。

CLM于2002年1月初进一步修订了物流定义，只在“98定义”中加上了“正向和反向”。修订后的定义（简称“02定义”）为：物流是供应链过程的一部分，是对货物、服务及相关信息从起源地到消费地的有效率、有效益的正向和反向流动和储存进行计划、执行和控制，以满足顾客要求。

CLM于2003年对物流定义进行了重要修订，修订后的定义（简称“03定义”）为：物流管理是供应链管理的一部分，是对货物、服务及相关信息从起源地到消费地的有效率、有效益的正向和反向流动和储存进行的计划、执行和控制，以满足顾客要求。

#### （三）中国的物流定义

中华人民共和国国家标准《物流术语》（GB/T 18354—2006）关于物流的定义是：物品从供应地向接收地的实体流动过程。根据实际需要，将运输、储存、装卸、搬运、包装、流通加工、配送、信息处理等基本功能实施有机结合。

把握几个关键点，就能正确理解物流定义。

（1）物流中“物”的概念是指一切可以进行物理性位置移动的物质资料，包括物资、物料、货物、商品、物品。

（2）物流是物品物质实体的流动。

（3）物流是物品由供应地流向接受地的流动，它是一种满足社会需求的活动，是一种经济活动。

（4）物流包括空间位置的移动、时间的推移以及形状性质的变动，因而通过物流活动，可以创造物品的空间效用、时间效用和形式效用。

（5）物流包括运输、搬运、存储、保管、包装、装卸、流通加工和物流信息处理等基本活动。

（6）物流最基本的特性之一就是它的普遍性。

### 三、现代物流的特征

传统物流主要侧重于运输、保管、包装和装卸等活动，而利用现代的信息技术手段，借助传统的物资流通资源，实现快速、准确、低成本的物流活动为现代物流。可以看出传统物流与现代物流的主要区别在于，现代物流更强调现代化的管理和整个物流系统的整合优化。现代物流以信息系统和信息网络为基础，对物流系统内运输、储存、装卸、搬运、包装、流通加工及配送等子系统间进行管理控制。

#### （一）现代物流的管理观念

1. 全球化观念

经济的全球化带动了物流的全球化，产品的销售区域已变成全世界范围，这就意味着我们的物流管理也要实现全球化。

2. 物流管理信息化

无可置疑，信息在现代物流管理中担任着重要角色。通过实时把握物流信息，我们可以控制物流系统按照预定的目标行进。

3. 物流管理的社会化

产品的销售和流通是产品生产完成后的一个重要环节，同时也是一个会给产品生产企业的资金周转带来不利的环节，如果企业同时从事制造和物流，将会使社会的物流能力得不到充分利用。将产品的生产制造行业与物流服务行业联接起来，是物流管理社会化的体现。

4. 物流管理的一体化

企业的生存与发展、顾客选择商品的结果，都会受到企业物流管理的影响。在这个高速发展的社会，只有拥有值得让顾客信服的物流管理，才能使产品的销售流通顺利进行。物流管理的一体化不仅仅是指企业内部物流管理的一体化，还包括企业内部和外部的一体化。

5. 以顾客满意为第一观念

让顾客满意是我们进行物流管理服务的目标之一，是让我们的企业生存下去的关键。社会向多元化、信息化发展，使消费者的需求也呈现出多样化的特征。订货的不确定性增强，批次增多、批量减小，这些都增加了货物的流通需求以及物流管理的工作量和烦琐度。我们在进行物流管理时一定要以顾客满意为第一观念，把服务做到位。

（二）现代物流的特征

1. 科学化

发达国家拥有专门的物流科学机构和从事物流科学的专业人员，并已经建立了完整的、系统的、全面的物流科学研究、教育及培训体系。

2. 系统化

物流系统化是系统科学在物流管理中应用的结果。现代物流不再孤立地追求各项功能的效益最大化，而是提倡“供应链管理”的思想。物流管理以整个供应链为对象，追求总成本的最小化。

3. 准时化

准时化是一种生产方式，即通过准时供应减少生产环节以外的库存，从而降低生产成本。与其相适应的是现代物流管理。有效的物流支持是实现准时化生产的关键。

4. 专业化

社会分工导致了专业化，导致了物流专业的形成。物流的专业化包含两个方面的内容：一是在企业中，物流管理作为企业的一个专业部门独立存在并承担专门的职能；二是在社会经济领域中，出现了专业化的物流企业。

5. 网络化

社会交通运输网络的建立，使企业的公司网络和业务网络的形成成为可能，促进了物流的网络化。

### 1.1.2 现代港口物流的形成

#### 一、世界海上运输发展历程

19世纪，海上运输有了很大发展。1807年，世界上诞生了第一艘蒸汽船，给古老的海运业注入了新的活力。资本主义国家的早期工业大多沿通航水道设厂，当时水运的发展对工业布局有很大的影响。同时由于国际贸易地理条件的限制（远隔重洋），加上海运运量大、成本低，国际贸易量的2/3是通过海上运输的。

20世纪的两次世界大战以及所发生过的重大海难，加速了科技前进的步伐，对海上运输起到重要的作用。现代通信手段已从无线通信到人造卫星通信发展到全球海难安全系统，船舶设计制造也在大型化、高速化方面有了很大进步，几十万吨的油船、散货船，每小时几十海里航速的快速客船，已在世界各地航行。

第二次世界大战以后，世界经济逐步向一体化过渡，客观上工业、农业、原料加工业等在不同国家、不同地区形成一定程度的专业分工，国际上的客货交流从数量上不断增加，其中海洋运输是国际货物运输的主要方式。20世纪80年代初，国际海运量在国际货运总量中占82%，按货运周转量计算则占94%。世界海运船舶保有量从1950年的8 500万吨增加到1973年的3.5亿吨。同时，各个港口逐步实现现代化。

**二、现代港口物流的形成**

港口物流活动是随着港口经济的发展，依托贸易的发展和技术的进步逐步形成的。20世纪50年代以前，整个世界的经济是建立在重工业的基础上的，世界工业资源分布及生产在全球的不均衡，决定了港口的主要功能在于集散大宗的散货（金属矿石、煤炭等）与液体货物（原油及相关产品等）。货物运输的特点是小批量、大运量，对其他相关服务的要求较低，因而整个物流活动的集成尚未形成。随着高新技术产业的崛起，传统的重工业在全球经济中的地位日渐衰落。在这一时期，全球海运三大货物中的散货及液体货物在经历了从20世纪50年代到70年代的较快增长之后，出现了停滞。与此同时，生产的全球化促使成品及半成品的全球运输需求增加，集装箱运输出现，传统运输活动的服务质量和效率大大提高，运输与装卸、存储、搬运以及信息流通活动的集成也逐步形成。

20世纪80年代以来，全球经济一体化步伐的加快，现代科学技术的发展及网络经济的崛起，对运输提出了更高的要求，要求以满足客户的需求为出发点，进行从起点到终点的原材料、中间产品过程库存、最后产品和相关信息有效流动和储存的全程服务，港口的功能从单一货运生产到综合物流汇集，从传统货流发展到商流、金融流、技术流及信息流的全面大流通，运输方式也从车船换装发展到联合运输、联合经营，实现了从传统装卸工艺到以国际集装箱多式联运为主要特征的现代运输方式的转变，使港口物流活动真正成熟地发展起来。

现代物流业的发展促进了港口物流业的形成。随着世界经济全球化、贸易自由化和国际运输市场一体化的形成，尤其是随着现代物流的发展，港口不再是仅具有传统的装卸、仓储功能，游离于生产、贸易和运输之外的企业，而是成为经济、贸易发展的催化剂，能对周围地区和腹地产生巨大的辐射功能，推动地区乃至世界经济和贸易的发展。正因如此，现代物流作为一种先进的组织方式和管理技术得到世界各国政府的高度重视，现代物流产业已在全球范围内迅速发展成为一个极具发展空间和潜力的新兴产业。为了充分发挥现代物流供应链重要节点的作用，越来越多的港口正在向现代物流中心发展。现代物流的出现和发展，给了港口发展以想象的空间。现代物流是以运输为主要环节的综合服务系统，而运输是挖掘企业"第三利润源泉"的核心。可以认为，现代物流的核心内容是货物的现代化运输，而港口是海上运输与陆地运输的连接点，是货物中转、换装和集散的场所。港口作为全球综合运输网络的节点，决定了它与生产制造企业、运输企业、仓储企业及销售企业等有着十分密切的关系。现代物流供应链中许多环节都发生在港口，并通过港口的功能来实现。

为了追求规模经济，船舶公司争相采用大型化船舶，从而对国际贸易港口的水深、装卸设施、服务水平以及腹地货源等相关因素提出了更大的挑战。为了适应船舶大型化的趋势和基于节约投资成本、节约船舶在港时间以及加快货物流转速度的考虑，发展综合物流服务势必成为港口发展的首选。

现代物流的产生和发展需要物资和技术作为基础，主要包括广大的海上和陆上经济腹地；充足的货源，尤其是集装箱货源；发达的海、陆、空运输网，并能开展多式联运业务；现代的国际贸易港口，其中包括先进的硬件设施设备及先进的管理技术；现代化的信息网络；办理货物通关的海关和商检等单位。这六方面条件只有港口才能同时具备。由此可见，现代物流的发展，正促使港口以多种方式参与到物流服务中去。

目前，世界上很多大型跨国公司、海运公司和物流企业均在港口及其周围地区建立生产制造厂、物流中心、分拨中心和配送中心，如安特卫普、鹿特丹、新加坡、香港、横滨、高雄等都围绕着现代物流建有物流中心、物流码头、分拨中心及配送中心等，不但具有传统的物流功能，而且具有流通加工、信息交流、销售和展览功能，可提供全方位的服务。发展现代物流，也是提高我国开放性港口城市国际竞争力的重要措施。

### 1.1.3 现代港口物流的基本功能

在现代港口物流不断发展的进程中，现代港口物流的基本功能正在从单一的装卸、仓储及运输等活动的基础上逐步拓展和完善，依托现代港口通过其自身区位优势和由此衍生出来的诸多功能，向着效率更高、成本更低、服务更人性化的目标发展。现代港口物流活动的功能主要包括以下九个方面。

#### 一、运输和中转功能

运输和中转是港口物流的首要功能。在现代港口物流活动中，运输是构成供应链服务的中心环节。运输功能主要体现在货物的集、疏、运上，方式包括公路运输、铁路运输、水路运输，以及不同运输方式之间的转运。

#### 二、装卸搬运功能

装卸搬运是港口物流实现运输和中转等功能的配套活动。装卸搬运是影响货物流转速度的基本要素之一。专业化的装载、卸载、提升、运送、码垛等装卸搬运机械，可以提高装卸作业效率。

#### 三、仓储功能

仓储功能是指转运和库存的功能，具体包括各种运输方式转换的临时库存和为原材料、半成品提供的后勤储存和管理服务。经港口进出口的货物品类繁多，对仓储条件的需求也各不相同，因此港口物流中的仓储设施应齐备才能满足不同货物的要求。

#### 四、堆场功能

集装箱堆场是现代港口不可或缺的部分，其服务主要包括备用箱储存管理、提箱及还箱服务、重箱堆存、集装箱货物检查以及拆拼箱等。

#### 五、配送功能

港口物流配送是把运输、仓储、装卸、加工、整理、配送及信息服务等方面进行有机结合，形成与港口有关的完整供应链，以期为用户提供多功能、一体化的综合服务。港口物流配送服务应有功能较强的配送系统，同时，由于港口物流的配送范围较广、运输路线长、业务复杂，因此需要配有相应的管理、调度系统。

**六、流通加工功能**

港口流通加工的功能主要目的是方便生产或销售。港口不但需要经常与固定的制造商或分销商进行长期合作，为制造商或分销商完成一定的加工作业，而且必须具备一些基本加工功能，如贴标签、制作并粘贴条形码等。

**七、信息处理功能**

信息处理已经成为港口进行物流运作必不可少的功能之一。港口物流要对大量的、不同种类的、不同客户的、不同流向的货物进行管理、仓储、加工及配送，需要有很强的信息处理能力。港口物流通过利用港口优势的信息资源和通信设施以及电子数据交换（Electronic Data Interchange，EDI）网络，为用户提供市场与决策信息，其中主要包括物流信息处理、贸易信息处理、金融信息处理和政务信息处理等。港口信息化程度越高，港口物流的效率越高。

**八、保税性质的口岸功能**

保税性质的口岸功能是在港口区域或港口部分区域实现保税区的功能，并设有海关、检验检疫等监管机构，为客户提供方便的通关验放服务。

**九、其他服务功能**

港口物流还应具备其他一些辅助功能，如接待船舶，船舶技术供应，燃料、淡水及一切船用必需品、船员的食品供应，集装箱的冲洗，引航，航次修理，天气恶劣时船舶的停靠，以及对海难的救助功能等。

随着港口物流的不断发展，其功能日益广泛。港口物流服务在不断地以港口为中心向内陆扩展，为客户提供方便的商业和金融服务等综合服务，朝着提供全方位的增值服务方向发展。

### 1.1.4 港口在现代物流中的地位

现代港口的功能主要体现在以港口的运输和中转功能为依托，建立强大的现代物流系统，继而发展仓储、配送、加工改装及包装等产业，带动整个临港产业带的发展。现代物流业是临港产业带发展的重要支柱产业之一。

**一、港口以复合优势实现现代物流中心的功能**

国际货运正由孤立从业者的零打碎敲向现代物流系统加速发展，以更好地满足不同客户的个性化需要，因此，要求港口在现代物流体系中发挥更为积极的作用。传统的港口活动仅有中转与产品分配功能。随着国际多式联运的发展与综合运输链复杂性的增加，港口作为全球综合运输网络的节点，其功能也将更为广泛。现代港口功能在不断地以港口为中心向内陆扩展，为客户提供方便的运输、商业和金融服务，其功能也正朝着提供全方位的增值服务方向发展。港口功能的拓展不仅是现代物流发展的要求，而且是港口推动现代物流发展作用的体现。

港口发展现代物流具有以下优势：

（1）现代港口是综合物流供应链的龙头。现代港口作为物流分拨配送中心，不仅具有储存、分拣、理货、分放、倒装、分装、装卸搬运及加工送货等职能，还负责整个供应链的情报工作。

（2）现代港口是生产要素的最佳结合点。由于港口运输优势，世界许多最重要的港口都有“前港口，后工厂”的布局设置，许多有实力的企业也选择港口城市作为发展之地，世界重要港口基本上都是重要的工业基地。现代港口有力地推动了区域经济的发展，汇集了极佳的人力、物力和财力，成为区域乃至国际性的商务中心。

（3）现代港口是重要的信息中心。对国际贸易来说，港口作为国际物流链中的技术节点，是船舶、航海、内陆运输、通信、经济及技术的汇集点。在港口地区落户的有货主、货运代理、船东、船舶代理、商品批发零售、包装公司、陆上运输公司及海关商品检查机构等。现代港口已从纯粹的运输中心，经由配送中心发展为今天的物流中心。随着国际多式联运与全球综合物流服务的发展，现代港口作为全球运输网络的节点，将朝着全方位的增值服务方向发展，成为商品流、资金流、技术流与信息流的汇集中心。

（4）现代港口是综合物流供应链中最大的货物集结点。港口是水陆运输的枢纽，是水运货物的集散地、远洋运输的起点和终点。综合物流不仅在海上形成了枢纽港的分离，而且在陆上形成以港口为端点、以内陆的物流中心为集散点、以不同运输方式的多式联运为运输通道的内陆网络体系。因此，港口也是最大的货物集结点。

**二、港口的多重身份在国际物流中具有战略地位**

按照现代物流的观点，港口在现代生产、贸易和运输中处于十分重要的战略地位，这主要因为：

（1）港口是水陆运输的枢纽，又是水运货物的集散地、远洋运输的起点与终点。无论是集装箱货还是散装货，远洋运输总是承担着其中最大的运量，因而港口在整个运输链上总是最大的货物集结点。

（2）港口是全球生产要素的最佳结合点。要把两个国家之间有着巨大差异的生产要素以最有利的方式结合，港口往往是最合乎逻辑的选址。世界主要港口基本上都是重要的工业基地。

（3）在国际贸易中，港口一直是不同运输方式汇集的最大、最重要的节点。在港口地区落户的有货主、货运代理行、船东、船舶代理行、商品批发部、零售商、包装公司、陆上运输公司、海关、商品检验机构以及其他各种有关机构。随着地区国际贸易的发展，物流中心的计算机系统必须与上述单位的计算机系统联网，将有关商流、物流、装卸运输、仓储信息及时汇集到港口和物流中心。

因此，港口在现代物流体系中居于核心战略地位。

**三、港口通过物流系统提供增值服务**

从现代物流服务的内容来看，港口具有十分突出的区位优势。在现代物流不断发展的进程中，港口不仅可提供货物中转、装卸和仓储等现代物流服务，还可利用其信息与通信以及电子数据交换（Electronic Data Interchange，EDI）网络，为用户提供所需市场与决策信息。港口也是一个人员服务中心，可以提供贸易谈判条件、人才供应和海员服务等，并能提供舒适的生活娱乐空间，强化港城一体化关系。现代港口通过其自身区位优势和由此衍生出来的诸多功能，可简化贸易和物流过程，在现代物流节点上提供最少的间断和最大的增值。

### 1.1.5 典型港口物流模式

世界港口的发展大体经历了三代。第一代港口功能定位为纯粹的“运输中心”，主要提供船舶停靠、海运货物的装卸、转运和仓储等服务；第二代港口功能定位为“运输中心+服务中心”，除了提供货物的装卸仓储等，还增加了工业和商业活动，使港口具有了货物的增值功能；第三代港口功能定位为“国际物流中心”，除了作为海运的必经通道在国际贸易中继续保持有形商品的强大集散功能并进一步提高有形商品的集散效率之外，还具有集有形商品、技术、资本、信息的集散于一体的物流功能。目前，世界主要港口中第二代港口仍是主流，但随着经济全球化、市场国际化和信息网络化，一些大型港口已经开始向第三代港口转型。

在港口物流发展过程中，港口物流发展轨迹是一个由成本理念到利润理念再到综合物流服务理念的过程。成本理念追求的是降低物流总成本，利润理念追求的是获取最大利润，而综合物流服务理念则除追求商品自然流通的高效率和低费用外，还要强化客户服务意识，切实转换经营和管理方式，按现代物流的要求进行整合，以客户为中心进行管理和控制，提供完善的物流服务。

#### 一、鹿特丹港模式

鹿特丹港位于莱茵河和马斯河入海的三角洲，濒临世界海运最繁忙的多佛尔海峡，是荷兰和欧盟的货物集散中心，有“欧洲门户”之称。目前，该港年吞吐量纪录超过 5 亿吨。鹿特丹港口物流的发展经验与模式有五个特点。

##### （一）多样化的集装箱运输形式

鹿特丹港拥有欧洲最大的集装箱码头，集装箱运输形式主要有公路集装箱运输、铁路集装箱运输和驳船集装箱运输。

##### （二）港城一体化的国际城市

鹿特丹作为重要的国际贸易中心和工业基地，在港区内实行“比自由港还自由”的政策，是一个典型的港城一体化的国际城市，拥有数量众多的国际贸易公司，还拥有一条包括炼油、石油化工、船舶修造、港口机械及食品等行业的临海工业带。

##### （三）现代化的港口建设

鹿特丹港以新航道为主轴，港池多采用挖入式，列于主航道两侧，按功能分设干散货、集装箱、滚装船、液货及原油等专用和多用码头，实行“保税仓库区”制度，构成由港口铁路、公路、内河、管道和城市交通系统及与机场连接的集疏运系统。

##### （四）功能齐全的配送园区

鹿特丹港在离货物码头和联运设施附近大力规划建设物流园区，其主要功能有拆装箱、仓储、再包装、组装、贴标、分拣、测试、报关、集装箱堆存修理以及向欧洲各收货点配送等，发挥港口物流功能，提供一体化服务。

### （五）不断创新的管理机制

鹿特丹港务管理局不断进行功能调整，由先前的港务管理功能向物流链管理功能转变，继续扩大港口区域，尝试使用近海运输、驳船和铁路等方式来提高物流能力，引进物流专家进行教育和培训，建设信息港，发展增值物流服务。

## 二、安特卫普港模式

安特卫普港位于比利时北部斯海尔德河下游，距北海 80 千米处，是欧洲第二大港，港口接近于欧洲主要生产和消费中心，吞吐量的一半为转口贸易，是欧洲汽车、纸张、新鲜水果等产品的分拨中心。安特卫普港口物流发展的经验与模式有三个特色。

### （一）完善的交通网络

安特卫普港与世界上 100 多个国家和地区建立了贸易关系，拥有 300 多条班轮航线与世界上 800 多个港口相连，水运与密集的高速公路、铁路为核心的陆运相衔接，形成完善的交通运输网络。

### （二）良好的硬件设施

安特卫普港拥有汽车、钢材、煤炭、水果、粮食、木材、化肥、纸张、集装箱等专业码头，备有各式仓库和专用设备，建有炼油、化工、石化、汽车装备和船舶修理等工业开发区。

### （三）现代化的信息服务

安特卫普港拥有现代化的 EDI 信息控制和电子数据交换系统，使用“安特卫普信息控制系统（APICS）”。私营行业还建立了“安特卫普电子数据交换信息系统（SEAGHA）”，并与海关使用的“SADMEL 系统”以及比利时铁路公司使用的“中央电脑系统”等其他电子数据交换网相连。

## 三、香港港模式

香港港口物流发展的经验与模式有四个特色。

### （一）发挥自身特点，利用独特的地理优势

香港依托经济发达的珠江三角洲，面向东南亚，连接欧美，重点做好占其港口吞吐量绝大多数的转口贸易中的中转货运物流，把香港建设成为虚拟供应链控制中心，使香港物流业的覆盖面遍及整个内地。

### （二）建设基础设施，提供良好的发展条件

香港港口物流的基础设施建设投入大、起点高，先进的港口设备堪称世界一流，其物流运作的速度和效率也首屈一指。

### （三）政府扶持，创造优越的发展软环境

香港特区政府一直重视物流业的发展，提出要把香港建成国际及地区首选的运输及物流枢纽中心，成立了物流发展督导委员会和香港物流发展局，强化与港口物流相匹配的服务功能，健全法律制度，提供金融与保险等一系列物流援助或服务及快捷高效的海关通关服务等。

### （四）重视人才，提高物流管理水平

香港港与大学和教育机构合作，培养一流的港口物流操作管理人才，同时通过建立全球

公认的公务员廉洁制度，提高港口物流从业人员全员素质，从而持续提供着优质的物流服务。

**四、新加坡港模式**

新加坡拥有优良的深水港。新加坡的远景目标是把该国发展成为集海、陆、空运及仓储为一体的全方位综合物流枢纽中心。

新加坡港口采取了一系列新举措来实现这一目标，一方面调整港口管理策略并制定新措施，准备开放港口允许船舶公司以合资方式拥有自营码头，并欢迎国际上的港口经营集团到新加坡投资发展码头。另一方面注重技术改造，通过挖掘内部潜力来提高生产力。2002 年 3 月，新加坡海事及港务管理局进行了一项试验性计划，在新加坡港采用自动识别系统，避免船舶相撞并提高港口航行的安全。新加坡港口物流发展的经验与模式有三个特色。

**（一）政府支持“一条龙”发展物流**

1997 年 7 月，新加坡物流倡导委员会制定发展纲领，同年新加坡贸易发展局联合 13 个政府机构，展开“1997 年物流业提升及应用计划”，先后推出了“1999 年物流业提升及应用计划”以及“2001 年物流业提升及应用计划”，成功地将运输、仓储、配送等物流环节整合成“一条龙”服务。

**（二）物流与高科技的结合**

新加坡物流公司基本实现了整个运作过程的自动化。新加坡政府启动“贸易网络”系统，实现企业与政府部门之间的在线信息交换，物流企业都先后斥资建成了电脑技术平台。

**（三）专业性强，服务周全**

新加坡境内的物流公司专业化、社会化程度高，可以为某一行业的企业提供全方位的物流服务，也可以为各行业的客户提供某一环节的物流服务。物流企业以满足客户需要为出发点和最终归宿点，物流公司和客户共同研究选择出一种或几种最理想的服务方式，最终找出能最大限度为客户提供服务的低成本解决方案。

从以上四大港口发展的状况和措施可以看出，向国际化、规模化、系统化发展，形成高度整合的“大物流”、进一步拓展服务功能的“增值物流”、打造技术密集型的“智能港”以及发展“虚拟物流链控制中心”，是当前港口物流发展的主要特点和趋势。

### 1.1.6 港口物流的发展趋势

港口物流是一个综合体系，包括信息化、自动化及网络化等层面的内容。港口有很多新的理念在发展，就宏观而言，港口物流的发展具有四个方面的趋势。

**一、整体化**

当今全球一体化趋势日趋明显，对于物流来说也朝着集约化、规模化、整体化方向发展。因此，现在的港口物流要有一种整体系统观念，不能仅关注港口的运作，更应以港口为平台，辐射到和港口贸易有关的各个方面，既要进行港口物流产业内部的整合，也要与陆运业、航空运业等进行全方位的合作。通过联合规划形成一个通畅的运输渠道，从而进一步降低物流成本，提高效率。

**二、一体化**

港口物流的服务功能将进一步拓展。充分依托港口附近的物流园区开展“一体化”的物流服务，开展如腹地运输、拆装箱、报关、报验、包装、质量控制、库存管理、订货处理和开具发票等增值服务，提供金融、保险等方面的服务，提供货物在港口、海运及其他运输过程中的最佳物流解决方案。

**三、高科技化**

高科技在港口物流中的应用力度加大，各种先进的技术，如条形码技术、自动识别技术、自动分拣技术、卫星定位技术、自动仓库、集装箱电子识别技术、物流仿真技术及辅助决策技术等将在港口物流领域广泛应用，使港口物流从传统的劳动密集型行业向技术密集型行业转变，逐步实现“传统港”向“智能港”的转变，实现物流运作方式的现代化，物流工艺合理化，物流设备自动化、电气化，全面提升港口物流的竞争力。

**四、信息化**

港口物流建立在港口物流信息平台的基础上，形成四通八达的信息网络可以缩短信息交换时间，提高作业效率。此外，还可以发展电子商务，提供网上报关、报检、许可证申请及结算等服务。通过无形的信息网络，加大辐射的腹地范围，还可以实现信息共享。因此，那些可提供良好信息服务与拥有良好通信技术基础设施的港口，在未来竞争中将更具优势。

## 1.2 港口物流经济

### 1.2.1 港口与经济

在世界经济全球化背景下，生产要素跨地区流动和国际贸易蓬勃发展。港口，特别是作为交通运输枢纽的国际性港口，在发挥多种运输方式必经转运点作用的同时，组织外贸的战略作用也日益增强。作为对内对外双向开放的港口经济，在一个国家或一个区域的经济发展中发挥着重要的作用。港口作为综合运输链中的一个主要环节，正在成为强化区域经济竞争优势、促进区域整合、带动区域发展的重要因素之一。

**一、港口对经济发展的支持作用**

从我国区域经济发展的特点来看，经济发展较快的地区主要是东部沿海地区，特别是珠江三角洲地区、长江三角洲地区、环渤海京津冀地区，这些地区很重要的特点是都拥有港口群。由于港口的特性，港口与区域经济的发展有着十分密切的关系。主要表现在以下几个方面。

**（一）经济的发展离不开各种资源**

无论从国内还是世界范围来看，各种资源的分布都是不均衡的，因而需要靠运输来进行调节。海运具有运量大、成本低的特点，港口作为海上货物运输和陆上货物运输的结合点，在全球范围内的资源配置中发挥着重要作用。因此，拥有港口的区域，在利用全球资源发展本地区经济的过程中占有得天独厚的优势。港口是国际贸易产生的重要载体，国际贸易的发展带动了其他第三产业如国际金融、国际物流的发展，从而带动了整个区域的经济发展。

**（二）港口会促进区域增长极的形成**

在区域经济发展过程中，不可避免地会逐步形成中心城市、周边城市和农村地区。在区域经济内部布局中，港口发挥着市场资源配置的基础性作用，使各种资源运输成本、物流成本降低，同时还降低了地区经济发展中的交易成本，从而形成良好的发展环境，增强区域的竞争优势。因而港口使各种资源向港口及周边的低成本地区集中，促使更多相互关联的公司、供货商和关联产业相应集中，形成“产业集群”现象。这些先进生产制造业和研发中心的集聚就是区域经济发展中的“增长极”，促进了地区经济结构和布局的优化。

#### （三）港口城市发挥着区域经济中交通枢纽的作用

港口作为综合运输枢纽和物流节点，通过与周边地区形成的集疏运网络系统，加强了区域间物流、人流、资金流及信息流的沟通和交流，强化了所在地区的同质因素，从而对周边地区产生辐射作用，促使中心区域产业逐渐向周边地区转移，使整个区域内的联系更为紧密，整体性增强，各种产业相互促进发展。随着区域内产业的不断升级，在中心城市逐步形成以金融、保险等服务业和高附加值的高科技、信息产业和轻加工业为主的产业结构。通过制造业、加工业向周边地区扩散，形成各有分工、优势互补、梯次发展的区域内产业布局，促进区域的协调发展。港口城市对周边地区的辐射力和带动力得到加强，同时也促进了自身区域经济中心地位的形成。

### 二、港口在经济中的带动作用

港口不仅在其所处的城市经济发展中起着巨大的作用，还有力地推动着城市周围地区的经济发展。作为交通枢纽和流通中心的大型港口城市，还会在更广阔的区域范围内发挥作用，特别是对其广大腹地的经济发展发挥着重大作用。无论是发达国家、新兴工业国，还是发展中国家，都非常重视港口的开发和建设，并利用港口城市来带动周边地区及其经济腹地的发展。港口城市作为增长极与广大腹地的物流量越大，广大腹地的经济增长也就越快。

#### （一）港口带动形成增长极

由于水运运费低的优势，大量具有原材料地和消费地指向特征的产业，布局于港口城市。因为纵向经济联系和横向经济联系的缘故，引发乘数效应，从而导致港口城市经济的不断扩张，达到规模经济和集聚经济，形成增长极。在这一过程中，主导产业和创新产业的建设带来了两个好处。首先，对周围地区产生一定的吸引力和向心力，周围地区的劳动力、原材料、生产资料等资源被吸引到该城市，随之对更远的城市也能产生一定的吸引力，这些城市和地区的资金、技术、产品向港口城市集中，形成大量的外部投入，使港口城市的经济实力、人口规模迅速扩大，这就是极化效应。其次，极化效应对于边缘地区经济发展而言是一种负效应，起了一定的抑制作用。但是随着极化地区经济规模的不断扩大，会产生经济不规模效应，进而对港口的极化地区的产业聚集产生抑制作用，导致一些企业向内陆非极化地区发展，这就是所谓的扩散效应。这种扩散效应对区域经济中非极化地区来说是一种正效应，是促进边缘地区经济发展的因素。一个经济中心对本地区的作用主要是通过极化效应来实现，对周围地区和世界各地的经济影响主要是靠扩散作用。极化和扩散作用往往会同时并存，它们是区域经济中极化地区与非极化地区最终达到均衡发展的基础。

#### （二）港口对于货物具有吸引中转效应

某港口规模的扩大、航线的集中、货运量的增多以及装卸效率的提高，周边港口的货物会被吸引到该港口中转；中转货物的增加，又会刺激该港口的发展，形成“马太效应”，使该港口除了承担港口所在地区的货物运输外，也会吸引其他地区之间的货流量来此进行中转。这些货流、船流在中心城市的聚集，又进一步促进所在城市有关航运、港口服务等行业的发展，从而形成更大的货流、更大型的船舶集中的情况。集装箱船大型化也是促进货物向枢纽港集中的一个重要因素，也是使港口形成区域经济增长极的重要因素。船东为了减少昂贵的大型集装箱船的停港时间而提高船舶运转率，为了降低空载率而集疏运货物，造成大型的集装箱船只停靠少数中心大港，而其他地区港口则降格成为中心支线港的情况。一些枢纽港口的中转量占到了其货运总量的80%以上。由于吸引中转效应的存在，枢纽港所在城市和其广大腹地的经济发展都将得到很大的发展。

（三）港口带动改善产业结构

由于港口的“桥头堡”作用，港口城市比内陆城市更能吸引先进技术和先进产业，率先接受国内外先进地区扩散来的资源、技术及产品等，改善产业结构。世界经济增长重心的转移也必然是先转移到被转移地区的最前沿——港口城市，再通过港口城市的扩散作用传导到周边地区，这样不断吐旧纳新、吸引先进技术，区域产业结构就不断得以改善。区域内产业体系合理，促使区域经济增长的原动力就更能充分发挥，从而加速区域经济的发展进程。

（四）港口增加了资源配置功能

因为现代港口已经成为物流供应链上重要的环节，数量巨大的国际中转、国际运输、国际贸易及国际金融活动在港口发生。大量的商品、资金、信息等生产要素在港口集散，使现代港口具有了强大的资源配置功能。以生产制造和组装为核心业务的跨国公司将生产物流园区设置在港口附近，在更加靠近当地供应商和最终客户的地方形成有机联系的物流供应链，实现资源的优化配置，降低成本，提高效率。建设以港口为中心的现代物流体系，强化区域优势，对于提高经济运行质量、促进区域经济发展起着重要的作用。

（五）港口带动相关产业的联动发展

港口与相关产业联系密切、涉及面广，港口的发展既需要物流、进出口加工、贸易、金融、保险、代理、信息及口岸服务等相关产业的支持，又极大地带动这些相关产业的发展。以天津港为例，港口每万吨货物吞吐量创造的GDP贡献约为120万元，对地区就业的贡献为26人；港口生产经营与其他相关产业及间接诱发的经济贡献比值为1∶5，提供的就业比值为1∶9。港口的发展使第三产业所占比例有较大的提高，并对区域经济发展产生极大的带动作用。

（六）港口优化物流结构和产业的空间布局，提高生产要素和社会资源的使用效率

港口作为联系生产供销的纽带，在促进生产和地方经济发展中具有重要作用。建立合理的以港口为中心的物流体系，有利于对货源的集散进行统一管理和调度，实现合理配载，提高货车装载率，降低车辆空驶率，提高运输效率，节约能源，减少污染，缓解城市交通压力。物流系统的合理规划及城市土地资源的合理利用，有利于促进城市功能分区的合理划分和效能的充分发挥，节约稀缺的土地资源，集约公用配套设施建设，从而有效促进城市和区域经济发展。

随着当前经济开放性的不断提高，地区间经济交流与协调发展趋势日益明显，以港口为核心的物流系统在区域经济一体化的形成过程中处于重要的基础地位。该物流系统的建设与发展对于提高地区竞争力、扩大与外界经济交流，以及在全球化条件下谋求在全球产业分工格局中的定位均具有重要的作用。以港口为核心的物流系统布局与以交通基础设施建设为主

的现代物流网络体系条件，是改善地区综合投资环境的重要内容，对于本地区吸引投资、扩大融资及促进经济发展具有重要作用。

### 1.2.2 港口与城市

#### 一、以港立城，城港共兴

从港口与城市的发展史考察，港口城市都是伴随着港口的兴起而发展的。由于航运与贸易的发展，在一些适宜开辟港口的岸线（河岸、海岸）上逐渐形成了港口城镇。依托水运这一良好的运输方式，通过港口这一水上门户，当地与外地得以连接，港口所在地随着人口的聚集而逐渐兴旺发达形成城市。综观古今中外任何一座港口城市的发展历史，可以看出，临江河湖海的城市无一不是伴随着港口的发展而兴起的，如意大利的威尼斯、热那亚，以及英国的伦敦、葡萄牙的里斯本等，在中国则有广州、泉州、扬州等。这是世界上几乎所有的港口城市在兴起与发展过程中所共有的规律：“以港立城，城港共兴”。港口与城市两者相得益彰，兴衰与共，休戚相关。

在港口城市形成过程中，港口是先决条件，城镇的设置则是港口形成的重要标志。港口城市凭借港口作为通商孔道、商贾必经之路而逐步形成。一旦城镇设立，就意味着能提供商贾住宿、货物贮存的条件，开辟有集市供商贾进行交易活动，且这些活动已达到一定的规模，表明进出港口的船舶和物资已达到相当水平，从而标志着靠泊点已转变为一个完整意义上的港口。上海港在隋唐前还是一个渔村，正是依靠水运，凭借港口的孕育才从小村庄到大集市，再到城镇，一步步地发展起来，最后成为我国最大的工商业城市；汉口原是一片芦苇丛生的荒地，明成化年间，由于汉水改道，汉口成为天然的良港，汉口地区也随之发展成为一个商业城市，至明末清初跻身于全国的四大名镇之列。

港口的形成和发展，促进了城市的兴起，城市经济的振兴又带动了港口规模的扩大。港口与城市之间，体现出一种共生共长的关系。这一关系既包含“城港共兴”的意义，还蕴含着“港城共衰”的含义。

港口城市由于所依托的港口情况发生了变化，如海岸线的移动、河道淤浅等原因导致港口衰落，所在城市也将因港口的衰落而随之衰落。泉州港是我国古代著名港口之一，位于福建东南沿海、晋江下游北岸，在唐代已成为我国南方对外通商的重要口岸之一，在宋元时代以“刺桐港”驰名中外，和广州、扬州等同为我国南方大贸易港，随着国内经济贸易和东西方海上贸易的迅速发展，泉州城依托港口开始形成并发展起来。南宋至元代，泉州不仅是我国最大对外贸易港，而且是商人云集的世界东方第一大港。宋朝时，泉州港贸易范围日趋扩大，与中东和北非共 58 个国家和地区都有贸易往来，贸易范围包括印度洋和西太平洋区域，出现了“涨海声中万国商”“船到城添外国人”和“市井十洲人”的盛况，成为“繁华商埠”。港口的兴旺极大地促进和推动了城市和区域经济的发展，泉州地区迅速成为当时我国的丝织业中心，制瓷业、冶炼铸造业和造船业都相当发达，城市规模日益扩大，人口不断增加达 20 万以上，是当时全国六大都市之一。明朝时，由于河道淤浅和商贸路线的改变、福州港的兴起以及“海禁”等种种原因，泉州港开始衰落，泉州城也随之衰落。

## 二、港城一体化与协调发展

港城关系在各个历史时期都存在，随着历史的进展而不断具有新的含义。今后的港城关系将是一体化和协调发展的关系。

港口与城市的历史进程存在着一体化的关系。城市和港口作为统一体，功能互补发挥出更大的联动效应。港口自身功能的增强，直接增强了城市总体功能的发挥。港口本身就是一个小社会，具有一整套为其服务的设施。随着大量人口、企业的集中，港口逐渐走向城市化，而城市化发展的结果，必然导致港口集结大量工业、信息传播以及各种社会的和政治的机构，成为经济、政治及文化的中心和交通枢纽。城市所特有的社会活动性质、社会结构、信息网络及生活方式，又形成了与其相适应的现代化的新思维方式、新文化内涵及新行业的兴起。港城一体化产生了多功能效应，形成了两个辐射面，其一为外向扇面，即以港口的国际航线为网络，与全球社会建立联系，把自己纳入全球性社会经济活动中；其二为内向扇面，即以本港口的对内交通网络，建立与内陆腹地的联系。港口正处于这两个扇面的交叉点和结合部，是两个扇面对港口城市进行物质投入和产出的基本通道。在港口城市对两个扇面的联接中，在港城多功能系统的综合效应下，产生了互相渗透、相辅相成的凝聚作用和辐射作用，并通过这两个功能作用的不断循环，把以城市为中心的区域现代化进程不断推向前进。

### 1.2.3 港口物流与经济发展

港口是城市的增长极，港口与城市两者之间相互依存。同样道理，港口城市也是所在区域的增长极，港口城市与所在区域之间也是联动发展、相互促进的关系。因此，港口与区域之间的一体化趋势要求港口与区域必须协调发展。所谓协调发展，表现为港口与区域间的相互依存、相互制约的关系，要求在实施港口城市的发展战略中，要站在港口与区域一体的宏观高度，将港口与区域的发展作为一项系统工程综合考虑。

港口与区域经济之间的相互依存性指区域凭借港口提供的良好运输条件，伴随着港口的兴起而发展。同时，随着港口规模的不断扩大和运输、装卸手段的现代化，港口反过来就越来越依靠于城市即所在区域提供全面的社会服务以保证港口的正常运营。港口同区域的这种相互依存关系表现为四个特点。

（1）港口是城市所在区域的水上门户，城市所在区域是港口的依托和货源基地。城市所在区域同外部的主要通道有水上、陆地和空中三种，港口则是城市区域的水上门户。维系城市经济系统正常运行的很大部分原材料、能源要通过港口输入，城市所在区域生产出的产品大部分又要通过港口输出，港口成为城市所在区域发展贸易的重要通道。港口的主要服务对象是所依托的城市所在区域，因而港口是城市所在区域工业、商业、金融业、旅游业及服务业等行业发展的重要条件之一。有了港口这一水上门户，使得城市的运输结构更合理，在产品运输时宜水走水、宜陆走陆，使物流具有更好的选择和效益。港口的货源有相当部分来自所依托的城市所在区域，因而区域经济的繁荣也是港口发展的重要条件之一。

（2）港口促进城市所在区域经济的发展，城市所在区域推动港口发展。港口的多功能对于区域经济的发展能起到加速和推动作用，港口和区域所产生的巨大引力吸引了大批产业集聚在港口和区域周围，尤其是那些原材料指向、成本指向的产业，因为水运具有运费低、连接国内外方便等优点。欧美一些国家和日本的经验表明，港口是带动区域经济发展的“增长极”，能加速城市的工业化进程。区域经济的发展，反过来又能推动港口及航运业的发展。

(3) 港口是区域的纽带，区域是港口的依托。港口对于区域具有一种强有力的纽带作用。这种纽带作用表现为：以港口为结合部的由多种运输方式构成的综合运输网络，可以大大提高城市运输效率，强化城市所在区域同其他区域的经济联系；利用水道的网络特点，通过港口这一纽带，可以建立和发展港城区域内港口城市的横向联合；利用港口的集散、中转和外运作用，可以建立起区域内以城市为集汇点的运输网络，更好地发挥中心城市的集聚和扩散作用。同样，港口只有以所在城市为依托，也只有在为所在城市及所属的区域提供服务的过程中，才能不断获得发展。

港口与区域的相互制约性包含两个方面，一方面指“港城共衰”，即港城两者之间存在着一方衰落导致另一方衰落的情况，如上面所提的泉州港的衰败导致泉州市的衰败；另一方面体现在港城关系发展到一定的阶段，两者互相冲突的情况。港口与区域关系的发展，大致可分为三个阶段，即港口与区域关系的初级阶段、分离阶段，以及协调发展和一体化阶段。港口与区域关系发展到第二阶段以后，即处于不断冲突之中。发展到最后，港口向着远离传统城市中心区域的方向发展，滨水区域可以重新开发，港口与城市及所在区域两者相处和睦，各得其所，互为依托，共同发展。

港口与区域协调发展的方式有两种，一是从港口方面入手，通过港口的功能转换等手段来拉动区域的发展，即港口的拉动协调；二是从区域出发，通过扶植和发展与港口发展有关的产业来推进港城结构的整体效益，即城市的推进协调。

(4) 港口物流与区域经济的发展也是一种互动关系。一方面，港口发展离不开所处区域，只有区域经济发展了，港口才会得到真正的发展；另一方面，区域经济应充分利用港口的优势，促进自身的增长。

影响港口发展的因素从微观上来讲，和港口所处城市有关。首先，如果港口发展规划得当、政策支持，港口就能得到较快的发展。其次，如果港口城市和周边地区的交通网络发达、联结便利，周边地区的货物就会较多地通过该港口来进出，相应的港口也就会得到较大的发展。

从宏观上来看，影响港口发展的因素和世界经济增长重心的转移有关。世界经济增长重心是指经济增长最快、经济动力最强、经济潜能最大、经济发展最具活力，以及对世界经济增长贡献份额最大的区域。人类进入工业文明以来，世界经济增长重心首先在英国形成，然后转移到欧洲大陆，再转移到北美洲的大西洋沿岸及五大湖地区，目前又在向亚太地区转移。对世界经济增长重心转移起导向作用的两个基本因素，是动态比较利益和潜在市场容量。动态比较收益高和潜在市场容量大的地区，不但其本身的经济发展具有强大的生命力，而且对世界经济的发展具有强大的推动力，从而成为世界经济增长重心转移的接受地区。在世界经济增长重心的转移过程中，存在着大量资金转移、技术转移及贸易转移等，最后导致经济综合实力的转移。因此，世界经济重心转移的接受地区的经济会得到很大的发展，与此同时，该区域内的港口也将得到极大的发展；而经济增长重心转出地区原先很兴旺的港口，将逐步衰退或止步不前。国际航运中心转移的规律也印证了这一点，从 19 世纪末开始，国际航运中心的转移经历了伦敦、纽约、东京三个阶段；当前，在亚太地区又崛起了香港、新加坡等国际航运中心。国际航运中心转移的轨迹，恰好和世界经济增长重心转移的轨迹相吻合。

### 1.2.4 港口物流对经济贸易的主要影响因素

现代港口是水陆运输的起点和终点，是对外贸易进出口货物的集散中心，是国际物流供应链的重要节点和物流通道的枢纽。现代港口物流不但进一步优化与调整了物流产业结构，而且将提高整个国民经济运行的速度和质量，并对相关产业产生强大的凝聚效应和拉动效应。港口物流对经济贸易的影响因素主要包括港口区位因素、物流成本因素及物流增值服务等。

**一、港口区位因素**

运输服务是物流服务中最重要的环节。远洋运输则是港口独具的优势，因为它是远洋运输的起点和终点。国际贸易货运量90%以上经海运完成，因而港口在整个运输链中，总是最大的货物集结点。长期以来，港口与我国的商贸系统建立了广泛而深入的联系，这也为港口物流发展奠定了良好的基础，在图1-1中我们可以看出港口的优越区位。

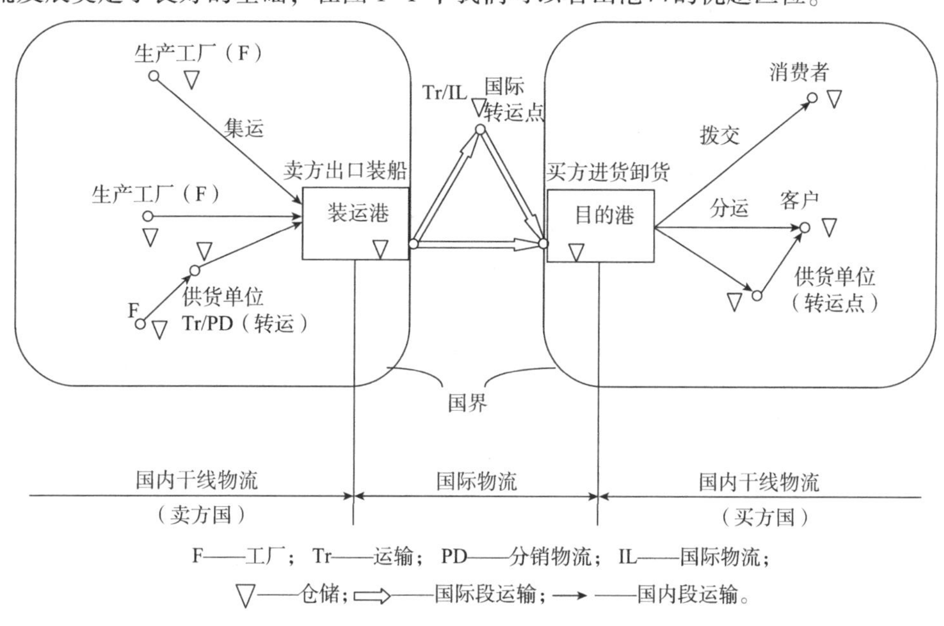


**图1-1 国际物流系统网络**

港口优越的区位因素使其对当地区域经济有着强大的促进作用。

（1）港口作为海陆运输的结合点，有利于利用全球资源发展本地区的经济。经济的发展离不开各种资源。无论是从国内还是世界范围内来看，各种资源的分布是不均衡的，这就需要靠运输来进行调节。如“珠三角”港口群作为海上货物运输和陆上货物运输的结合点，发挥着整体区域优势、联盟创新优势，利用全球资源发展着本地区经济，促进着本地区的经济繁荣。

（2）港口作为全球资源配置的重要枢纽，有效地促进着区域经济的经济全球化。工业向柔性和个性化方向发展，虚拟企业开始出现，使港口成为全球生产、销售等整个供应链中重要的节点。加之高新技术在港口领域得到全面应用，港口功能进一步完善，成为全球资源配置的重要枢纽。随着全球经济一体化和信息技术的发展，企业之间的合作日益加强，跨地区甚至跨国合作制造的趋势日益明显，大量的物资和信息在更为广阔的地域间转移、储存和交换，国际物流活动将日益频繁。港口作为国际物流活动的主要载体，在国际贸易与国际经济合作中发挥着越来越重要的作用。

（3）港口物流既是生产企业的仓库，又是用户的实物提供者，物流企业成为代表所有生产企业及供应商向用户进行实物提供的最集中、最广泛的综合物流提供商。他们按市场需求链组织以港口为核心的虚拟企业群体——供应链体系，以成本与服务为立足点，帮助客户建立采购网络、经销网络、现代物流配送网络和信息传输网络，融入全球市场。

## 二、物流成本因素

### （一）专业的港口物流服务，为生产企业节约物流成本

港口物流提供“门到门”的一站式服务，物流成本主要包括陆运费用、海运费用及港口费用等。物流作为“第三利润源泉”，为各大进出口企业节约了大量的物流成本。现代物流提供面向国内外的全方位运输服务，涵盖信息、代理、装卸、运输、加工及配送等综合服务。港口物流不断延伸的同时，为生产企业、进出口企业的专业化生产和增强核心竞争力提供了条件。港口作为进出口的关键节点，让运输企业、进出口企业等得以掌握丰富的信息、获取优越的条件，成为国际运输中重要的联络者。庞大的交易业务以及与国际运输公司长期友好的合作关系，必定能降低整个国际物流过程的成本。

### （二）海运以其成本优势，成为国际运输的主要方式

海上运输具有成本低、运量大的特点，从而使通过港口进行的国际运输成本较其他运输方式要低。相应地，港口物流的不断优化以及服务质量的提高，海运成为国际运输的主要方式。巨大的货运量便于形成规模化运输，有利于物流成本的降低。

此外，在临近港口区域建立工业，不仅可以利用港口便利的运输条件进行产品的装配、配套以及原材料的集疏，以港口为跨国制造企业物流的集疏中心将有利于降低整个工业系统物流的成本。这样，港口吸引制造业和服务业的良好条件和成本优势，使大量的跨国公司和大型企业落户港口，为城市经济的发展带来无限契机。

## 三、物流增值服务

随着世界范围内第三代港口的兴起，港口服务功能的多元化与全程化已成为现代港口生存和发展的基本条件。港口之间所面临的激烈市场竞争的焦点也越来越多地集中在港口是否能提供更为便利、快捷、低成本、安全可靠的全方位物流服务，而这种竞争将成为现代港口发展的重要推动力。

传统服务业的利润空间不断下降，促使港口开展具有更高附加价值的物流业务，这样有助于培育新的利润增长点。

### （一）综合运输中心

在港口建设分拨中心、配送中心及流通加工中心等，提供仓储、装卸、包装、运输、加工、配送和拆装箱等系列增值服务，能促使国际物流顺利进行，使港口成为联系陆向腹地和

海向腹地的中枢。因此，港口是水陆有效衔接的重要环节和综合运输网的中心。

（二）区域物流中心

现代港口不仅在当今综合运输网络中成为不可或缺的重要组成部分，同时也是现代物流业发展的重要资源。经济中心城市发展所要求的全过程、全方位的物流服务，已成为现代港口的主要服务内容。由于现代港口所具有的货物装卸、存储、运输、商务及信息服务功能已全面涵盖了现代物流活动对于集中控制、即时信息传递和提高运输效率的要求，港口有能力影响整个物流活动的全过程以及物流系统的各个环节。因此，港口已成为区域物流组织的中枢，并扮演着区域物流中心的角色。

我国港口经济发展已进入高速增长阶段，沿海主要港口货物年吞吐量发展势头强劲。因此，港口应积极加大传统优势与现代物流整合，促进港航、仓储和物流产业组织的联动发展。在港口功能升级换代上，须在传统装卸业务、工业服务、商务及信息等方面体现其传统优势和特长，充分发挥港口传统运输业的优势，利用其在设施、网络、技术等方面的资源，促使港口物流服务活动的柔性化、集约化和现代化，从根本上实现由传统港口物流的“港对港”服务向现代物流要求的“门对门”服务的转变，拓展港口物流业务，提高港口物流综合协调能力。

## 练习题

1. 现代港口物流是如何形成的？
2. 如何理解以港聚业、以港兴城、港城互动？

# 第2章

# 港口主要设施和装备

## 引导案例：中国五大港口群

随着经济的逐步发展，我国形成了五大港口群，自北向南依次聚集在环渤海地区、长江三角洲地区、东南沿海地区、珠江三角洲地区和西南沿海地区。

港口群在发挥装卸货物的运输功能外，还将参与组织各个物流环节业务活动及相互之间的衔接与协调，逐步成为全球国际贸易和运输体系中的物流基地。

**一、环渤海港口群——区域经济建设的重要支撑**

环渤海港口群由辽宁、津冀和山东沿海港口群组成，服务于我国北方沿海和内陆地区的社会经济发展。沿线亿吨级大港有大连港、天津港、青岛港、秦皇岛港、日照港，占全国沿海亿吨大港的一半。其中辽宁沿海港口群以大连东北亚国际航运中心和营口港为主，津冀沿海港口群以天津北方国际航运中心和秦皇岛港为主，山东沿海港口群以青岛、烟台、日照港为主。我国批准作为“试验田”的四个保税港区，环渤海地区占有两个——大连大窑湾保税港区和天津东疆保税港区。

**二、“长三角”港口群——全国“经济列车”前进的重要引擎**

长江三角洲港口群依托上海国际航运中心，以上海、宁波、连云港为主，充分发挥舟山、温州、南京、镇江、南通、苏州等沿海和长江下游港口的作用，服务于长江三角洲以及长江沿线地区的经济社会发展，是五大港口群中发展最快、实力最强的一个港口群，已成为推动全国“经济列车”前进的重要引擎。上海港、宁波—舟山港作为“长三角”港口群的代表，成为“长三角”经济发展乃至全国经济发展的核心和重要支撑。

**三、东南沿海港口群——海西经济建设的突口**

东南沿海港口群全部集中于港口岸线资源丰富、优良深水港湾众多的福建省，由厦门港、福州港、泉州港、莆田港、漳州港等组成，以厦门港、福州港为主。服务于福建省和江西等内陆省份部分地区的经济社会发展和对台“三通”的需要。港口的发展带动了临港工业的布局，满足了福建对外贸易的需求，保障了海峡两岸的经贸交流，在促进海峡两岸经济崛起中作用明显。

**四、珠江三角洲港口群——现代物流业发展的“带动器”**

珠江三角洲港口群由广东东部和珠江三角洲地区港口组成。该地区港口群依托香港地区经济、贸易、金融、信息和国际航运中心的优势，在巩固香港地区国际航运中心地位的同时，以广州、深圳、珠海、汕头港为主，相应发展汕尾、惠州、虎门、茂名、阳江等港口，服务于华南、西南部分地区，加强广东省和内陆地区与港澳地区的交流。以港口为中心的现代物流业，已成为“珠三角”港口群所在城市的重要支柱产业之一，对于该地区综合实力的提升、综合运输网的完善等，正发挥着越来越重要的作用。

**五、西南沿海港口群——西部崛起的“火车头”**

在我国大陆沿海港口群中，西南沿海港口群特色鲜明，由广东西部、广西和海南的港口组成。该地区港口的布局以湛江、防城港、海口港为主，相应发展北海、钦州、洋浦、八所、三亚等港口。虽然该港口群集装箱运输起步较晚，但近年来发展势头锐不可当。由于背靠腹地深广、资源富集、发展潜力巨大的广西、贵州、云南、四川、重庆、西藏六省、市、自治区，又面向不断升温的东盟经济圈，港口能大力助推我国西部崛起，为海南省扩大与岛外的物资交流提供运输保障，已成为中国与东盟开展经济贸易交流的“黄金通道”。

**思考题：**中国五大港口群的形成和建设对中国区域经济的发展有哪些贡献？

## 2.1　港口概述

### 2.1.1　港口

港口是位于海、江、河、湖及水库沿岸，具有水路联运设备及条件，可供船舶安全进出和停泊的运输枢纽，是水陆交通的集结点，是工农业产品和外贸进出口物资的集散地，是船舶停泊、装卸货物、上下旅客及补充给养的场所。

港口是一个国家或某一地区的门户。人们通常说的港口，是具有一定面积的水域和陆域，具有水陆联运设备和条件，供船舶安全进出和停泊以及货物和旅客集散，并为船舶提供补给、修理等技术服务和生活服务的运输枢纽。由于港口是联系内陆腹地和海洋运输、国际航空运输的枢纽，因此，人们也把港口作为国际物流的一个特殊结点。现代港口的概念还应包含在内陆的航空港口，本书主要以海港为核心进行阐述。

最原始的港口是天然港口，有作为天然掩护的海湾、水湾、河口等场所供船舶停泊，港口则是作为从事船舶装卸活动的场所。随着商业和航运业的发展，出现了兴建具有码头、防波堤和装卸机具设备的人工港口。现代港口是在船舶的吨位、尺寸和吃水日益增大后开始发展起来的，经过不断发展成为集输运与贸易于一体的经济共同体。现代化的港口不再是一个简单的货物交换场所，而是国际物流链上的一个重要环节。

港口法对港口的定义是"具有船舶进出、停泊、靠泊，旅客上下，货物装卸、驳运、储存等功能，具有相应的码头设施，由一定范围的水域和陆域组成的区域。"

港口是水陆联运的枢纽，在这里进行旅客、货物集散并变换运输方式，如水运转为铁路、公路运输，由河船转海船，或与此相反的转运。

港口是由各种水上和陆地建筑物、各种水上及陆上设施，各种机械、输变电、导航和通信设备等所组成的综合体，各个部分的作用不同，但又互相联系、互相依存、协调一致。

港口可以由一个或者多个港区组成。

### 2.1.2 港口的分类

根据不同的划分标准，港口可以分为不同的类型。

(1) 按港运性质分，可分为基本港口和非基本港口。

基本港口，是指班轮运价表中载明的班轮公司的船一般要定期靠泊的港口。大多数为在航线上处于中心地位的较大口岸，港口设备条件比较好，货载多而稳定。例如纽约港、香港港、上海港及深圳港等。基本港口不限制货量。运往基本港口的货物一般均为直达运输，无须中途转船，按基本港口运费率向货方收取运费，不加收转船附加费或直航附加费，并签发直达提单。

凡基本港口以外的港口都称为非基本港口。非基本港口一般除按基本港口收费外，还需另外加收转船附加费，达到一定货量时则改为加收直航附加费。例如深圳港是基本港口，而北海港则是非基本港口，运往北海港口的货物运费要在运往深圳港口的货物运费的基础上增加转船附加费。

(2) 按所在位置分，可分为内河港、海岸港和河口港。

内河港，简称河港，即位于天然河流或人工运河上的港口，包括湖泊港和水库港，为内河船舶及其客货运输服务。如太湖、洪泽湖上的小型港口均属此类。

海岸港，是建在海岸线上或海湾内的港口，位于海岸、海湾或潟湖内，也有离开海岸建在深水海面上的。主要为近海和远洋船舶提供客货运输服务。

河口港，位于河流入海口或受潮汐影响的河口段内，可兼为海船和河船服务。一般有大城市作依托，水陆交通便利。内河水道往往深入内地广阔的经济腹地，承担大量的货流量，世界上许多大港都建在河口附近，如鹿特丹港、伦敦港、纽约港及上海港等。海岸港和河口港统称海港。

(3) 按照用途分类，港口可以分为商港、军港、渔港、工业港、避风港和旅游港。

商港，是供客货运输用的港口，也称贸易港。

军港，专供海军舰艇使用。

渔港，供渔船停泊，卸下渔获物和进行补给修理。

工业港，是工矿企业专用港口。

避风港，供船舶躲避风浪使用，也可让船舶取得补给、进行小修。

旅游港，供游艇停泊和上岸保管使用。

(4) 按潮汐的影响分，可分为开敞港、闭合港、混合港。

开敞港，指港内水位潮汐变化与港外相同的港口。

闭合港，指在港口入口处设闸，将港内水域与外海隔开，使港内水位不随潮汐变化而升降，保证在低潮时港内仍有足够水深的港口。如英国的伦敦港即属于此类。

混合港，兼有开敞港池和闭合港池的港口称为混合港。如比利时的安特卫普港即属于此类。

（5）按地位分，可分为国际性港、国家性港、地区性港。

国际性港，指靠泊来自世界各国港口的船舶的港口。如上海港、大连港、鹿特丹港和伦敦港等均属于此类。

国家性港，指主要靠泊往来于国内港口的船舶的港口。

地区性港，指主要靠泊往来于国内某一地区船舶的港口。

### 2.1.3　港口通过能力和吞吐量

港口吞吐能力亦称“港口通过能力”，广义上是指在一定时期内和一定的工作条件下，港口所具有的办理旅客到发、货物装卸以及为船舶提供技术服务能力的总和；狭义上是指港口在一定时期内，以现有设备能为船舶装卸货物的最大数量，即最大吞吐量，以一年多少吨表示，包括经过港口装卸的以及进出港区范围的陆转水、水转陆和水转水的全部货物。港口吞吐能力的大小受港口各项设备的数量和技术状况、船舶类型、货物品种与包装形式，以及所配备的装卸劳动力，所采用的装卸工艺和组织管理水平等因素的影响。设计港口吞吐能力时，要依据相应时期的运输量（或其他业务量）及其季节波动，并应考虑营运工作的机动性。港口吞吐能力应大于港口货物吞吐量（或其他业务量），以保有一定的后备能力。

港口吞吐能力受泊位、库场、铁路装卸线、道路、锚地及港口作业船舶等能力的制约，其中泊位通过能力是最重要的因素。影响港口吞吐能力的主要因素有劳动组织与管理水平、装卸机械数量和技术水平、船型、车型、水文气象条件、工农业生产的季节性、车船到港的不均衡性，以及经由港口装卸的货物数量及性质等。

港口吞吐量是指一年内经由水运输出、输入港区并经过装卸作业的货物总量，是衡量港口规模大小及能力的最重要的指标。其具体反映为在一定的技术装备和劳动组织条件下，一定时间内港口为船舶装卸货物的数量，以吨数来表示。

通过能力指一年内在既定的设备条件并满足一定的服务水平条件下，按合理的操作过程、装卸工艺和生产组织所允许通过的货运量，不同于港口通过能力或港口吞吐能力。通过能力代表着港口通过货物的综合能力，在现有条件不变的情况下是一个定值；而吞吐量受腹地经济因素等方面影响，是一个变值。理论上吞吐量应小于通过能力，但有时港口在超负荷运营下，吞吐量会大于通过能力。在港口锚地进行船舶转载的货物数量，应计入港口吞吐量。

影响港口吞吐量的因素十分复杂。综合起来看，大体可以分为两种类型，一种是客观的区域因素，如腹地的大小，生产发展水平的高低，外向型经济发展状况和进出口商品的数量等；另一种是港口本身的建港条件，包括自然条件和社会经济因素等。在上述条件一定的情况下，劳动组织与管理水平、装卸机械数量和技术水平、船型、车型、水文气象条件、工农业生产的季节性、车船到港的均衡性，以及经由港口装卸的货物品种与数量，均可能成为影响港口吞吐量的重要因素。但最直接、最关键的要素，是泊位的大小。

### 2.1.4 港口腹地

港口腹地是指货物吞吐和旅客集散所及的地区范围。现代化的港口一般具有双向腹地，面向内陆的陆向腹地和面向海岸的海向腹地。港口与腹地是互相依存、相辅相成的，港口的发展建设必须以腹地范围的开拓和腹地经济的发展为后盾。腹地是港口赖以生存和发展的基础，另一方面，港口也是腹地的门户，港口的建设会对腹地经济发展产生重要影响。

对港口腹地进行划分，有助于了解腹地内的资源状况和经济潜力，是确定港口合理分工、进行港口布局和规划的基本依据。港口腹地与港口间存在着相互依存、相互作用的关系：腹地经济越发达，对外经济联系越频繁，对港口的运输需求也越大，由此推动港口规模扩大和结构演进；港口的发展又为腹地经济发展创造条件，可促使港口腹地范围的进一步扩展。港口和其腹地间的这种相互作用关系，对以港口为中心的区域经济发展具有重要意义。腹地有直接腹地（单纯腹地）和混合腹地（重叠腹地）之分，直接腹地指一港独有的腹地，该区域内所需水运的货物都经由本港；混合腹地指两个或两个以上的港口共同拥有的腹地，数港吸引范围相互重叠的部分。

按运输性质分，腹地可分为三类：一是直接腹地，指直接为港口所在地区内生产、消费服务，而在运输上又不需中转运输的地区；二是中转腹地，指货物的中转联运腹地；三是通过腹地，如由甲地运往丙地的物资通过乙港而不在乙港进行装卸作业，只在港内进行编组，则甲地为乙港的通过腹地。

### 2.1.5 港口组成部分

港口包括水域和陆域两大部分。

港口水域是供船舶航行、运转、锚泊和停泊装卸之用，要求有适当的深度和面积，水流平缓，水面稳静。海港可分为港外水域和港内水域，内河港口一般没有这样的区分。港口水域包括进港航道、转头水域、港口锚地、码头前水域或港池等。进港航道指从主航道通往港口的航道。

转头水域指船舶由港内航道驶向码头或由码头驶向航道，要求有能够进行回转的水域；港口锚地指供船舶解队及编队，等候靠岸及离港，进行水上装卸的水域；港池指供船舶停靠和装卸货物用的毗邻码头水域。

港口陆域供旅客上下船、货物装卸、货物堆存和转载之用，要求有适当的高程、岸线长度和纵深，并有仓库、货场、铁路、公路、装卸设备和各种必要的附属设施。

对于上述组成港口的个体，从港口生产作业上进行归类，可归纳为船舶航行作业、装卸作业、储存及疏运四大系统。船舶航行作业系统包括进港航道、锚地和船舶回转水域，以及船舶通讯、导航等设施；装卸作业系统包括码头和水上装卸锚地，以及装卸和运输机械设备；储存系统包括港口仓库和库场机械设备，以及客运站；疏运系统包括铁路和道路等。这些系统本身各个环节之间必须协调，各个系统的通过能力必须互相适应。

### 2.1.6 港址选择

确定港址的依据主要是港口腹地资源、经贸开发、客货运量、交通运输条件、自然条件及建设条件等。港口建设应根据岸线资源的实际情况，做到港口建设与城市规划相互协调，布局合理。

港址选择的基本要求主要有：

（1）港口应有一定的腹地范围，与腹地间有方便的交通条件；

（2）港口应有足够的水域面积、岸线及便利的进港航道，且无严重的淤积及冲刷，便于船舶航行、锚泊、停靠、避风及装卸等作业；

（3）港口陆域应有适当高度、纵深及足够的面积，能合理布置码头、仓库、货场、铁路、公路及辅助建筑物；

（4）岸线长度及水陆域均有发展的余地；

（5）与城市有良好的联系、配合，交通方便，但又不相互干扰、限制，并应充分注意保护环境；

（6）与铁路、公路、水源及电源接线方便；

（7）选址时应尽量利用荒地、劣地，少占或不占农田；

（8）有良好的施工场地和施工船舶避风的水域，建筑材料供应方便；

（9）能满足国防及战备要求；

（10）港址选择应根据不同的河流类型，进行河床演变分析。

## 2.2　码头概述

### 2.2.1　码头的组成

码头是海边、江河边专供轮船或渡船停泊，让乘客上下、货物装卸的建筑物。通常见于水陆交通发达的商业城市。人类利用码头，作为渡轮靠岸上下乘客及货物之用。在码头周边常见的建筑或设施有邮轮、渡轮、货柜船、仓库、海关、浮桥、鱼市场、海滨长廊、车站、餐厅及商场等。

码头由主体结构和附属设备两部分组成。主体结构又分为上部结构和下部结构。上部结构，如重力式码头的胸墙、板桩码头的帽梁等，其作用除与下部结构的构件连成整体之外，还装设有护木、系船柱、管沟、轨道等设备；下部结构，如重力式码头的墙身和基础，主要是挡土或传力用的。码头附属设备包括系船设备（如系船柱）、防冲设备（如护木）、安全设备（如系网环）、工艺设备（如管沟和起重机轨道和火车轨道的基础）和路面等。

**一、结构形式**

码头结构形式有重力式、高桩式和板桩式。主要根据使用要求、自然条件和施工条件综合考虑确定。

重力式码头靠建筑物自重和结构范围的填料重量保持稳定，结构整体性好，坚固耐用，损坏后易于修复，有整体砌筑式和预制装配式，适用于较好的地基。

高桩码头由基桩和上部结构组成，桩的下部打入土中，上部高出水面，上部结构有梁板式、无梁大板式、框架式和承台式等。高桩码头属透空结构，波浪和水流可在码头平面以下通过，对波浪不发生反射，不影响泄洪，并可减少淤积，适用于软土地基。近年来广泛采用长桩、大跨结构，并逐步用大型预应力混凝土管柱或钢管柱代替断面较小的桩建成管柱码头。

板桩码头由板桩墙和锚碇设施组成，并借助板桩和锚碇设施承受地面使用荷载和墙后填土产生的侧压力。板桩码头结构简单，施工速度快，除特别坚硬或过于软弱的地基外均可采用，但结构整体性和耐久性较差。

**二、用途分类**

客运码头主要供乘客上下船之用，小型的客运码头只可能供街渡、快艇等小型船只泊岸，而大型的客运码头如邮轮码头，则可供大型邮轮泊岸。

客运码头可分作公众码头、渡轮码头和邮轮码头。公众码头开放给所有船使用（需视乎水深，吃水比码头处水位深的船不能进入码头）；渡轮码头通常由固定的航线专用，多条航线亦可共用同一渡轮码头，某些连接不同国家或地区的渡轮码头，附设出入境设施，如香港港澳码头；邮轮码头通常用作邮轮泊岸，多数会附有完善的配套设施或机构，例如海关。由于邮轮体积和排水量大，邮轮码头需要建在水深港阔的地方，大多数邮轮码头没有指定由哪家公司使用。

货运码头主要是用作装卸货物，以用途和使用权分类，可分作公众货运码头、货柜码头、石油码头、矿产码头、内河货运码头和普通货运码头等。

### 2.2.2 码头分类

码头有四种分类方法，按不同分类方法可将码头进行如下分类。

（1）按用途分，可分为货运码头、客运码头、工作船码头、轮渡码头、渔码头、舣装码头等。货码头按货种又可分为件杂货码头、散货码头及石油码头等。

（2）按平面布置分，可分为顺岸码头、突堤码头和墩式码头。突堤码头又分窄突堤码头和宽突堤码头。

（3）按断面形式分，可分为直立式码头、斜坡式码头、半直立式码头和半斜坡式码头。直立式码头多用于水位变化不大的港口，船舶系靠和作业都比较方便；斜坡式码头适用于水位变化较大的情况，如天然河流的上游和中游港口，一般设有便于船舶停靠的趸船，趸船与岸用活动引桥或缆车联系，前者称为浮码头，后者称为缆车码头；半直立式码头适用于枯水时间较长而高水时间较短的港口，如天然河流的上游港口；半斜坡式码头适用于高水时间较长而低水时间较短的港口，如水库港。

（4）按结构形式分，可分为重力式码头、板桩式码头、高桩式码头和混合式码头。

### 2.2.3 码头荷载分类

（1）码头按荷载的性质可分为恒载和活载两类。

恒载指长期作用在建筑物上的不变荷载或在一定水位条件下作用在建筑物上的不变荷载，如建筑物自重、土压力、水压力及浮托力等。

活载指作用在建筑物上的可变荷载，包括使用荷载，如堆货、人行、起重运输机械、铁路、汽车、缆车和船舶荷载等，以及自然荷载，如波浪力、水流力和风、冰、地震荷载等。

（2）码头按荷载作用的条件可分为设计荷载、校核荷载和特殊荷载。

设计荷载指码头在正常使用或正常工作条件下作用的荷载。一般有建筑物自重、土压力、水压力、码头地面正常使用荷载、船舶荷载等。

校核荷载指码头在使用和工作条件下，不经常作用的荷载。一般有风暴系缆力、波浪力、冰荷载和施工荷载。

特殊荷载指偶然作用在建筑上的荷载，例如地震荷载。

### 2.2.4 码头地面使用荷载

码头地面使用荷载包括堆货荷载、铁路荷载、汽车荷载和流动起重运输机械荷载等。

堆货荷载是设计码头的控制荷载，影响堆货荷载的因素很多。在确定堆货荷载时，必须对下列影响因素进行全面分析，才能合理地确定：码头的用途、装卸工艺、货量大小、堆存期、码头的结构情况及使用管理情况等。

铁路荷载是作用在铁路上的火车、机车等产生的荷载。影响铁路荷载的因素很多，为合理地确定作用在码头上的铁路荷载，应综合分析下列因素：码头上所通过的铁路机车车辆类型、码头用途及港区铁路线路状况等。

汽车荷载是作用在码头上的包括汽车、平板挂车等产生的荷载。

流动起重运输机械荷载，包括门式起重机、轮胎式和汽车式起重机、履带式起重机以及叉式装卸车等产生的荷载。

### 2.2.5 船舶荷载分类

船舶荷载是作用在码头上的主要荷载之一。根据其作用性质可分为船舶系缆力、船舶挤靠力和船舶撞击力。

（1）船舶系缆力指船舶在码头停靠和进行各种操作时，需用系船缆将船舶系在系船柱上。作用于船舶的风压力、水流力等，会通过系船缆传给系船柱。如果系船柱固定在码头结构上，码头就会受到系缆力的作用。根据产生原因的不同，系缆力又可分为自然因素作用产生的系缆力和由于船舶操作产生的系缆力两种。

（2）船舶挤靠力指停靠码头的船舶由于风的作用，会通过防冲设备对码头产生挤靠力。这种力的性质为静力。

（3）船舶撞击力指船舶撞击码头时产生的力。根据发生的原因，可分为船靠向码头时产生的撞击力和系泊中的船舶由于受波浪作用而产生的撞击力。

### 2.2.6 码头前沿高程

码头前沿高程关系到港口营运和基本建设投资，一般要求码头在高水位时不被淹没，在低水位时也能方便地进行装卸作业。确定码头前沿高程时，应考虑的因素为当地水文特性、地形地势、船型、港区的重要性、吞吐量大小、装卸工艺、使用要求及施工要求等。河港码头原则上不允许被淹没，在特殊情况下经过分析论证，可短期被淹没。另外，还应当考虑附近地区的地面标高。

### 2.2.7 码头泊位数量

一个港口可同时停靠码头进行装卸作业的船舶数量即泊位数量，是港口规模的主要参考数据之一。港口其他设施的规模一般均与码头泊位数量配套或相互协调，因此，确定码头规模是确定港口规模的主要内容之一。码头泊位数量主要取决于通过码头的货种及其吞吐量、来港船型及其周转量和码头装卸系统的装卸效率。

### 2.2.8 港口建筑物抗震设防的标准

建筑物经抗震设防后，在遭遇到的地震烈度相当于设计烈度时，允许建筑物受到一些损坏，但这些损坏应不致危害生命安全和主要的生产设备安全，且建筑物不需修理或经一般修理后仍可继续使用。从已有震害调查来看，在地震烈度为6度的地区，地震对港口建筑物的损坏很小；而在地震烈度为7度的地区，地震带来的影响则较为显著。所以港口建筑物的抗震设防起点定为当地的地震基本烈度7度，小于7度的不设防。对于地震基本烈度高于9度的地区，因为地震过于强烈，在进行港口建筑物抗震设防时要做专门研究。

### 2.2.9 重力式码头

重力式码头一般由下列几部分组成：墙身和胸墙、基础、墙后回填和码头设备。

墙身和胸墙是重力式码头的主要部分。它们构成船舶系靠所需要的直立墙面，挡住墙后的回填材料，承受作用在码头上的外力，并将这些力传到基础和地基中。

基础，是将由墙身传下来的力分散到地基的较大范围内，以减小地基应力，减小建筑物的沉降。基础的另一作用是保护地基免受波浪和水流的淘刷，以保证墙身的稳定。

在岸壁式码头中，墙后需要回填，以形成码头地面。

重力式码头一般适用于地基较好的港口地基，如岩基、砂卵石或砂基及中密或密实的黏土地基。

### 2.2.10 高桩码头

高桩码头主要由上部结构、基桩、挡土结构、岸坡和码头设备五部分组成。上部结构的组成因其结构而不同，以钢筋混凝土预制构件梁板式为例，主要由面板、纵梁和横梁组成，另外还包括靠船构件、工艺管沟、系船柱块体和桩帽等。上部结构（桩台）的作用是构成码头地面，直接承受码头各种使用荷载；连接基桩，构成一个整体结构，承受作用在码头上和各种外力，并将这些外力传给基桩；并且可以用以固定码头各种设备（如防护设备、系船柱、门机和火车轨道等）。高桩码头中的基桩主要起传力作用，作用在码头上的各种荷载最后都通过基桩被传给地基。

### 2.2.11 浮码头

浮码头的主要组成部分有趸船及引桥。引桥最外一跨是活动桥，里面各跨可以是活动的或固定的。活动引桥一端搁在趸船上，一端搁在陆域的桥台上或者搁在引桥的端墩上。浮码头的船舶装卸作业在趸船上进行，场地受到限制，有5~6级以上大风时即须停止装卸。趸船与岸上联系须通过倾斜引桥，不便流动机械运行。因此，在水位差不大的地区，装卸一般件杂货的浮码头已逐渐为直立码头所取代。

浮码头又可分为单跨引桥浮码头、多跨引桥浮码头、活动浮码头及滚动式单跨引桥浮码头。单跨引桥浮码头适用于水位差不大、岸坡较陡的地区；多跨引桥浮码头由几个可升降的活动桥段组成，每个桥段的提升或下降通过升降架上电动或人力升降装置来进行，适用于岸坡平缓、水位差较大的地区；活动浮码头的引桥和趸船连成整体，必要时可连同趸船一起转移，固有机动性大，可用作战备码头；滚动式单跨引桥浮码头的引桥一端支承在趸船上，另一端装有滚轮，支承在固定斜坡道的轨道上。

### 2.2.12　防冲撞设备

码头防冲撞设备主要有护木、橡胶防冲设备、桩式防冲设备和钢质防冲设备等四种。

（1）护木的优点是加工方便、造价低，主要缺点是弹性不高，吸收撞击动能的效果差，易被船体压裂、撞伤，在水位变化区容易腐朽，耐久性较差。

（2）随着巨型船舶的出现，船舶撞击力越来越大，对防冲设备的要求也越来越高。使用橡胶材料做成的各种形式防冲设备日益普遍。目前使用最广的是压缩型橡胶防冲设备，它是由橡胶制品的结构变形和橡胶材料的压缩变形来吸收船舶的冲击能量的。与护木相比较，橡胶防冲的优点是弹性高，能吸收很大的撞击能量，大大减少作用在建筑物上撞击力；结构简单，制造容易，便于安装和更换；能耐腐蚀，不怕虫蛀，维修费用低；耐久性好，使用年限长。其缺点主要是橡胶防冲设备耗胶量大，因为橡胶价高，所以初期投资大。

（3）桩式防冲设备（也称靠船桩）是在码头前面布置一系列长桩作为防冲设施，可使用木桩、钢桩或预应力钢筋混凝土桩。在水位变化大的地区，船舶上下移动范围大，采用靠船桩是一种解决办法。

（4）使用钢材做成的钢质防冲设备，也称“钢护木”。钢质防冲设备比较结实，但弹性差，成本高。

### 2.2.13　防波堤

按其构造形式（或断面形状）及对波浪的影响，防波堤可分为斜坡式、直立式、混合式、透空式和浮式等多种类型，有的还具有喷气消波设备或喷水消波设备。

斜坡式防波堤的主要优点在于对地基承载力的要求较低，可充分利用当地的粗砂和石料来建造；施工也比较简单，如有损坏较易修复；在使用方面，由于波浪在坡面上破碎、反射较少，所以消波性能良好。缺点是需要的材料数量大，石块或人工块体如重量不足，易受波浪作用而滚落走失，需要经常修补。

直立式防波堤的优点在于所需的材料比斜坡式堤少；另外，在使用上，其内侧可兼供靠船之用。缺点是由于波浪在墙面反射，消波的效果较差，墙身受到很大的动水压力，须加大堤身宽度，因而造价增高；同时，直立式堤的地基应力较大，不均匀沉降可使堤墙产生裂缝。

## 2.3　港口主要物流设备

### 2.3.1　港口物流设备的种类

#### 一、起重机械

港口使用较多的起重机械有门座起重机、门座抓斗卸船机、桥式抓斗卸船机、龙门起重机和浮式起重机等。集装箱码头主要使用岸边集装箱起重机。

门座起重机因有门形底座而得名，又称门吊、门机。这种起重机臂架长，起升高度大，各机构工作速度快，因而工作范围大，生产率高，且可配装不同的取物装置。

门座抓斗卸船机是由门座起重机派生出来的专用机械，又称带斗门机，多用于海港散货卸船作业。其结构形式同门座起重机相似，但在门座上装有承接散货用的漏斗和胶带输送系统，吊具为抓斗。抓斗自船舱抓取散货后，经起升、变幅，将散货卸入门座上的漏斗，再由胶带输送系统输送到堆场。

桥式抓斗卸船机是具有较高生产率的散货专用卸船机械，同门座抓斗卸船机的区别在于，它的水平移动抓斗是靠抓斗小车在起重机桥架轨道上行驶来实现的，而不靠臂架的俯仰来实现。

龙门起重机是水平主梁支承在两片刚性支腿上的桥架起重机，起重小车在主梁的轨道上行走。龙门起重机有轨道式和轮胎式两种，轨道式的沿地面固定轨道行走，轮胎式的移动灵活。主要用于堆场装卸、堆码集装箱。

浮式起重机是装在平底船或专用船上的臂架起重机，又称浮吊或起重船。因具有较大的起重量和机动性，同时不受水位变化的影响，所以在海港、河港的装卸作业中应用广泛。

岸边集装箱起重机是集装箱装卸船的专用起重机，布置于集装箱码头前沿，外形同桥式抓斗卸船机相似。岸边集装箱起重机有多种类型，我国目前采用的大多是前后两片门框和拉杆组成门架的类型，门架沿码头前沿轨道行驶，桥架支承在门架上。

### 二、连续输送机械

连续输送机械是沿着一定的运输路线连续地运输货物的机械，一般适用同一类型的货物（件货或散货），但不适用于搬运单件重量很大的货物，可在任意平面（水平面、倾斜面，直至垂直面）上输送货物。

输送机可分为有牵引构件的和无牵引构件的两类。有牵引构件的输送机利用带条、链条、绳索等带动承载构件输送货物，主要有带式输送机及链式输送机；无牵引构件的输送机则利用重力、惯性、摩擦、气流等输送货物，主要有气力输送机。大多数的连续输送机不能自行取货，需采用供料设备。

### 三、装卸搬运机械

装卸搬运机械是可用于水平搬运和堆码货物的机械，在港口用于装车卸车、货物堆码以及货物短距离水平运输。装卸搬运机械包括叉式装卸车、牵引车、跨运车、搬运车、挂车和平板车等。

叉式装卸车是在轮胎式底盘的前方装有升降式门架和货叉的装卸搬运机械，简称叉车或铲车，广泛用于码头、库场、舱内和车内。工作时可将叉车的货叉插入货板，然后提升货叉举起货物，进行堆码作业。

跨运车由门形车架、带有抱叉的提升架和轮胎式行走机构组成，又称跨车，一般由内燃机驱动。跨运车适用于长大件货（如钢材、木材、长大箱体）的搬运堆码作业。

### 2.3.2　港口物流设备的发展趋势

**一、大型化和高速化**

大型化指设备的容量、规模越来越大，是实现物流规模效应的基本手段。

**二、实用化和轻型化**

由于仓储物流设备是在通用的场合使用，工作并不很繁重，因此应好用，易维护、操作，具有耐久性、无故障性和良好的经济性，以及较高的安全性、可靠性和环保性。这类设备批量较大、用途广，考虑综合效益，可降低外形高度，简化结构，降低造价，同时也可减少设备的运行成本。

**三、专用化和通用化**

为满足物流的多样性，物流设备的品种越来越多且在不断更新。物流活动的系统性、一致性、经济性、机动性和快速化，要求一些设备向专门化方向发展，以及一些设备向通用化、标准化方向发展。物流设备专门化是提高物流效率的基础，主要体现在物流设备专门化和物流方式专门化。

**四、自动化和智能化**

将机械技术和电子技术相结合，将先进的微电子技术、电力电子技术、光缆技术、液压技术及模糊控制技术等应用到物流设备的驱动和控制系统，实现物流设备的自动化和智能化，将是今后的发展方向。例如，大型高效起重机的新一代电气控制装置将发展为全自动数字化控制系统，可使起重机具有更高的柔性，以提高单机综合自动化水平。

**五、成套化和系统化**

只有当组成物流系统的设备成套、匹配时，物流系统才是最有效、最经济的。在物流设备单机自动化的基础上，通过计算机把各种物流设备组成一个集成系统，通过中央控制室的控制让物流系统协调配合，形成不同机种的最佳匹配和组合，将会发挥出物流系统的最佳效用。为此，成套化和系统化物流设备具有广阔发展前景，以后将重点发展的有工厂生产搬运自动化系统、货物配送集散系统、集装箱装卸搬运系统，以及货物自动分拣与搬运系统等。

**六、“绿色”化**

“绿色”就是要达到环保要求，即要有效利用能源，减少污染排放，使用清洁能源及新型动力；注意对物流设备实施有效维护，合理调度，恰当使用等。

## 2.4　港口铁路、道路、库场及其他设施

### 2.4.1　港口铁路系统的组成和总体布置

**一、港口铁路系统的组成**

在货运量大、货种复杂的大型港口，港口铁路系统一般包括港口车站、分区车场、码头及库场装卸线和三者之间的联络线等组成部分。港口铁路各部分的功用及作业情况大致如

下：从腹地驶向港口的货物列车，由铁路路网编组站分解后，将驶进港口的车辆编成小运转列车，送到港口车站；在港口车站，将此列车按送往的码头作业区进行分类，编成车组，分别牵引到相应的分区车场，一个分区车场管辖若干个码头泊位和库场装卸线；到达分区车场的车组，还需要在分区车场内按照发往的泊位和库场装卸线进行分编，然后根据装卸工作的需要，将分编过的车辆及时地送往装卸线进行装卸作业，并把已作业完毕的车辆拉回分区车场。如果港口车站的线路布置条件许可、单一货种运量大，且同一列车的货物品种单一时，亦可不在铁路路网编组站分解来港列车，而将它直接送到港口车站，然后再进行下一步的分解和发送车辆的作业。

**二、港口铁路的总体布置分类**

港口铁路的总体布置，按其各组成部分的相互位置，可分为纵列式布置、横列式布置和混合式布置。

纵列式布置的特点是港口车站、分区车场和装卸线三者顺序排列，其优点是取送车辆的作业按顺序进行，无折返行程，车站咽喉区负担平衡，各车场的调车作业互不干扰，作业能力大；缺点是占地很大。

横列式布置的特点是港口车站、分区车场和装卸线三者平行排列，其优点是布置紧凑，需要的场地小；缺点是车辆取送作业有折返走行，车站咽喉区负担不平衡，交叉干扰多，一般仅在地形受限制时采用。

混合式布置的特点是港口车站与分区车场成纵列布置，而分区车场与码头、库场装卸线成混合配置。这种布置的优缺点介乎纵列式布置与横列式布置之间。

## 2.4.2 港口道路的组成和布置要求

**一、港口道路的组成**

港口道路由通行线、装卸线和停车场等组成。

通行线可分为主要道路和次要道路两类。主要道路包括进出港道路和作业区道路：进出港道路是港口通往港外、与外界联系的主要出入道路，通到港口各作业区以及港口各主要部分，以保证港区装卸和联运作业的顺利进行，以通行汽车为主；作业区道路是作业区内部的主要运输道路，供港口内部各部分间联络之用，如码头与库场之间、库场与库场之间以及码头、库场与港口辅助生产设施之间的道路，主要通行各种装卸、运输机械和汽车等。次要道路是指港口各部分与主要道路相连接的道路以及消防通道等。

装卸线设置在码头前沿、仓库后面或货场中，是供汽车停放、进行装卸作业的线路。

当用汽车运输的货物数量较大时，应在装卸线附近设置停车场，供停放集结车辆之用，以保证装卸作业的顺利进行。

**二、港口道路布置要求**

港口道路应满足港口疏远高峰时的车辆运输要求；应结合地形条件做到平面顺适、纵坡均衡、横面合理、路面平整、排水畅通；道路纵断面设计应与港区陆域竖向设计相适应，并应与港区铁路、管道及其他建筑物设计相协调；一个港区宜设置两个或两个以上的出入口；港口的主要道路应避免与运输繁忙的铁路线路和牵出线平面交叉；港口客运站通向码头的客货流通道宜分开设置；码头前方作业地带和库场区的道路，一般不设置高出路面的路缘石。

### 2.4.3　客运站的特点及其组成

根据客运站在航线上的位置，可分为终点站、中间站及枢纽站三类。客运站由客运站房、广场及其他辅助建筑物组成。客运站房包括供旅客候船和休息的房屋、为旅客服务的房屋、办公用房及其他用房等。客运站的规模取决于客运量的大小，一般地说，枢纽站规模最大，终点站次之，中间站最小。在客运量不大的港口，可设置客货联合码头，旅客上下船和货物装卸作业在同一码头进行；在客运比较繁忙的港口，宜设置专用旅客码头供客船停靠。在专用旅客码头，一般只办理客运业务，不进行或只进行少量货物的装卸作业；待旅客下船完毕，客货船需移泊到货运码头进行货物的装卸作业，然后再返回旅客码头，接运离港旅客上船。

港口客运站要靠近旅客码头，并与城市规划相适应，尽量接近城市或其他人口集中的地区；港口客运站要尽可能与货运码头分开，设在货运区以外，以免互相干扰；港口客运站应与其他运输枢纽（火车站、汽车站等）紧密联系，保证水陆联运方便。

进行客运站平面布置时，要解决好以下几个问题：一是客运站房位置问题，客运站房应设在客运区中心，并与旅客码头有直接和方便的联系，便于旅客上下船。二是客运站广场和站内道路布置问题，要考虑到能使旅客方便地到达客运站或汽车站，到港及离港旅客出入口宜分开设置便于旅客迅速疏散和集中；人行通道尽量与汽车道分开以免互相干扰和发生事故，站内主要道路与站外道路应很好地连接；客运站的广场一般设站房前面，在其两侧设置停车场，以便于客运站的对外交通联系。三是在可能的条件下，要考虑客运站的绿化和美观要求。

### 2.4.4　库场、工作船码头和港口锚地

库场（仓库、货场）是港口的储存系统，其主要作用是储放准备装船或从船舶卸下后即将装车运走的货物，以加速车船周转、提高港口吞吐能力。在大多数情况下，车船不能同时到港；即便是同时到港，二者容积差别也很大，很多车辆的货物才能装满一条船，换车时还必须停止装卸，影响装卸效率。因此，库场可起储备、调剂和缓冲作用。此外，一般进港的货物种类繁多，收货人及收发地点也各不相同，所以进出港货物一般需要在库场内进行分类或等待提取，有时还需进行包装整理等工作。库场应满足的营运要求主要是仓库、货场的容积和通过能力必须与码头线的通过能力相适应；库场的位置必须与货物装卸工艺流程、铁路和道路布置相适应，港口仓库通常与码头线平行布置；仓库的构造与设备必须适应货物性质，能保护货物，方便库内运输，便利货物的收发，并满足防火、防潮和通风等要求；仓库结构要经济耐用；有的河港仓库还应考虑被洪水淹没的情况等特殊问题。

工作船码头的作用主要是供港作拖轮、港内交通船以及各种浮式辅助机具停泊之用。浮式辅助机具包括浮式起重船、修理船、挖泥船及潜水船等。工作船码头一般设在港口主要作业区之外，要尽量接近主要的服务对象。因为工作船一般较小，所以要求比较平静的水域。在岸边应设置供工作船使用的修理机具、设备和材料库等。

港口锚地按功能和位置可划分为港外锚地和港内锚地。港外锚地供船舶候潮、待泊、联

检及避风使用，有时也可进行水上装卸作业，一般采用锚泊设施；港内锚地供船舶待泊或水上装卸作业使用，一般采用锚泊或设置系船浮筒、系船簇桩等设施，当水域狭窄或利用河道作为锚地时可采用一字锚或双浮筒系泊方式。锚地位置应选在天然水深适宜、锚抓力好、水域开阔、风浪和水流较小，便于船舶进出航道，远离礁石、浅滩以及具有良好定位条件的水域。锚地的边缘距航道边线的安全距离：港外锚地不应小于 2 ~ 3 倍船长；港内锚地采用单锚或单浮筒系泊时不应小于 1 倍船长，采用双浮筒系泊时不应小于 2 倍船宽。港外锚地应靠近港口，水深不应小于设计船型满载吃水深度的 1.2 倍；港内锚地水深应与码头前沿设计水深相同。

## 练习题

1. 港口的组成部分主要有哪些？
2. 码头的组成部分主要有哪些？

# 第3章

# 港口物流生产管理

## 引导案例：美国西海岸港口治理堵塞方案

总部设立在美国加利福尼亚州的第三方物流服务商加利福尼亚分销公司业务发展部主任托德·理塞于2006年9月初谈到目前美国西海岸港口动态的时候指出，2006年集装箱运输夏季高峰已经到来，尽管集装箱吞吐量有增无减、不断创新高，却没有看到和听到美国西海岸港口再度发生类似2004年夏季的码头拥堵情况。

据美国全国零售商联合会和全球观察咨询公司公布的港口跟踪报告，2006年8月，美国西海岸港口集装箱吞吐量与2005年10月持平。业内人士通常认为，美国西海岸港口集装箱吞吐量最高峰出现在每年的10月份。这就是说，美国西海岸港口2006年集装箱吞吐量较2005年有了明显的上涨。

美国西海岸港口2006年集装箱吞吐量继续上涨却太平无事绝不是偶然。实际上，美国西海岸各港口始终没有放弃治堵方案的研究。2006年高峰季节的一派顺畅景象，似乎预示着其正在脱离“拥堵明星”的行列。

美国西海岸港口所采用的一系列治堵方案如下：

首先，各个港口码头在不同程度上减少集装箱码头免费存放时间。为了提高集装箱码头效率，促使货主和当事人尽快从集装箱码头提取集装箱，加快码头集装箱流通效率和减少码头拥堵。不少港口双管齐下，一方面缩短集装箱码头免费保管时间，另一方面提高超过免费保管时间后的滞延费率。

其次，加大投资更新和扩建铁路，引进现代化火车头、集装箱铁路货车，扩建和增建铁路集装箱堆场和装卸站，大幅改善了北美铁路集装箱多式联运质量，确保货物无损、准时和稳定送达目的地。

再次，实现高度自动化。美国西海岸港口集装箱码头自动化技术的引进主要集中在港口各大出入口、港区场地、集装箱码头设施设备和码头铁路调度上，还包括港口码头经营人所需要的成套现代化设备。包括给各种现代化起重机、吊车和堆垛机等设备安装电子光学识别系统，为在美国西海岸港口码头上来来往往的集装箱卡车、跨运车、火车、堆高机及铲车等配备射频标签识别仪以此实现集装箱的自动识别、记录、跟踪及定位，以及对集装箱装卸设备动态和码头基础设施实施跟踪管理。

最后，强化集装箱流量预测，实施码头和内地铁路、公路多式联运一体化调度。

**思考题：**美国西海岸港口所采用的一系列治堵方略对我国港口物流的发展有何启示？请你谈谈港口拥挤对经济的影响。

## 3.1 港口生产活动的内容及特点

### 3.1.1 港口货物的种类

**一、件杂货**

凡成件运输和保管的货物，不论有无包装，都可称件杂货。它们的形式、形状、大小及重量各不相同，种类繁多。

**二、干散货**

这类货物包括散装谷物、煤炭、矿石、散装水泥、矿物性建筑材料及化学性质比较稳定的块状或粒状货物等。

**三、液体货**

这类货物包括石油、石油产品、植物油和液化气等。

### 3.1.2 港口生产活动的主要内容

**一、货源组织**

对港口经济腹地进行调查，与货主建立业务上的联系，了解货物与装卸储存相关的特性和客户的服务要求，达成货物在港口的装卸意向或签订相关协议。

**二、确定装卸工艺**

确定车船装卸操作方法和规范、货物储存保管方法和标准；制定安全操作规程、货运质量控制标准（要求）；准备相应的装卸作业机械、装卸工具、装卸操作的人力资源。

**三、制订装卸作业计划**

通常有月度生产计划、旬或周生产计划及昼夜生产计划等，旨在对各种装卸作业提出时间要求。

**四、装卸作业**

组织并进行货物各种换装所需的装卸作业。

**五、货物验收、交付和保管**

理货部门对货物的验收、交付和保管。货物的验收、交付通常与装卸作业同时发生。

**六、供应补给**

在港口供应船舶燃料、物料、淡水以及船员生活必需品等，通常由专门供应机构负责。

货源组织为港口最重要的生产经营活动，各种货物换装所需的装卸作业和货物的储存保管是港口最根本的生产活动。

## 3.1.3 港口生产活动的特点

港口的生产活动包括货物装卸船、货物装卸车及货物出入库等活动。在具体生产过程中，应通过港口调度协调船舶靠泊、货物装卸和出入库作业。因此，为了组织好港口的生产活动，必须充分认识港口生产的特点。概括起来，港口生产活动的特点主要表现在七个方面。

**一、产品的特殊性**

港口装卸部门作为交通运输业的一个组成部分，属于物质生产部门，但是其产品有别于一般的工业企业。港口装卸部门并不提供实物形态的产品，而只提供完成货物空间位置的转移，使货物从一种运输工具转移到另一种运输工具或在运输工具与库场之间转移，所以港口装卸企业的产品表现为“货物空间位置的有效转移”，提供“装卸储存服务”，即所谓的“无形产品”。

**二、生产的不平衡性**

港口装卸企业的服务对象是船舶和其他运输工具。运输工具到港的密度和类型以及到港货物的数量、品种和流向等具有随机性，这种随机性产生于港口活动各环节之间的独立性，而且各种活动本身的规律受多种因素影响。这种随机性导致港口装卸企业的生产任务具有不平衡性，具体表现为到港货物时间上的不平衡、到港货物品种上的不平衡、到港航线的不平衡、到港船型的不平衡及气象因素的不平衡等；此外还体现在工作上存在忙闲不均：货少时，设备和人力利用率低，不能充分发挥作用；货多时，设备和人力不够用，造成船舶排队、压货压港、运力浪费等情况发生。

港口生产的不平衡是经常的、绝对的，而其平衡则是相对的。因此，港口生产管理者需要正确地估计不平衡，在生产活动中采取一切有效的措施，减少各种因素对港口生产活动不平衡的影响，充分利用港口的设备、人力和财力，不断克服这种不平衡，努力实现泊位、装卸机械、库场及人力的均衡使用。

**三、生产活动的多样性和复杂性**

港口生产是一种多工种、多环节的联合作业生产。港口生产的目的是满足各种各样的运输需要。经过港口换装、堆存的货物的种类、品种、包装及性质多种多样，运输这些货物的车辆、船舶等运输工具在种类、构造等方面也不尽一致，这就给港口的装卸工艺与生产组织造成了很大的困难。例如，除大宗货物的专业化泊位外，港口装卸工艺的规范化和定额的准确性都因此而受到很大影响。另外，港口生产不仅涉及装卸工人、机械司机、库场管理人员、理货人员、机电修理人员和生产调度人员等，还涉及众多的货主以及铁路、海关、商检等部门的相关人员，因此，要完成港口的生产任务，不仅要把港内各个环节的生产活动有效地组织起来，还要加强与港外的横向联系，及时把握信息，搞好与外部各有关方面的衔接工作。港口生产涉及面广、内外协作关系多的特点，决定了港口生产流动的多样性和复杂性。

**四、港口生产活动与经济发展的相关性**

港口生产活动受地区经济、国家经济甚至是世界经济的影响与制约较大。由于国民经济的产品结构在经常性地调整变化，原料、燃料和产品的供需情况也在不断变动，外贸市场更是瞬息万变，自然灾害又很难预测，因此，港口生产任务，包括数量、结构及流向等不可避免地要受客观因素的影响，随着外界因素的变化而经常变动。

**五、生产的连续性**

由于港口要昼夜不间断地进行装卸作业，所以要求港口生产的各环节、各工序之间在时间上和空间上都要紧密衔接，具有连续不间断作业的能力，一方面要对车船货物进行及时装卸，减少车船在港停留时间，提高运输工具的运力利用率，以增加港口总运力；另一方面，对通过港口的货物要尽快地转运出去，使货物快速投入生产加工或投入市场。

**六、装卸组织的协作性**

协作性是指生产过程的各阶段、环节或工序之间，在生产能力上要保持配套的比例关系。各个作业环节的机械设备的数量、生产效率及工人人数等，都必须互相协调，不发生脱节或比例失调的现象。协调性是保证生产过程连续性的前提和基础。

港口是多种运输方式的汇聚点，有许多企业和管理机构在其中运作。港口企业既要和集疏运部门、船东及货主等密切联系，又要和海关、边防检查、检验检疫、海事、引航及船舶供应等部门相协调。港口企业内部还要协调装卸队、库场、理货等部门各工种的作业，使其形成一个有机的整体。所以港口生产是多部门、多环节、多工种内外协作的过程，具有明显的协作性。

**七、生产调度的层次性**

港口生产组织错综复杂，这就要求有一个强有力的、能灵活适应港口内外环境变化的生产指挥系统，对生产经营活动进行连续的调度、指挥与协调平衡，以保证港口生产工作的顺利进行。

## 3.2 港口换装作业及构成

港口装卸作业是港口最主要的生产作业形式，指货物从进港到离港在港口所进行的全部作业的综合，由多个操作步骤所组成。货物在港口从一种运输工具卸下并装上另一种工具，完成一次完整位移的整个过程称为操作过程（或换装过程），是港口基本的装卸搬运活动。

### 3.2.1 港口换装作业的形式

港口换装作业一般有两种基本形式，即直接换装形式和间接换装形式。

直接换装形式就是货物从一种运输工具换装到另一种运输工具上，不经过库场堆存保管。采用直接换装作业可以减少操作次数、简化作业环节、减少货物换装所耗费的人力和物力、缩短货物在港滞留时间，并且可以减少码头的陆域面积。

间接换装形式就是货物从一种运输工具换装到另一种运输工具的过程中，需要经过库场堆存保管。即货物先从船上卸入库场经过短期堆存，再由库场装上车辆（或船舶）。间接换装形式不受不同的承载运输工具在衔接方面的影响，可以更高效地进行货物运输工具的换装。库场作为换装作业的缓冲，可以弥补各装卸作业环节生产的不平衡。

直接换装形式和间接换装形式各有优缺点，要根据具体情况确定。由于船、驳（船）、车、货到发的不平衡，为了保持港口装卸作业的连续性、均衡性，实现高效化装卸作业、满足客户的需求，目前大多数港口的装卸作业多以间接换装方式进行，以减少车船在港等待时间，提高作业效率。在条件允许的情况下，应尽可能采用直接换装方式，以降低生产成本，降低生产对机械和人力的需求。

### 3.2.2 操作过程及其构成

货物在港口的换装作业，是由一个或者一个以上的操作过程来完成的。操作过程是货物根据一定的装卸工艺在车、船、库场之间完成一次完整位移所进行的装卸搬运作业过程。同一库场内的倒垛、转堆属于库场整理，与翻舱及散货的拆、倒、灌、绞包、摊晒等同属于装卸辅助作业，均不计为操作过程。因此，港口货物操作过程可归结为六大类。

（1）船—船（卸船装另一艘船）。

（2）船—车、驳（卸船装车或装驳，卸车或卸驳装船）。

（3）船—库、场（卸船入库场，出库场装船）。

（4）车、驳—库、场（卸车或卸驳入库场，出库场装车或装驳）。

（5）车、驳—车、驳（卸车或卸驳装另一辆车或另一艘驳）。

（6）库、场—库、场（库场之间的倒载搬运）。

港口为了便于各环节之间的衔接与配合，实现装卸工作机械化和合理的劳动组织，又将操作过程划分为若干个工序。工序是组成港口基本生产过程的最小单元，是港口装卸作业的基本生产环节，是指在一个完整的操作过程中能起独立作用的部分。通常港口的作业过程可划分为五个工序。

（1）舱内作业工序，指货物装船和卸船时，在船舱内进行的货物装卸及辅助作业。主要包括在舱内的摘挂钩、拆码货组、拆码垛及平舱、清舱等作业。

（2）起落舱作业工序，指货物在装船和卸船时，货物从船舱到岸、岸到船舱、船舱到车辆、车辆到船舱以及船舱到船舱的起舱或落舱作业。主要是起重机的吊装作业，包括起舱和落舱的摘挂钩等。

（3）水平搬运作业工序，指货物在码头前沿、库场、车辆之间的水平搬运作业。主要包括搬运机械的运输搬运和装卸，摘挂钩或人力的肩挑、抬运等，分为水平作业和上下坡作业。

（4）车内作业工序，指货物在装车和卸车时，在铁路车辆和汽车车厢内进行的货物装卸及辅助作业。主要包括装卸车时货物的上下搬动、摘挂钩、拆码货组及车内的堆拆码垛作业等。

（5）库场作业工序，指在仓库、货棚或露天货场进行的货物装卸、搬运、堆垛、倒垛等作业及辅助作业。主要包括堆拆码垛、摘挂钩、供喂料及拆码货组等作业；对于高层仓库，还包括上下楼作业。

在进行基本操作过程组织时，要使各装卸工序的生产能力协调一致，否则，整个操作过程的装卸效率将受到最薄弱环节能力的制约。因此，在整个装卸作业过程中，要保证主导工序的主导作用，非主导工序向主导工序协调，以确保基本生产过程（或操作过程）的协调和连续。例如组织船、库（场）作业过程，起主导作用的就是卸船（或装船）机械的效率。

## 3.3 港口生产计划与作业计划

港口生产计划是计划体系的主体和核心，是编制港口其他计划的依据和基础，包括货物吞吐量计划、旅客吞吐量计划、装卸生产工作计划及设备运用计划等。作业计划包括月、旬、周及昼夜作业计划，是港口企业在相对短时期内的作业执行计划。作业计划是把港口年、季度任务，结合计划月份的具体情况，按月、旬、周、日落实到企业生产的各个环节并组织实现的计划，是组织企业日常生产活动的依据。

### 3.3.1 港口生产计划

下面重点分析港口生产计划中的港口货物吞吐量计划与港口装卸工作计划。

#### 一、港口货物吞吐量计划

港口货物吞吐量是指计划期经由水运运进、运出港区范围并经过装卸的货物吨数。它是衡量港口生产任务完成情况的主要数据指标，也是计划港口劳动生产率、财务收入的主要依据。货物吞吐量的货类构成及其主要流向，反映了对外贸易的情况、港口与腹地之间的经济联系情况，也反映了港口在国内外港口物流中的地位和作用。因此，要掌握和预测计划期货物吞吐量的变化情况，必须要尽可能多地了解本地区对外贸易、港口腹地经济发展和其他与港口有关的经济联系。

编制港口货物吞吐量计划，实际上是拟订港口企业管理的具体方案和年度奋斗目标，因此在编制过程中要按照计划编制的程序和要求仔细地做工作，要做到两个结合、四个平衡。

（1）两个结合：上下结合，上级的有关要求、规定与本港区的实际情况相结合；长短结合，编制的年度计划要与港口的战略计划相结合。

（2）四个平衡：港口吞吐任务与港口通过能力相平衡；港口通过能力与船舶运力相平衡；港口货物的集疏运任务与港口的车、船换装能力相平衡；内、外贸货物量的任务和装卸能力相平衡。

编制货物吞吐量计划后，企业必须要发动全体职工，结合本单位的具体情况，提出确保完成计划的措施。在执行过程中，要定期进行检查和分析，保证计划按要求完成。

#### 二、港口装卸工作计划

港口装卸工作计划的基本任务是根据港口货物吞吐量进行计划，对港口装卸作业进行合理安排，确定企业为保证港口货物吞吐量计划的完成各方面工作应达到的水平，包括拟订各类货物的装卸操作方案、计算操作量、确定劳动力需要量、机械化程度和车、船在港停留时间等。

港口年度装卸工作计划由港口计划部门或调度部门编制，包含的计划指标较多，各港口也不尽相同。其主要指标有按自然吨或吞吐量计算的生产任务，有按操作吨计算的装卸工作量及一系列反映效率和港口生产要素利用程度的指标等。

### 3.3.2　港口作业计划

港口作业计划是港口生产计划的具体执行计划，它以生产计划为总目标，结合各阶段（月、旬、日、班次）的生产具体情况，规定各阶段作业的具体任务和实施办法。作业计划是实现生产作业的连续性、协调性、均衡性和经济性的重要保证。通过作业计划，可以使企业的每一环节、每一队组、每日每班都有明确的目标，有利于调动广大职工的积极性，便于对生产进行组织、协调和控制。

港口作业计划是以装卸作业为对象编制的阶段性计划，通常涉及以下内容：船舶泊位的安排；装卸工艺流程的确定；根据确定的装卸工艺流程，合理地分配港口生产资源，确定各项作业的生产进度、安全质量要求以及相应的责任者；根据船方、货方的有关要求，确定与作业有关的协作单位，向他们提出协作要求，以保证装卸作业的顺利进行。

目前的港口作业计划一般分为月度作业计划、旬度作业计划、滚动作业计划和昼夜作业计划。

#### 一、月度作业计划

月度作业计划是为保证年度作业计划的完成而制订的分阶段计划，是编制旬度作业计划和周滚动作业计划的主要依据。

**（一）集装箱码头月度作业计划**

集装箱码头月度作业计划列明集装箱码头在一个月中每天预计靠泊码头的集装箱船舶的船名、航次及载箱量，可以初步地体现出集装箱码头的作业繁忙程度和作业高峰的发生规律。月度作业计划通常以日历的形式表现。

集装箱码头的计划管理部门于每月月底制订下一月度的作业计划，主要是按照各班轮公司航线船舶的班期制订月度作业计划。

制订集装箱码头月度作业计划的目的一是指导各生产作业部门了解下一个生产月度的船舶到港密度，做好重点布置；二是指导各生产作业部门根据月度船期计划制订各部门的生产、资金等计划。

**（二）其他货种码头月度作业计划**

其他货种码头月度作业计划的内容包括：各企业的客货运输量、周转量及港口吞吐量计划，重点物资运输计划，火车装卸计划，主要技术经济指标和技术组织措施计划以及月度会议决议等。

编制其他货种码头月度作业计划的依据包括年度、月度计划任务，月度货物货运计划，月度外贸出港计划，各航运部门船舶运力动态资料以及港口、码头、库场、设备及装卸、疏运能力资料等。

#### 二、旬度作业计划

**（一）集装箱码头旬度作业计划**

集装箱码头旬度作业计划是月度作业计划的细化和分解。旬度作业计划按照船代预报船舶抵港日期的变化进行调整，并预先进行码头泊位分配，同时列明船名、航次、进出口箱数和吞吐吨数等。通常在每旬旬末编制下一旬的旬度作业计划。

码头计划管理部门每旬末要根据月度生产计划制订下一旬度的生产作业计划，其目的是对月度生产计划进行调整，考虑下一旬码头泊位的合理安排与布置。船舶到港集中期即装卸船作业高峰期趋于准确和明显，旬度生产计划可向码头各生产作业部门预报下一旬的作业重点时期，指导各部门制订相应的工作计划。

#### （二）其他货种码头旬度作业计划

其他货种码头旬度作业计划的内容包括上一旬度作业进度、本旬度的作业计划及累积进度，二是旬度内船舶动态及泊位使用计划，重点船舶的要求或作业方案，各主要货种（类）完成情况及本句计划指标，库场的调整使用计划及旬初库存、预计旬末的库存量以及装卸计划及挂线方案、篷布等备品计划。

旬度作业计划编制的原则是必须贯彻先计划内后计划外，先重点后一般，按船舶到港先后顺序作业和班轮优先等。进行作业要严格按计划办事，对无计划的船舶货物必须补办计划手续才能装卸和运输；要努力组织均衡运输，尽量做到日保旬、旬保月，防止上旬松、中旬亏、下旬拼命赶的现象；要经济合理地使用船舶及港口设备能力，努力缩短车、船、货在港停留时间，不断提高运输、装卸质量和效率。

### 三、滚动作业计划

#### （一）集装箱码头周滚动作业计划

集装箱码头周滚动作业计划是在旬度生产计划的基础上，对一周内预计抵达的船舶进行码头泊位和作业岸桥预分配。周滚动作业计划除了体现船名、航次、作业箱量等一般信息，还具体体现出集装箱船舶进出港动态的时间、船舶靠泊以及作业机械的配备等情况。周滚动作业计划的另一个特点是根据船舶抵港时间和作业箱量的最新变化，每天滚动更新。这对于集装箱码头内部各部门根据作业需求，提前安排设备保养、设施维护、调剂人员出勤等辅助工作，保障生产资源的有效供给，乃至作业顺利进行，具有很强的指导意义。

#### （二）其他货种码头滚动作业计划

其他货种码头滚动作业计划又叫连续作业计划，是每天编制的连续三天以上的作业计划。目前我国有些港口编制的三日计划就是连续作业计划，但是并没有在所有的港口得到普遍应用，其主要原因是连续作业计划的计算工作量较大。在计算机广泛应用于管理领域之后，将可以解决普遍应用的问题。

### 四、昼夜作业计划

#### （一）集装箱码头昼夜作业计划

集装箱码头昼夜作业计划是集装箱码头生产作业计划中最重要的执行计划，是码头生产调度部门组织和指挥生产、协调码头内外各作业环节及相关作业单位的主要依据，同时也是集装箱码头各生产部门每天的工作任务书，要求所有生产行为都围绕如何兑现昼夜作业计划而展开。昼夜作业计划还是集装箱码头对许多部门及其岗位进行工作考核的依据。昼夜作业计划由泊位及作业计划、工班计划、机械计划、卸船场地计划、集港计划及疏运计划等组成。

集装箱码头昼夜作业计划的基本内容包括泊位及作业线计划，工班计划及船舶动态，场地及场地机械计划以及场地作业说明等。

（二）其他货种码头昼夜作业计划

其他货种码头昼夜作业计划是港口（或作业区）进入装卸作业的船舶、车辆昼夜24小时分班次连续作业计划。

其他货种码头昼夜作业计划的主要内容包括船舶装卸作业顺序、泊区（作业地点），重点船舶安排；作业船舶各工班计划开工舱口数、工人数、机械配备的各种类型和数量等；船舶装卸量计划和昼夜装卸量计划；单船装卸量计划；单船计划开工和作业完成时间；船舶靠泊后中途中断一工班以上的原因；火车作业、汽车作业、前后方库的倒载作业计划，人力配备，机械的类型、数量，装卸数量等；安全质量措施；以及重点船、重点舱、重点车、重点货的要求等。

## 3.4　港口物流生产统计指标

港口装卸作业的指标反映了港口生产经营活动状态和生产经营目标。管理者通过这些信息了解港口生产经营活动，并根据这些信息监督与控制港口生产经营活动的进行，并为制定企业的战略决策提供依据。

### 3.4.1　统计指标分类

港口装卸作业指标按性质可分为数量指标和质量指标两大类。

数量指标是指反映港口生产经营活动所应达到或已经达到的数量上的要求，反映现象的总体规模、水平或工作总量，通常用绝对数量来表示。港口作业中主要的数量指标有吞吐量、装卸自然吨、操作吨、堆存货物吨天、泊位数、库场总面积及利润总额等。

质量指标反映港口生产经营活动所达到的或已经达到的效果和工作质量的水平，用相对数表示，如比例、比值及百分率等。港口装卸工作中主要的质量指标有操作系数、直接换重比例、泊位占有率及利用率、装卸机械利用率、库场容量利用率、货损率、货差率及赔偿金额率等。

### 3.4.2　港口物流生产统计主要指标

#### 一、吞吐量

港口吞吐量分旅客吞吐量与货物吞吐量。旅客吞吐量是指报告期内经由水路乘船进、出港区范围的旅客数量，包括购买半票的旅客人数和乘旅游船进、出港区的旅客人数，但不包括免票儿童、船舶船员、轮渡和港区内短途客运的旅客人数，以及在本港下船登岸后又乘同一船舶出港的旅客人数。货物吞吐量是指报告期内经由水路进、出港区范围并经过装卸的货物数量，包括邮件、办理托运手续的行李、包裹以及补给运输船舶的燃料、物料和淡水的数量。

港口客、货吞吐量是衡量港口生产任务大小的主要指标，是反映港口在整个经济活动中所起的作用和进行港口规划、建设、劳动力配备和计划管理的主要依据。从它的组成、流向及流量的变化，又可反映出各港口之间的经济联系、港口腹地的范围及其生产配置和对外贸易发展等情况。

根据各港口实际情况与需要，一般都划分货类、流向、航线，内外贸和装（卸）货港等分别进行货物吞吐量统计。根据规定，货物吞吐量的计算方法为：

（1）自本港装船运出港口的货物，计算一次出港吞吐量；

（2）由水运运进港口卸下的货物（包括建港物资）计算一次进港吞吐量；

（3）由水运运进港口经装卸又从水运运出港口（包括船—岸—船，船—船）的转港货物，分别按进港和出港各计算一次吞吐量；

（4）凡被拖带或流放的竹、木排，在本港进行装卸（包括拆、扎排）者，分别按进、出口计算吞吐量；

（5）补给国内、外运输船舶的燃物料（不包括船用淡水及生活用品），计算一次出港吞吐量；

（6）对邮件及办理托运手续的行李、包裹，计算进港或出港吞吐量。

下列情况，不计算货物吞吐量：

（1）由同一船舶运载进港，未经装卸又运载出港的货物（包括原驳船换拖）；

（2）由同一船舶卸下，随后又装上同一船舶运出港口的货物，或装船未运出，又卸回本港的货物；

（3）港区范围内的轮渡、短途运输货物，以及为运输船舶装卸货物服务和各码头之间的驳运量；

（4）港口进行疏浚，运出港外抛弃的泥沙。

### 二、装卸自然吨

装卸自然吨是进、出港区并经装卸的货物数量单位。1 吨货物从进港至出港（包括水进水出、陆进陆出或只进不出、只出不进的物资，以及用于本港消耗的建港物资等），不论经过几次操作，均只计算一个装卸自然吨。

装卸自然吨和吞吐量一样都是港口装卸工作的主要指标，装卸自然吨与吞吐量之间最大的区别在于水水中转货物在港口进行换装作业时，水水中转每一装卸自然吨计二个吞吐量，而水陆中转则计为一个吞吐量。由于装卸自然吨不随货物流向和操作过程而变化，因此，装卸自然吨通常是计算港口装卸成本及其他一些指标的计量单位。

### 三、操作量

操作量指通过一个完整的操作过程所装卸、搬运的货物数量。它是反映装卸工作量的主要指标，计算单位为操作吨。在一个既定操作过程中，1 吨货物不管经过几组工人或几台机械操作，也不论搬运距离的远近，或是否有辅助作业，均只计算一次操作量。凡属辅助作业性质，如同一库内的倒垛等搬移工作，一律不计算为操作量。

完整的操作过程是指货物由某一运输工具（船或车）到另一运输工具（车或船）或库场，即货物在船、车、库场任意两者之间所完成的一个完整的装卸搬运过程。它由舱内、起落舱、水平运输、库场（或车）内等若干道工序组成。

装卸自然吨、货物吞吐量和操作量之间的关系如表 3-1 所示。

表 3-1　装卸自然吨、货物吞吐量和操作量之间的关系

| 操作过程 | 自然吨/t | 吞吐量 | 操作量 |
| --- | --- | --- | --- |
| 船—船 | 1 | 2 | 1 |
| 船—库场—船 | 1 | 2 | 2 |
| 船—港内驳运（去货主码头） | 1 | 1 | 1 |
| 船—港内驳运（去港务局码头） | 1 | 1 | 1 |
| 船—库场—港内驳运（去货主码头） | 1 | 1 | 2 |
| 船—库场—港内驳运（去港务局码头） | 1 | 1 | 2 |
| 港内驳运（自港务局码头来）—库场—船 | 1 | 1 | 2 |
| 车—船 | 1 | 1 | 1 |
| 车—库场—船 | 1 | 1 | 2 |
| 车—库场—港内某处（港口自用物资） | 1 | 0 | 2 |
| 船—库场—港内某处（港口自用物资） | 1 | 1 | 2 |
| 船—库场—库场—车 | 1 | 1 | 3 |

## 四、操作系数

操作系数是指货物操作量与装卸自然吨之比，它是考核和反映港口装卸工作组织是否经济合理的主要指标之一，用以测定每吨货物在本港各作业区内的平均操作次数。

操作系数=操作量/装卸自然吨

由于每吨货物通过港口至少要经过一次装卸，因此操作系数总是≥1。如果港口全部作业以直接换装方式进行，则操作系数=1；如果港口有部分作业以间接换装方式进行，则操作系数>1。

在一般情况下，在操作系数低的港口，直接换装比重就高，需要的库场容量相对减少，货物在港口进行换装作业所消耗的劳动量较少，换装成本也较低。但有时为了确保船期和提高车船装卸效率，或为了减少车船之间的相互等待所造成的时间损失，采用进库场的间接换装是更合理的，会取得更好的经济效益，故不能盲目追求操作系数的降低。

## 五、装卸工时数

装卸工时数是指报告期内装卸工人从事装卸作业的时间，以“工时”为计量单位。

装卸作业时间应包括配工后的准备时间、装卸作业时间、装卸完毕后的整理结束时间，以及法定班制时间内的工间休息时间，但不包括吃饭时间、各种等待时间和辅助时间，以及各作业区之间工人的互相调派或工人乘交通船至锚地、浮筒进行水上过驳作业的途程时间。

## 六、装卸工时效率

装卸工时效率是指报告期内装卸工人平均每一装卸工时所完成的操作量。

装卸工时效率=操作量/装卸工时数

## 七、船舶在港停留时间

船舶在港停留时间是指船舶从抵港开始至离港为止的全部时间，也称船舶停时或船舶在

港停时。压缩船舶在港的停留时间，对航方来说加速了船舶周转、提高了船舶的运输能力，对港方来说加速了泊位运转、提高了港口通过能力，对双方都具有重大的经济效益。

## 八、船舶停泊艘次数

船舶停泊艘次数指报告期内在港停泊船舶艘次的累计数。一艘船舶从进港时起至出港时止，不论是进行单装、单卸或装卸双重作业，不论是否移泊或移泊次数多少，均只计一次船舶停泊艘次，计算单位为“艘次”。

## 九、平均船时产量

平均船时产量指在港停泊船舶，平均每艘船每小时所装卸的货（箱）数。

平均船时量=船舶装卸货物货（箱）数/船舶作业船时总和

船舶平均每次在港停时、平均船时量这两项指标受船型变化影响大，故按船型分组计算更为合理。也有统计平均舱时产量的，即在港装卸的船舶平均每一舱口每小时所装卸的货物数量。

## 十、装卸作业货（箱）数

装卸作业货（箱）数指报告期内在港作业船舶实际装卸货（箱）数的累计数。

## 十一、泊船舶定额货（箱）数

泊船舶定额货（箱）数指报告期内在港停泊船舶的定额货（箱位）数之和。一艘船舶从进港时起至出港时止，不论是进行单装、单卸或装卸双重作业，不论是否移泊或移泊次数多少，均只计一次停泊船舶定额货（箱）数。

## 十二、作业船舶定额货（箱）数

作业船舶定额货（箱）数指报告期内在港作业船舶的定额货（箱）数之和。一艘船舶在港单装、单卸按一个作业船舶定额货（箱）数计算，装卸双重作业按两个作业船舶定额货（箱）数计算。

## 十三、船舶停泊总艘时

船舶停泊总艘时指报告期内船舶在港停泊时间的总和，由生产性停时、非生产性停时及自然因素停时三部分组成。

## 十四、码头泊位通过能力利用率

码头泊位通过能力利用率是指报告期内码头泊位实际完成的货物吞吐量与该码头泊位通过能力的比值。

码头泊位通过能力利用率=码头泊位吞吐量/码头泊位通过能力×100%

## 练习题

1. 如何计算港口吞吐量？计算港口吞吐量的意义是什么？
2. 港口物流生产统计指标包括哪些内容？

# 第4章

# 船舶理货业务

## 引导案例："特拉蒙塔那"轮短卸货物扣租金争议案裁决书

期租船"特拉蒙塔那"轮1978年4月13日自康斯坦萨港装载尿素和硝铵开往上海港，1978年5月12日抵达上海港卸货。5月25日卸货结束后，根据上海港理货公司出具、经大副确认的货物溢短单，短少尿素2 671袋和硝铵640袋。租方从应付的租金中扣留了24 900.83美元，作为货差损失的补偿；船方认为自己不应承担责任，要求租方退还扣款并加计利息。

船方提出，"特"轮所载货物在上海全部卸净，中途未停靠任何港口；货物是袋装，每袋重50千克，不可能发生错交或偷窃。租方认为，船方的上述理由并不能说明船方已经履行了其按提单数量交货的义务。

船方提出，装、卸港理货方货物数量不一致，可能是装港理货方差错、卸港理货方差错，或装、卸港理货方的共同差错造成的。在"康"港装货时，理货员长时间在船上餐厅逗留，有时一个理货员同时负责两个甚至三个舱口，而且他们工作也不认真。这样，他们就不可能将装船的包数记录准确，或者未从已装船袋数中扣除根据船长命令卸下的湿包数量；对上海港的理货工作，大副曾要求在货物溢短单上批注"因装、卸港的理货工作是由岸上人员进行的，船方不能负责"，但被拒绝了。

租方认为，租船合同第20条规定，船长应按照大副收据或与理货单相符的数量签发提单。在本案中，船长签发的是清洁提单，这就证明对提单数量并无异议。船方未按清洁提单数量交货，发生短卸，船方应负赔偿责任。

船方指出，租船合同第21条规定理货人员由租方安排，该条的真正含义是租方应对理货人员的疏忽负责。船长对于装港的理货工作不满意，但不可能改变现场状况，也不能更换理货人员以保证理货准确。船方并提出英国法院关于"SINOE"轮案的判例，主张租方应对理货人员的行为负责。

租方认为，根据租船合同第21条，理货人员是作为船方的雇员并听从船长的命令和指示行事。因此对于理货人员所进行的工作，船方作为雇主应该负责。

双方根据1978年3月10日签订的“中租1976年”定期租船合同中仲裁条款的规定，向海事仲裁委员会提出了仲裁申请。与本案有关的租船合同条款有以下三条。

第20条规定：在船舶使用、代理或其他安排方面，船长根据租船人的命令行事。船长应按大副收据或者货单的记载签发提单；如经租船人要求，船长应当授权租船人或其代理签发提单。

第21条规定：装、卸港的装卸人员和理货人员由租方安排，他们应视为船方的雇员并依照船长的命令和指示行事。租方对于装卸人员的过失……以及引航员、拖轮或装卸人员的过失……造成的船舶损坏不负责任。

第33条规定：船方或其经营人作为承运人，应对船长或船长依租船合同第20条规定授权的租船人或其代理人所签发的提单项下所承运的货物的短少、灭失或损坏，按照1924年8月24日于布鲁塞尔通过的海牙规则第3条（第6款除外）和第4条负赔偿责任。

**思考题**：仲裁庭应如何进行仲裁？

## 4.1 船舶理货概述

### 4.1.1 理货业务的演变

理货是随着水上贸易运输的出现而产生、发展的。船舶在港口装卸货物时，最早用简单原始的筹码如竹签等来计算货物数量，故最早的理货工作就是计数。

现在的理货已不再是单纯的计数。对船舶的理货工作，不仅是对货物进行计数，还包括核对货物标志、检查残损、监督装舱积载、办理交接签证及提供理货证明等内容。

国际贸易成交后，商品要通过运输来实现交换，也就是说必须经过一系列的搬运和交接工作，卖方的货物才能交到买方的手中。货物在搬运过程中，只要有交接，就有理货。

交接一般可分为物权转移时交接和责任（运输保管）划分交接。而外轮理货是专指国际贸易货物在承、托双方发生物权转移时的货物交接所需的第三方公证理货。

外轮理货人员现在不仅要记录船舶在港口卸货的数量，还要核对货物标志，检查货物残损，指导和监督货物的装、卸和装舱积载，绘制积载图，办理货物交接签证手续，提供有关理货的数据，并以此划分承运人和收、发货人之间在货物数量、残损等方面的责任。这些工作通常是由设在港口的理货机构来办理的。

在古代，国际的商品交流是买、卖双方以货换货，后来发展到双方签订贸易合同，卖方根据合同亲自随船押运货物到目的港，将货物当面交给买方，办理货物交接手续。

随着欧洲工业革命的发展，机器生产取代了手工操作，蒸汽机船代替了木船、帆船，国家间的贸易规模不断增大，世界航运事业也得到了迅速的发展。这时候的卖方已不能完全随船交货，要求船方（承运人）对货物的安全、数量负责，并负责与收货人办理货物交接。船方的货物交接工作开始是由船员兼做的，后来在班轮配备了专职的理货员，在船舶到达港口装卸时，就由船上的理货员与买方办理货物交接手续。

经过长期实践，远洋船舶航行时间长，在港装卸时间短，各船公司从经营和管理上考虑，认为在每条船上配齐专门理货员是不经济的。随船理货人员食宿不便，且付费又高，因而在港口出现了一种专门为航行于国际航线船舶服务的理货机构来为船舶装卸货物服务，代表船方办理理货业务，提供有关理货证明，并由船方支付一定的报酬。各船公司也就此开始委托港口的理货机构负责理货。

我国的理货历史悠久，这与我国古代的昌盛和漫长的历史是分不开的。据历史记载，隋炀帝开挖运河产生漕运时，就有了理货工作，距今已有 1 300 多年的历史。在港口设置专业的理货机构的做法，是 20 世纪才有的。以上海港为例，1920 年前后，上海港各码头都设有自己的理货部，较著名的有蓝烟囱码头、公和祥码头等。为船方理货的专业公司有两家，一家是鲍力生・大卫公司（上海帮），专为英商轮船公司理货；另一家是贺合记（广东帮），专为美商轮船公司理货。1935 年，上海已经成为世界第七贸易大港。专业理货公司发展到六家，除上述两家外，又增加了陈德林公司、鸿记公司、朱惠记公司和金太生公司，其中朱惠记公司专为日商轮船公司理货。这些公司的规模都不大，都是私人开办的，所以都被称为私人公证行。1945 年年初，在华东地区海员工会领导下，来自各理货公司的 212 名理货人员由上海港务局接收，被分配到各装卸区担负船舶理货或仓库工作。

1949 年中华人民共和国成立后，国家将私人的公证行改造成为国营的理货机构，但在全国没有统一的组织。对外开放港口的理货业改造是在 1956 年至 1958 年完成的，在这以前，从事外轮理货的人员均隶属于外轮代理公司内设的理货科，具体负责理货业务。直到 1959 年，理货业务部门才开始从外轮代理公司脱离，成为专门的理货公司。这是由于当时我国没有自己的远洋运输船队，外贸进、出口货物都是靠租用外籍船舶或由国外收、发货人自己派船来运输。因此，各港口的理货公司就成了专门为外籍船舶理货的机构，故称为外轮理货公司。

1961 年，随着我国外轮理货队伍的不断壮大以及对外联系的需要，在交通部的督促下，全国建立了统一的理货组织，其名称仍沿用习惯叫法，称为中国外轮理货公司。总公司设在北京，在对外开放的港口设立分公司或办事处，在北京设立理货部，承担集装箱装拆箱的理货业务。

1971 年，交通部决定恢复各港口的理货分公司。各分公司独立后，对组织机构、企业管理等进行了整顿，使理货机构逐步健全了职能。

1976 年，外轮理货总公司对各港口分公司在实际理货工作中的一些规划进行了调整，充实了内容，制定了正式的理货规则。1982 年，外轮理货总公司又制定了新的《中国外轮理货公司业务章程》和《中国外轮理货公司规程》，从而改变了理货工作无章可循的局面。

之后，我国外轮理货工作的安全质量有了很大提高，经济效益大幅增长，各项基础工作都得到了加强，企业管理达到新的水平，各级理货人员素质亦有了很大的提高。外轮理货工作为我国对外贸易运输事业和港口管理的重要环节，为建设有中国特色的社会主义做出了应有的贡献。

2003 年，为打破外轮理货垄断经营的局面，交通部批准成立了第二家理货机构——中联理货，从而形成了公正、公平、公开的竞争市场，促进了理货行业服务质量的全面提升，使其得到更加健康有序的发展。

### 4.1.2　理货的业务范围

理货的业务范围：国际、国内航线船舶的理货业务，国际、国内集装箱理箱业务，集装箱装、拆箱理货业务，货物的计量、丈量业务，监装、监卸业务，以及货损、箱损检定等业务。

### 4.1.3　理货的工作程序

#### 一、装船理货程序

##### （一）装船前的准备工作

在船舶装货前24小时，船舶代理人将载货清单、装货清单、危险品清单和经船方确定的货物配载图等有关单证资料送交理货机构。发货人或其代理人将经港口仓库确认并批准货物堆放位置的装货单附页和经海关核准放行的装（收）货单一起送交理货机构。理货机构收到这些单证资料后，要进行整理和登记。如发现问题，需及时联系解决。然后将有关单证资料交给指派登轮的理货人员使用。理货人员收到单证资料后，要立即着手进行相关准备工作。

1. 核对装货单和载货清单

装货单是理货人员验收货物和装船理货的凭证。载货清单全称是“国际航行船舶出口载货清单”，习惯称为“出口舱单”或“舱单”，是船舶代理人根据装货单按卸货港顺序汇总编制的，以供理货人员了解和掌握全船所载货物的总件数和总重量。核对装货单和载货清单，应以装货单上记载内容为准。如发现两者内容不一致，应按装货单修正载货清单。应核对的内容如下。

（1）港口名称。港口名称包括货物的卸货港和目的港。有的货物的卸货港和目的港是一致的，有的货物的卸货港不是目的港，而是转口港或选择港。

（2）标志、货名、包装。标志包括主标志和副标志。

（3）件数和重量。件数和重量是最重要的核对内容，不能有丝毫的差错。

（4）对未到货物的处理。由于发货人未将货物送到港口库场，或海关验货未放行，或发货人没把货备齐，或发货人和港口库场对货物件数有争议等原因，使装货单未到理货人员手中。此时，理货人员应在载货清单上标明未到的装货单，或另外列一张未到货的清单以便下一班理货人员掌握。

2. 编制舱口装货计划表

舱口装货计划表是理货长根据货物配载图和装货单，按舱口分层次编制的全船装货顺序计划表，俗称“进度表”。编制舱口装货计划表的要求如下。

（1）将装货单按编号顺序排列。

（2）根据货物配载图和装货单，按卸货港顺序可分为舱口和层次圈配载图上的装货单号，同时在装货单上填明装舱位置。

（3）将同舱口、同层次、同装货港的装货单，按不同货类、不同性质、不同积载要求、不同包装式样、不同货物来源加以分开；将同货类、同性质、同包装式样的零星小票货物集中在一起。

（4）将转口货和选港货的装货单按不同的转口港和选择港分开。

（5）将危险品、贵重品、使馆物资、重大件等特殊货物的装货单单独分开。

（6）在完成上述工作的基础上，按不同舱口、不同卸货港编制进度表。

（7）大宗货、大票货和散装货，应在进度表上分别注明装入各舱的货物数量。

（8）加载、退关货物，应在进度表上注明加载、退关的货物件数和重量。

（9）在进度表上计算出装入各舱口和层次的货物总件数和总重量，各卸货港（包括转口港和选择港）的货物总件数和总重量。然后，计算出全船装货的总件数和总重量。最后，把计算出来的各项数量与载货清单计算出来的各项数量相核对，务必两者完全一致。如有不一致的地方，必须找出原因，直到两者数量完全相同为止。

3. 准备所需物品

准备登轮工作所需的单证、资料和理货用品。

4. 与大副联系有关事宜

（1）了解和核对卸货港顺序。配载图上的各卸货港是由船方确定的，为了确保卸货港顺序的正确无误，理货人员有必要仔细地进行检查，且与大副进行当面核对。如发现有不妥之处，应与大副磋商，进行适当调整。

（2）修正配载图上错配、漏配、重配的装货单。配载图上标明装货单编号用来表明每票货物的装舱位置。理货人员在编制进度表时，可能会发现货物配载图上有错配、漏配和重配装货单的现象。错配，是指将不同卸货港的货物或性质互抵的货物混配在一起。漏配，是指部分货物没有配置在配载图上。重配，是指同票货物重复出现在配载图上。理货人员要把错配、漏配、重配的装货单送交大副，由其重新确定装舱位置。

（3）纠正配载图上存在的问题。由于船方对货物的实际情况不了解，因此在编制配载图的过程中难免存在一些问题，如货物轻重、大小搭配不合理等。理货人员发现问题后，应向大副提出，以便及时纠正。

（4）了解衬垫隔票要求。对衬垫隔票总的要求，船方在配载图上备注栏内已经标明。但在装货过程中，还会遇到许多具体情况，如衬垫隔票的物料来源、对某种货类衬垫隔票的具体要求等，都需要理货人员联系船方解决。

（5）装卸事宜。向船方了解船舶吊杆的安全负荷量、重大件的起吊设备、冷藏舱打冷气的时间、夜间作业舱内安装灯光及外档作业提供绳梯等，向船方介绍装卸作业时间、工班作业舱口等。

（6）理货事宜。与大副联系商定工作的地点、时间，以及夜班作业发生问题如何处理、船方值班人员安排等。介绍理货方法，征求船方对理货工作的要求等。

理货长应将与船方洽谈的有关事项记录在交接簿内，以便交接人员掌握情况。

**（二）装船过程中的理货工作**

1. 熟悉装货单，准备理货

装货单是理货的依据，理货人员要注意相关事项。

（1）掌握本舱口所装货物的种类、卸货港顺序。

（2）掌握货物积载的位置和要求，尤其是特殊货物。

（3）了解货物衬垫隔票的要求和物料的来源。

（4）了解直装或现装货物的来源、操作过程和交接方法。

理货人员要将装货单附页抽出，按卸货港顺序、货物种类和性质、包装式样及积载要求等排列好装货的先后顺序，同时根据附页上注明的货物来源、堆放地点，尽可能把同一货位的装货单排列在一起，以便于仓库发货和工人装货。

对不同卸货港、转口港和选择港的装货单，应分别单独排列，防止发生错装。

对重大件、危险品的装货单，应先查看货物装舱条件和货物实际情况，以便指导工人装船。如发现货物不宜装在预装处，应及时通知理货长。

对冷藏货，应事先通知船方停止冷气，以保证工人安全操作，同时要求船方准备好隔垫物料以备使用。

对直装、现装货物，应先了解驳船和车辆停靠位置，记下车、驳号，然后通知海关人员到现场验放装货单。

2. 凭单装船理货

从港口库场装船的货物，装船前理货员凭装货单先到港口库场检查核对货物，然后再将附页交给库场员凭以发货装船，或将附页交给装卸工组凭以到库场提货装船。直装、现装货物，凭装货单收货装船。

在装船过程中，理货员在船上或船边凭装货单逐票核对货物标志，点清件数，检查包装。

核对标志主要是核对货物的主标志和卸货港名称。如发现标志不符，应通知库场员，待解决后方能装船。

理清件数指对杂货，要逐票点清件数；对大宗货物，工人必须要坚持做到定量画钩，理货人员复查，点清数量；对直装、现装的货物，要在船上或船边与发货人或驳船船员画钩计数，按钩交接清；对船方有特殊要求的货物，装船前应通知船方共同进行点交点接，理清数量。

检查包装的重点是检查货物包装是否完整，保障货物完整无损地装船。如发现下列情况，原则上不能装船：

（1）木箱、木桶等硬包装发生变形；

（2）包装外表加的铁带、铁箍出现松弛、断裂或脱落；

（3）包装内有晃动或破碎的声响；

（4）包装外表有渗漏、污染痕迹；

（5）袋装货的袋口松散；

（6）桶装货的塞、盖脱落；

（7）各种包装发生破损；

（8）动植物、食品出现腐烂、发霉气味；

（9）其他明显的包装异常、损坏等。

3. 监督装舱

在装货过程中，理货人员要指导和监督工人装舱积载和布置衬垫隔票。

在装舱积载过程中，主要是指导每批或每票货物的积载位置和堆码要求，尤其是在轮班装货时更要严格按照船方要求指导装舱积载。在装舱位置比较紧张的情况下，要控制发放附页的数量，尽量做到整票装清。在装船过程中，如遇上暴雨，要特别注意舱内货物是否被雨淋湿和破票货物未装船的件数以及它们所在位置。对在船边交接的货物，要经常检查舱内积载情况，防止工人随意变更积载位置和乱堆乱放。对船方提出的要求，要及时转告工人和有关部门。

衬垫主要根据船方的要求进行布置，理货人员要将衬垫要求和衬垫物料来源通知工人。如事先需要船方验看的，应通知船方验看后再装船。

隔票需理货人员直接指导装卸工人进行。下列情况需要进行隔票：

（1）不同卸货港的货物装完后，需要进行隔票才能装其他卸货港的货物；

（2）不同转口港或选择港的货物装完后，需要进行隔票才能装其他转口港或选择港的货物；

（3）同包装不同票的货物在某一票货物装完后，需要进行隔票才能装其他票的货物；

（4）船方要求隔票的其他货物，需隔票后才能继续装船。

4. 编制单证

在装船作业过程中，理货人员应填制计数单；整票货物装上船后应如实批注装货单；如发生理货待时，应填制相应的待时记录。

5. 复核计数单和装货单

核对内容包括：

（1）核对计数单上填写的装货单编号、标志、包装及件数是否与装货单相符合；

（2）复核计数单上填写的总件数和总重量是否正确；

（3）对直装、现装货物，要核对计数单与随车清单或驳船清单是否相符；

（4）整票货物未装完时，要核对计数单上填写的计数与装货单附页上签注的件数是否相符；

（5）复核已装船的装货单编号和份数与计数单上填写的是否相符。

6. 销账进度表和载货清单

理货人员要在复核计数单和装货单的基础上圈销进度表，俗称销账。这是装船理货工作中很重要的一环，因为它是全船装货进度的综合反映，是绘制积载草图的依据，也是确定出港总数的基础。

根据已装船的装货单，在载货清单的件数栏上画一个圆圈，在发货人栏上注明装舱位置，以表明该票货物已装船、发给理货人员的装货单已收回。通过圈销载货清单，可随时了解装船动态，掌握货物未装船的存余票数，以便与发货人核对装货单已装船数和存余数，船舶离港后可作为核查船方查询单的原始资料。

7. 交接班

理货人员的交接班有时是在装船作业过程中进行的，因此交接班的理货人员应在理货岗位上进行交接。接班理货人员应提前到理货岗位，交班理货人员在接班理货人员未到前不能擅自离开理货岗位。

**（三）装船结束时的理货工作**

一般要求在装船结束后两小时内完成全船的所有理货工作，特殊情况除外。这对理货人员来说是一项艰巨的任务，时间短、收尾工作多，客观因素影响比较大，因此要求理货人员要提前做好结关准备工作。在两小时内要完成一般事务、编制单证和船方签证三项任务。

1. 一般事务

（1）检查和整理好所有理货单证和其他有关单证资料。

（2）检查和处理好最后一批装货单。

（3）复核装船货物的总件数和总重量，复核装船货物的分港数和分舱数。

（4）复核退关的装货单编号和货物数量。

（5）向港口库场了解是否有遗漏货物，残损货物是否全部装上船。

（6）向各舱理货员了解装货结束时间和其他有关事宜。

2. 编制单证

（1）填制最后一份装货单和待时记录。

（2）编制完货物分舱单和理货证明书。

（3）完成货物积载图的绘制工作。

3. 船方签证

在完成上述各项工作的基础上，提请船长或大副签认最后一批装货单、理货证明书和货物积载图等单证。

签证结束后，理货人员应携带所有单证资料及理货用品离船，然后将全船的单证资料整理好交主管部门，并汇报有关情况。

## 二、卸船理货程序

### （一）卸船前的准备工作

船舶到港前24小时，船舶代理人应将进口舱单、分舱单、积载图、危险品清单及重件清单等有关单证资料送交理货机构，货方代理人应将进口货物的详细资料送交理货机构。理货机构根据进港舱单和进港货物有关资料制成若干份分标志单（又称分唛单）、一份销账进度表和一份流向单，交给登轮的理货长使用。

理货人员收到单证资料后，应着手进行下列准备工作：查阅和整理单证资料，联系港口调度和库场了解船舶停靠泊位及时间、卸船作业计划、货物流向或库场货位安排，着重掌握有关情况。

（1）船舶性质和国籍。

（2）货物的来源和装货港，各舱货物的种类、性质、数量和积载情况。

（3）卸船作业计划，货物现提数量和流向，进港口库场的数量和堆存地点。

（4）对成套设备、重大件、危险品及贵重品等特殊货物的卸货安排、装卸工艺、安全措施、注意事项和对理货工作的要求等。

（5）主管部门对理货工作的指示和要求。

（6）在交班簿上填写各舱的重点货种、注意事项、交接办法和验残要求等内容。

船舶靠泊后，理货人员应登轮向船方大副了解有关情况。

（1）装货港装货时的天气情况、装卸工艺、操作方法及理货方法，有无数量争执和退关，有无残损批注和保函等。

（2）船舶在航行途中的天气情况，有无海事报告等。

（3）船舶在中途港的装卸、理货情况，过境货的隔票情况，备用袋的存放位置等。如装有车辆，要索取相应钥匙。

（4）了解舱内货物的积载、隔票情况。

（5）商定原残货物的验残方法和要求。

（6）征求对理货工作的要求和卸货注意事项。

（7）尽可能借阅装货单和装货港的理货单证。

理货人员要将向船方了解的情况记录在交接簿内，重大问题应及时向主管部门汇报。

### （二）卸船过程中的理货工作

#### 1. 与装卸人员协调

（1）介绍舱内货物的种类、性质、票数和积载隔票情况。

（2）介绍残损货物的验残要求，要求装卸工组发现原残货物立即通知理货员，未经理货员处理不得随意搬动；要求装卸工组能实事求是地签认理货员编制的工残记录。

（3）要求装卸工组必须按票起卸，配合理货人员做好分票工作。

（4）要求装卸工组在卸精密仪器、使领馆物资、展览品等贵重货物时，要轻拿轻放，注意货物倒置标志；卸大宗货物时，要做好定量钩。

（5）要求装卸工组发现混票或隔票不清现象及时通知理货员，经理货员处理后再起卸。

#### 2. 理货作业

（1）凭分票标志单进行分票、理数。

（2）处理原残和工残货物。

（3）与港口库场或收货人及其代理人办理货物交接手续。

（4）将船方提出的合理要求及时通知装卸指导员。

（5）协助装卸工组联系船方解决起落吊杆、起货机故障，安装照明设备及舷梯等问题。

（6）协助装卸工组联系船方指导起卸重大件、危险品和作业困难的货物。

#### 3. 交接班

（1）交资料。交班理货人员要将所有单证资料向接班理货人员交接清楚。

（2）交情况。主要交卸货进度、全船理货数量、货物残损情况、向船方了解的情况，以及卸船理货注意事项等。

（3）交要求。交分票、理数、验残要求，交指导工人按票起卸要求，以及交办理货物交接手续要求等。

（4）交问题。交工作中发生的各种问题和处理情况、交接情况。

以上交接内容，除了口头交代清楚外，还要将一些重要内容记录在交接簿上。

### （三）卸货结束时理货工作

卸船结束时，一般要求在两小时内完成全船的理货工作。卸货后的理货需要完成一般事务、编制单证和船方签证三项任务。

#### 1. 一般事务

（1）检查和整理好所有理货单证和其他有关单证资料。

（2）复核卸船货物的总件数和残损货物数量、内容。

（3）了解是否有漏计和漏卸货物，了解卸货结束时间等。

（4）与港口库场核对全船理货数量，与收货人或其代理人核对现提货物数量。

（5）确定卸船货物的溢短数量和残损货物数量、内容。

2. 编制单证

（1）填制最后一份日报单和待时记录。

（2）编制理货证明书、货物残损单和货物溢短单等。

3. 船方签证

在完成上述工作的基础上，请船长和大副签认理货证明书、货物残损单和货物溢短单等。

签证结束后，理货人员应携带所有单证资料以及理货用品离船，然后整理好全船的单证资料交主管部门，汇报有关情况。

### 4.1.4 理货方法

随着国内外贸易的发展、货运量的增加，理货工作为适应客观形势发展的需要，其方法也在不断改进。具体方法都是在一定的交接形式下产生的，当前普遍应用的方法有划数理货法、点垛交接法、发筹理货法、按重理货法、计数器理货法和小票理货法等。

**一、划数理货法**

划数理货法指一种应用比较普遍的理货方法。尤其是同一货种的大宗货物，在船—船、船—驳、船—库场、船—车等装卸作业范围内均可使用。其方法是采用一交一接，双边记数。双方人员站在适当的位置进行对口交接，每记一钩货物互相确认，每隔一定时间互相核对数量。

**二、点垛交接法**

点垛交接法适用于按作业线对口点数（点垛）交接，目前多在出口货物集港、装船时使用。

**三、发筹理货法**

发筹理货法指交接双方指定一筹代表一钩或一件货物，根据货物装卸数量和地点约定交接界线，随货一交一接。筹码发完、回筹时，双方记明数量、核实清楚。以筹代数是比较古老的理货方法，只适用于人力操作、数量不大及按件计数的货物。随着机械化程度的提高，发筹理货法的使用范围逐渐缩小。

**四、按重理货法**

按重理货法适用于货主申请按重交接的货物，以及不能用件（箱）为基本单位的散装货物。

**五、计数器理货法**

计数器理货法在袋装货专用码头使用皮带运输机装卸货物时，机上装有电子计数器代替人工进行理货的方法。该方法只适用于同一货种的大宗货物，如每件重量相等的袋装货。另外，对于液体散装货物，均采用流量仪表进行计量。

**六、小票理货法**

小票理货法是在前几种理货方法的基础上发展起来的一种方法，交接形式是发货方与收货方用文字联系，按小票格式填写提单号、数量、残损及顺序号，小票随货由司机带到收货地点，收货方依据小票记载内容核实货物。小票采用双联，填发一方留有存根；交接双方按小票核实数量和残损，核实无误后，双方签字以示交接完毕。

小票理货法在接卸进港货物时应用较普遍，在应用中优于划数理货法和点垛交接法。其特点如下。

（1）理货人员必须上岗定位，可培养认真负责的工作作风。

（2）遇有不符能立即得到纠正，可避免交班后扯皮。

（3）解决从船—库场中间环节无人监管的情况。一张小票紧密地连着外理、装卸、司机、库场员四个岗位，让他们既能互相监督又能互相配合。

### 4.1.5　理货过程中的相关问题处理

#### 一、对残损的处理

在理货过程中，理货员应检查货物外表和包装。如发现进港货物原残时，应在上面标明原残符号，并应与船方商定的验残处理方法并编制现场记录让船方签字。发现出口货物残损、标志不清以及件数溢短时，理货员应通知港口仓库或发货人处理。无法及时处理时，理货员应向单船理货长汇报并编制现场记录，由单船理货长如实在装货单上加批注，不得接受发货人保函。发现工残时，应要求装卸工组当班卸清，一并编制工残记录让责任方签字。

#### 二、翻舱

由于船方原因造成货物翻舱时，理货员应编制现场记录让船方签字。对出舱翻舱，理货员应按钩计数，填制计数单一份，在现场记录上写明翻舱货物单号、件数。对舱内翻舱，在现场记录上写明“舱内翻舱”字样和翻舱作业的起讫时间。

#### 三、隔票

在卸船理货过程中，如发现货物装舱混乱、隔票不清时，理货员应通知值班船员验看确认，并编制现场记录，写明“全部混装”“部分混装”或“隔票不清”等字样，以及混票的单号、货名、件数，由船方签字。“全部混装”或“部分混装”，指不同票货物没有隔票而造成货物全部相混或部分相混。全部混装的货物件数，按舱单数量填写；部分混装、隔票不清的货物件数，应注明“以分标志单数量为准”。

在装船理货过程中，理货员应根据配载图和船方要求，指导装卸工组按票、按顺序装舱积载、分隔衬垫。每票货物装船后，理货员应在装货单上如实批注装船日期、货物件数、装舱部位，并签字。

##### （一）隔票的概念

隔票是指用隔票材料将同一货种不同收货人的货物或货物形状类似的不同收货人的货物进行有效的隔离，以提高理货工作效率，减少和防止货差事故的发生，加快卸货速度。货物装船时，应对不同卸货港、不同货主及不同提单号的货物做好隔票工作。

##### （二）隔票的作用

隔票具有防止货物混票、保护货物质量，以及便于卸货港卸货和交接的重要作用。需要隔票的货物没有进行隔票或隔票不清，就可能会导致货物混票，其后果可能危及或损害货物质量，影响卸货和理货工作的正常进行，由此造成船方的经济损失和费用支出。因此，隔票对船方尤为重要。

(三) 隔票的方法

1. 不同港口货物的隔票

(1) 件杂货可用网、席子、帆布、木板、纸张等物料进行隔票。

(2) 钢板、钢管、钢材等可用涂料、钢丝绳等进行隔票。

(3) 袋、捆包装的货物可用网、席子、帆布等物料进行隔票。

(4) 桶装货可用木板、草片等物料进行隔票。

(5) 散装货可用席子、帆布等物料进行隔票。

2. 同港口不同包装货物的隔票

这类货物的包装往往明显不同，可以采用自然隔票，但每票货物必须集中堆积，以方便后续的卸货和理货工作。对同港口相同包装的不同票货物必须按票用隔票物料加以隔断。另外，有的衬垫同时兼有隔票的作用。

(四) 隔票的要求

1. 直达货物

直达货物可按不同卸货港进行隔票，也可按不同收货人进行隔票。

2. 转船货物

转船货物可按不同转口港进行隔票，也可按不同目的港进行隔票。

3. 选港货物

选港货物可按不同选择港进行隔票，也可按同一选择港进行隔票。

## 四、待工时间

在船舶装卸过程中，若由于船方原因造成理货人员停工待时，理货员应在计数单备注栏“待时”处写明待时原因和起讫时间。理货组长应按工班汇总编制待时记录一式三份，提请船方签字后提交船方一份。各作业舱口同时停工待时，才可计算理货组长的待时时间。

属于船方原因造成的理货人员停工待时，包括船舶吊机故障、舱内打冷气、开关舱、铺垫舱、隔票及拆加固等致使的装卸停工和理货人员待时。理货人员待时时间应计算到当前装卸工班终了为止，如下一工班需要继续派理货人员，则待时时间应连续计算。

## 五、非本港货

在理货过程中，如发现非本港标志的进港货物，理货员应通知单船理货长联系船方处理。如船方要求更改舱单内容，应出示外代提供的书面凭证。

## 六、理货数量

在工班理货结束时，理货员应在结清计数后提请仓库或收发货人签字。如双方数量不符，应当进行复查，不得随意更改计数单数量；如双方数量相符，但与装货单数量不符，应以理货数量为准。

## 七、货物安全

如发现按货物配载图装舱积载有可能影响出港货物质量安全时，单船理货长应提请船方调整配载。如装卸指导员要求变更装货顺序，单船理货长应会同装卸指导员联系船方，取得同意后方可变更。

### 八、货物更改

如发货人要求更改装货单内容，应在装货单上加盖船代的更正章。

## 4.1.6 理货单证

### 一、主要理货单证

目前国际上还没有统一的理货单证，各国理货机构使用的理货单证种类、格式差异比较大，但几种基本的理货单证大同小异。下面介绍我国使用的几种理货单证。

#### （一）委托书

委托书（Application for Tally）是委托人委托理货机构办理理货业务的书面凭证。委托性的理货业务需要有理货委托书，强制性的理货业务则不需要理货委托书。国际航线船舶在我国港口装卸件货、集装箱以及船方负责集装箱内货物的装拆箱理货业务，不需要出具理货委托书，统一由中国外轮理货公司经营；但如果是其他理货业务如船舶吃水记重、散装货物理货等，在办理理货业务时需要出具理货委托书。

#### （二）计数单

计数单（Tally Sheet）是理货计数的原始记录，是理货员与货物交接方办理货物交接的凭证，是编制理货日报表、证明书、货物溢短单及其他理货单证的依据，在装货时是签批收货单实装件数的依据。理货员按票分清货物标志，按关（钩）填写货物件数，记录附加理货内容，内容包括：本票号、件数、货物溢短、残损、工班作业时间、作业舱口、节假日和夜班工作时间、分标志情况、非一般货舱、待工时间、海事货物、熔化货物、冻结货物、凝固货物及粘连货物等。

在计数单的计数栏内，通常是按钩填写的货物数量。对于不同舱口的货物以及进口和出口的货物，不能合编在一张计数单上。计数单是判断卸船货物数量是否有溢、短，装船货物数量是否准确的唯一根据，是填写装货单/大副收据实装件数的依据。船方对计数单比较重视，在理货过程中，要经常检查理货员编制的计数单是否准确。

#### （三）现场记录

现场记录（On-the-spot Record）是记载货物现场情况和异常状态的原始凭证，是汇总编制货物残损单的依据。现场记录用以记录货物的原残、混票、隔票不清以及船方原因造成的待时或困难作业等情况。

#### （四）日报单

日报单（Daily Report）是单船理货长每日向船方报告装、卸货物进度的单证，每24小时提供一次或者根据委托方的要求进行提供。

#### （五）待时记录

待时记录（Stand-by Time Record）用以记载由于船方原因造成的理货人员停工待时。船方原因包括船舶停电、船舶吊机故障、舱内打冷气、开关舱、绑扎的拆装、衬垫、隔票及舱内翻舱等。

#### （六）货物溢短单

货物溢短单（Over-landed/Short-landed Cargo List）是记载进港货物实卸件数比舱单所列

件数溢出或短少的证明，经船方签认后可作为船、货双方货物交接凭证，是收货人在货物短少时向船方提出索赔的依据，也是船方受理索赔的原始单证之一。当整船进口货物件数无溢短时，仍需编制货物溢短单，在通栏内填写英文“NIL”字样。货物溢短单由理货长汇总计数单并对照进港舱单进行编制。

### （七）货物残损单

货物残损单（Damaged Cargo List）是记载进港货物原残的证明，是船、港双方对残损货物分清责任和船、货双方对原残货物进行交接的凭证，也是收货人向船方对原残货物进行索赔和商检部门对原残货物进行检验、鉴定和对外出证的重要依据。货物残损单是外轮理货单证中重要的单据之一。

### （八）货物分舱单

货物分舱单（Cargo Hatch List）是记载每票货物装舱部位的清单。货物分舱单对卸货港制订卸船作业计划、船方掌握舱内卸货进度、理货员指导工人按票卸货等都起着一定的作用。货物分舱单上要列明货物的件数、包装方式及相应的重量。

### （九）分港卸货单

分港卸货单（Discharging Report in Separate Ports）用以记载同一票货物在两个港口分卸时第一个卸货港的卸货件数，作为第二个卸货港理货的依据。

### （十）货物积载图

货物积载图（Stowage Plan）是出港货物实际装卸部位示意图。货物积载图是船方进行货物运输、保管及卸船等工作必须掌握的资料，是卸货港制订卸船作业计划、安排泊位、货物进舱、派泊和调车的主要依据，也是卸货港理货的参考资料，以及处理海上货物运输事故的依据之一。

### （十一）理货证明书

理货证明书（Tally Certificate）是船方/委托方确认理货工作的证明。

### （十二）理货结果汇总证明

理货结果汇总证明（Certificate of Summary on Tally）用以记载全船货物或集装箱经理货（箱）后的全船理货结果，同时也可反映货物的数量、质量及有关情况。

### （十三）集装箱理箱单

集装箱理箱单（Tally Sheet for Containers）是船舶装卸集装箱时理货员记载箱数的原始凭证，是理货组长编制集装箱溢短/残损单、集装箱积载图、理货业务凭证和理货结果汇总证明的原始依据。记载集装箱的箱号、箱主、重箱/空箱、铅封的情况，以及完好、丢失或者断落、重新施封的情况。

### （十四）集装箱溢短/残损单

集装箱溢短/残损单（Outturn List for Containers）用以记载集装箱箱数溢短和箱体残损情况，由单船理货长根据箱单和现场记录对照舱单汇总编制，如果无溢短、残损应注明“无”或者“NIL”。溢卸集装箱按实际的箱号、箱型尺寸、重/空箱情况进行记录；如果是短卸，则按舱单的箱号、箱型尺寸、重/空箱记录。

### （十五）装/拆箱理货单

装/拆箱理货单（Tally Sheet for Stuffing/Devanning）是理货员记载集装箱内货物票号、

数量和残损情况的原始记录，是编制集装箱货物溢短/残损单的依据。在集装箱出港过程中，该单据是集装箱堆场填制“装箱单”的参考资料。该单据上需写明装/拆箱地点、单位名称、地址，实际集装箱的尺寸类型、铅封情况，以及货物的残损情况等。

### （十六）集装箱货物溢短/残损单

集装箱货物溢短/残损单（Outturn List for Containerized Cargo）是记载集装箱内货物件数溢短和原残情况的凭证，是海关对箱内货物进行监管和有关方进行索赔的重要依据。对于一票货物装多个集装箱的情况，在该单据上应列明分箱数，并按箱列明件数溢短和货物原残情况。

### （十七）集装箱验封/施封记录

集装箱验封/施封记录（Record of Container Sealing/Seal Examining）是记载集装箱铅封完好情况和重新施封情况的单证。

### （十八）集装箱积载图

集装箱积载图（Container Stowage Plan）由三个部分组成，排位图（Bay Plan，记录每个集装箱的箱号、重量、位置、箱型及尺寸等），综合明细单（Container Summary）和总积载图（General Stowage Plan，全船总箱位分布图）。

### （十九）认赔通知单和付款单

认赔通知单（Notice of Payment）是理赔方向索赔方承认赔偿的证明，付款单（Note on Payment）是理赔方向索赔方支付赔款的证明。

### （二十）载驳船装/卸驳船清单

载驳船装/卸驳船清单（List of Loading/Unloading Lash Lighters）是记载载驳船数量、装卸子船计数和驳船原残、分残情况的原始凭证。

载驳船指载运货驳的运输船舶，又称子母船。使用载驳船的航运方式是指将货物或集装箱先装载在规格统一的驳船上，再把驳船装上载驳船，运抵目的港后，卸下货驳由推船分送内河各地，载驳船再装上等候在锚地的别的货驳驶向新的目的港。

### （二十一）货物丈量单

货物丈量单（List of Cargo Measurement）是记录货物尺码的单证，同时也是收取理货费、丈量费的依据之一。

丈量货物尺码、计算出货物体积分两种情况：一种是理货机构为了准确收费的需要，主动地对货物进行尺码丈量；另一种是理货机构按委托方要求，对货物进行尺码丈量。

### （二十二）复查单

复查单（Rechecking List）是对原理货结果经过复查后出具的单证，是复查理货结果的凭证。

### （二十三）更正单

更正单（Correction List）是更正原理货结果的单证。

### （二十四）分标志单

分标志单（List of Marks Assorting）是在进港混装货物混卸后，分清标志并向船方说明有关情况的凭证。

### （二十五）查询单

查询单（Cargo Tracer）是向对方调查理货情况的单证。查询单通常是在货物发生溢短现象时由船方或理货机构编制，向船舶停靠港口调查货物有无错卸、漏卸、错装及漏装等情况，以澄清事实、挽回损失。

**二、理货单证的制单要求**

（1）理货单证必须如实反映理货结果和记录有关情况。

（2）理货单证上的术语、批注等，要用国际航运上通用的表示方法。

（3）单证上的重量以吨为单位，体积以立方米为单位，时间以小时和分钟为单位。

（4）理货单证上的库、场、车、驳号按堆存货物的港口库、场编号以及实际车、驳号进行填写。

（5）理货单证上的提单港/装货单号按进港舱单或出港装货单上的实际编号填写，如无编号应加以说明。多票货物混卸时，应记录实际混票货物提单号。

（6）如实填写货物的主标志，如无标志应注明。

（7）货名按照进港舱单或出港装货单上的主要货名或实际货名填写。

（8）理货单证上必须有当值理货员的签名。

## 4.2　船舶理货业务

### 4.2.1 件杂货船理货业务

件杂货是从运输、装卸和保管的角度相对于港口上所装卸的散货、液体货等而言的，通常指的是有包装或无包装的散件装运货物。其包装类型各异，如袋装、捆装、桶装、箱装，筐、篓、坛装以及裸装等。件杂货往往是比较重的货物。有些货物虽然性质与品种完全一样，但包装不同；有些货物尽管包装相同，但尺寸和重量却大相径庭。正是因为件杂货的货种杂、包装各式各样、尺寸大小不一、重量也极不相同，所以让理货工作变得复杂。

**一、件杂货进出港理货程序**

（1）前期准备：卸货前需取得货物的进港舱单、船舶积载图等相关单证资料，装货前需从货代或船代、发货人处取得货物装货单、船舶积载图等相关单证资料。准备理货工具和理货单证，与港口相关部门联系确定作业时间。

（2）登轮后应联系大副，了解以下情况：在卸船理货时应了解装载理货时的衬垫、隔票、退关及批注情况，航行途中和中途港的天气情况，及中途港的卸货情况；装货理货时应了解卸货港的顺序，是否有过境货、转口货及相应的装舱要求。还应了解特殊货物以及备用袋的积载位置，各方对理货工作的要求和相关注意事项。除此之外，还需商定对残损货物的验证、确认方法，是集中验残还是随时验残，以及是否要“现场记录”确认后再起卸等。

（3）卸船时理货员在接到单船理货员分派的工作任务后，首先检查所负责舱内货物的隔票包装情况。

（4）在理货过程中，根据不同货物的作业要求，在舱内、甲板或船边与库场理货员或收货人进行理货交接。卸货时，核对卸船货物标志，分清货物的残损，有混票及残损货物情况时须及时编制现场记录，并取得责任方的确认；装货时，需根据装货单核对货物的卸港、标识、包装、件数和外表状态，发现理货数量不对和货物残损时应通知库场理货员或收货人调换或修补。

（5）每工班结束后，需编制理货计数单，记录货物装船或卸船的时间，根据当班计数单的汇总编制日报表。

（6）货物装卸完后需记录完船时间，与库场或收货人核对理货结果，检查舱内货物是否错、漏，发现错、漏时需复查全船所有理货单证，汇总现场记录编制货物残损单，根据进港舱单、计数单编制货物溢短单，以及根据积载图绘制货物实际积载图制作理货业务凭证等。经船方签证后，理货工作方可结束。

#### 二、载驳船理货和散货理货

##### （一）载驳船理货

在我国，载驳船理货属于强制性理货。载驳船装卸驳船以及船方负责驳内货物的驳船装卸货物，必须由中国外轮理货公司代表船方办理船方业务。在载驳船装卸驳船过程中，理货员应在船上计驳数，检查驳船船体、甲板、舱口和铅封，填制载驳船装/卸驳船清单，经船方签字后理货工作方可结束。

对船方负责驳内货物的驳船，应根据装卸单位通知，在装卸货时派出理货人员到场理货。理货方法可比照件杂货船的做法，铅封处理可比照集装箱铅封的做法。如有装货港装船时的装驳资料，理货人员可根据理货结果向委托方提供货物溢短单。

##### （二）散货理货

根据船方或收发货人委托办理散装货物装卸船的理货，需办理相关的理货单证、手续。在装卸过程中，需派出一名单船理货长，在必要时还需安排若干理货员。

根据委托方的理货要求，理货方需对过磅衡重货物接收衡重单；对装卸船货物需确认隔票清楚；对在卸船货物，需分清货物是否有水湿、霉烂等残损，并在货物残损单上取得船方签字；对船边现装现提货物，需及时与收发货人办理交接手续。需根据衡重单、水尺或装卸效率，每日编制日报单；有船方委托的，还需绘制出港货物积载图，让船方签字；以及办理进出港装货单签证手续等。

进港舱单或出港装货单列明包数的压舱包以及在舱内、舱口拆包、灌包需要计包的散装货物，应按件货进行理货和计费；如不要求计包数时，按散货办理单证、手续业务和计费。

### 4.2.2　集装箱船理箱业务

在装卸集装箱过程中，理货员应在船上或船边计箱数，核对箱号，检查箱外表和铅封，填制集装箱理箱单及相关单证。集装箱船理货工作的开展，与港区的生产计划有着密切联系。

#### 一、进港集装箱理箱操作

##### （一）卸船前的准备工作

1. 准备资料

向船方或者其代理索取进港集装箱舱单、集装箱积载图、危险品清单、冷藏箱清单及倒箱清单等。如果该船首次挂靠，应向船方或其代理索取有关船舶的资料，核对好后通知单船理货长。

2. 派工

根据预先派工计划，作业前及时与港区的调度联系确认船舶的靠泊时间、地点，派出单船理货长和理货员，安排每条作业线的理货员，准备好相关的空白理货单证、相关资料及理货用具等。

3. 了解到港情况

了解装载情况，商定对残损箱及空箱的处理方法。联系船方了解残损情况，商定验残方法和卸箱时注意事项，了解一些困难作业的作业点情况或者有特殊要求的操作。

### （二）卸船理箱工作过程

（1）理货员根据与舱单核对的积载图理箱，合理到位，认真核对箱号，检查箱体和铅封是否完好，并在积载图上逐一核销，一个舱位结束时需填写“单船理货交接记录”，并报理货长。

（2）如发现进港集装箱外表原残或铅封断失，理货人员应联系船方验看确认，并记载在理箱单上，经船方签字后提供船方一份。对铅封断失的集装箱，理货员应重新施加铅封，并在理箱单上写明铅封号。

（3）理箱过程中发现箱号与单证记载不符的集装箱，理货人员应及时与船方或者其代理联系，确认后方可卸船。对进港舱单没有列明的而船方坚持卸船的集装箱，应按溢短箱处理。

（4）由于船方原因造成待时的，单船理货长需根据实际待时时间编制待时记录并请船方确认。

（5）工班结束后，需编制理箱单，确认节假日、夜班工作时间。

### （三）完船和签证

（1）在全船理箱结束时，单船理货长应根据理箱单和舱单，汇总编制集装箱溢短/残损单：进港一式六份，经船方签字后，提供船方、海关、船代、集装箱公司、船方各一份；出港一式三份，经船方签字后，提供船方、集装箱公司各一份。绘制出港集装箱积载图一式六份，经船方签字后，提供船方四份、船代一份。制作理货证明书一式三份，经船方签字后，提供船方、船代各一份。

（2）卸船结束后，与船方签证，确认理货结束及理货情况。

## 二、出港集装箱理箱操作

### （一）装船前的准备工作

1. 准备资料

通过 EDI 或者从港区相关部门取得集装箱预配图、大副收据/场站收据、装载清单等，审查出口集装箱预配图、大副收据/场站收据、装载清单内容是否一致，准确无误。如果不符，需及时和船公司或者港区取得联系，确认更正。

2. 派工

根据昼夜生产计划，派出单船理货长和理货员，布置任务，提出要求。准备相关空白理货单证。

3. 索取预配图

单船理货长在作业前应向船公司或者其代理人、港区索取预配图，核对出图时间和船舶结构。

4. 了解装载要求

了解船舶的装载要求，征求船方对特种箱的装载要求，如危险品、冷藏箱、超限箱等。

### （二）装船理箱工作过程

（1）严格按预配图装船，不同卸货港集装箱严禁随意混装，如果要对某列、层的集装箱混装，在不影响卸货港卸船作业的情况下，应取得船方的指示。

（2）理货员根据集装箱装船预配图理箱，认真核对箱号，检查箱体和铅封是否完好，并在装船预配图逐一标注已装船集装箱的箱号。一个舱位结束时需填写“单船理货交接记录”，并报理货长。

（3）理货员应常与库场理货（内理）核对，理箱单须由库场理货核对签认。

（4）如发现出港集装箱外表残损或铅封断失，理货人员应联系集装箱公司或装箱单位处理。如无法及时处理，应将相应情况记录在理箱单上。

（5）装箱过程中如要加载或者退关，应该有港区或者船方的相关书面通知。

### （三）理箱结束工作

在全船理箱结束时，单船理货长应根据理箱单等单证汇总相应数据，核对集装箱清单数据，检查是否有错装、漏装，编制理货业务凭证、集装箱溢短/残损单。集装箱溢短/残损单一式三份，经船方签字后，提供船方、集装箱公司各一份。绘制集装箱积载图一式六份，经船方签字后，提供船方四份、船代一份。制作理货证明书一式三份，经船方签字后，提供船方、船代各一份。

## 三、集装箱装箱、拆箱理货操作

### （一）交接

对船方负责箱内货物的集装箱，应根据装拆箱单位通知，在装拆箱时派出理货人员到场理货。在港区装拆箱，与仓库或集装箱公司办理货物交接；在港区外装拆箱，与收发货人办理货物交接。编制装/拆箱理货单一份，须经装拆箱单位签字，货物残损情况填写在“备注”栏内。根据进口理货单，汇总编制集装箱货物溢短/残损单一式五份，提供船方、海关、船代、收货人各一份。根据出口理货单，批注装货单。收发货人或其他委托方委托对集装箱内货物进行理货时，根据装拆箱单位通知，在装拆箱时派出理货人员到场理货。

### （二）装箱理货

在装箱前，向场站索取装箱预配单或其他装箱资料。核对集装箱箱号，检查集装箱箱体是否完好、密封状况、清洁度、地板有无破损、箱内是否潮湿或有异味，如有残损、潜在危害货物安全的损坏，应及时和场站或发货人联系处理。

（1）理货员应该核对装箱货物的标志、件数及包装等进行理货，填制装箱理货单，与场站办理货物交接手续。如果是拼箱货，应核对货名，分清标志，确保隔票清楚。

（2）理货员协助和指导工人做好箱内货物的记载工作。主要对货物的绑扎、衬垫、加固等，在确保货物安全的情况下，合理分布，充分利用集装箱的有效容积。

（3）对一些不同性质、不同种类的危险品同装一箱时，应根据《国际海运危险货物规则》（简称《国际危规》）的隔离要求对不同性质的危险货物进行有效的隔离。对包装破损、货物残损原则上应更换包装、换货才能装箱，否则要发货人确认才能装箱。

（4）对实际装箱的货物数量与装箱预配单或其他装箱资料不相符的，按实际理货数量制作装拆箱理货单。如果实际装箱的货名、标记与装箱预配单不一致，不得装箱。

（5）在货物装箱后，理货人员应对集装箱施加铅封。

#### （三）拆箱理货

在拆箱前，向场站索取进港集装箱拆箱舱单或提货单，必要时索取拆箱单。在理货前，必须确认海关已放行或接到海关监管指令后才能进行。核对集装箱箱号、检查集装箱箱体是否完好、铅封是否完好，如有残缺需及时做好记录。

（1）理货员应对照相关单证核对箱号、铅封进行理货，核对货物的标志、件数及包装等，厘清数量、分清残损，做好记录。

（2）对拆箱集装箱，理货人员应验封。如发现铅封断失或拆箱单位自行启封，对箱内货物的数量短少或残损不得编制集装箱货物溢短/残损单，由拆箱单位自行负责。对船方签认铅封断失的集装箱，不论船方是否负责箱内货物，在启封前，理货人员均应到场验封、理货。

（3）对拼箱货物拆箱理货，理货人员应该认真细致地做好箱内货物的分票工作，仔细核对各票货物的标志，厘清数量。

（4）在拆箱过程中出现实际货物与进口集装箱舱单（提货单或装箱单）产生溢短的情况，应做好相应的溢短记录；有原残的需做好原残记录。

（5）理货结束后，正确编制拆箱理货单，注明理货时间、拆箱地点，且需场站人员签认。

## 练习题

1. 船舶理货过程中通常会出现什么问题，分别该如何处理？
2. 件杂货船理货业务和集装箱船理货业务各包括些什么内容？

# 第5章

# 港口集装箱业务

## 引导案例：集装箱装载羽绒滑雪衫货损

1988年6月，中国土产畜产进出口公司畜产分公司（简称畜产）委托对外贸易运输公司（简称外运）办理333只纸箱的男士羽绒滑雪衫出口手续。外运将货装上远洋运输公司（简称远洋）的“汉江河”轮，并向畜产签发了北京对外贸易运输总公司的清洁联运提单，提单载明货物数量333纸箱，分装3只集装箱。6月29日，该轮抵达目的港神户港；同日，集装箱驳卸到岸。7月6日，日方收货人Phenix公司在港口开箱，日本快船公司出具的“拆箱报告”称箱号为FELU-9301197集装箱的11只纸箱中，5箱严重湿损，6箱轻微湿损。7月7日，3只集装箱由卡车运至东京Phenix公司仓库，同日由新日本商检协会检验。该协会于10月11日出具商检报告：11只纸箱有不同程度的湿损；将湿损衣物的残值冲抵后，实际货损约为1 868 338日元；湿损系FELU-9301197箱左侧顶部破损所致。在东京进行货损检验时，商检协会曾邀远洋派人共同勘察，被远洋以“出港后检验无意义”为由拒绝。

Phenix公司依商检报告从货物保险人AIU保险公司得到赔偿，随后AIU保险公司取得代位求偿权，先后通过其在香港、北京的代理人与外运联系，外运未提出赔偿处理意见。1989年9月25日，AIU保险公司以货运代理人外运和实际承运人远洋为被告，向上海海事法院提起诉讼。

AIU保险公司诉称：作为承运人的外运和远洋因过错造成其承运的集装箱内服装湿损，货损发生在承运人的责任期间。根据外运签发的清洁提单，请求判令两被告赔偿损失1 868 338日元及利息，并承担律师费、诉讼费等。

外运辩称：畜产的服装是由实际承运人远洋承运，货损的原因是集装箱有裂痕，雨水进入箱内造成服装损坏。根据外运与远洋1982年签订的集装箱运输协议规定“远洋应提供清洁、干燥、无味、完好无损的集装箱……如铅封脱落或箱体破损，集装箱内货发生损坏，则由远洋承担一切责任”，远洋应对货损承担全部责任。

远洋辩称：在正常情况下，远洋下属船舶（包括“汉江河”轮）应由外轮代理公司签发提单。在此案中，外运在没拿到场站收据及在未经授权条件下签发提单，应由外运承担其后果和责任。

两被告在诉讼中均提出：“汉江河”轮于6月25日在S港装货、29日抵神户港卸货，前后5天，而日方商检则是7月7日在东京进行的，即使集装箱有裂痕漏水，也不可能在短时间内造成箱内有良好包装的衣服损坏到如此程度。两被告要求原告进一步举证采取减少货损的合理措施。如果赔付，要求根据中远提单条款，按船东责任限制，每件赔付人民币700元。

上海海事法院认为：根据两被告1982年签订的集装箱运输协议内容“……若造成对货方的损害，先对外赔偿，后再分担责任……”，两被告对11只纸箱服装的湿损有相当的责任牵连；但Phenix公司与远洋在开箱交货时交割不清，聘请的商检在港口外进行，故原告对货损索赔及所损害的确切数额的请求举证不力。

上海海事法院在查明事实、分清责任的基础上主持调解。1990年3月28日，三方达成协议：被告外运和远洋根据损害事实及提单条款规定，赔付原告AIU保险公司人民币8 000元（其中300元为补偿原告诉讼费）；赔偿由契约承运人外运先行给付，再与实际承运人远洋自行协商解决；本案受理费1 961.44元由原告AIU保险公司负担。

**思考题：**如何避免在运输过程中发生集装箱货损事故？

## 5.1 集装箱运输基础知识

### 5.1.1 集装箱定义

集装箱是由美国人最先发明并使用的，1921年3月19日最早出现在美国纽约铁路运输总公司。英国人也不甘落后，于1929年开始了英国—欧洲大陆的海陆直达集装箱联运。但这些都只是局部的、小规模的使用。集装箱的大量运用则始于越南战争，当时美国人用集装箱大量运输作战物资，效果甚佳。1966年美国海陆公司在北大西洋航线上开始使用改装的集装箱船，为集装箱运输的历史开创了新的一页。集装箱运输的出现，不仅影响了运输业本身，而且对贸易、金融、海关、商检等其他行业或部门都带来了重要影响，可以说是国际运输业的一次历史性革命。

集装箱，英文名为“Container”或“Box”，原意是一种容器，是便于机械操作和运输的大型货物容器。因其外形像一个箱子，又可以集装成组进行运输，故称“集装箱”。我国香港和台湾地区称之为“货柜”。

目前，许多国家（包括我国在内）都采用了国际标准化组织对集装箱的定义，即集装箱是一种运输设备，它应具备以下条件：

（1）具有足够的强度，可长期反复使用；

（2）装有便于装卸和搬运的装置，便于从一种运输工具转移到另一种运输工具；

（3）便于货物的装填和卸空；

（4）适于一种或多种运输方式运送货物，无须中途换装；

（5）具有1立方米或以上的内容积。

简而言之，集装箱是具有一定强度、刚度和规格，专供周转使用的大型装货容器。

### 5.1.2 集装箱类型

为了适应装载不同种类货物的需要，出现了不同种类的集装箱。这些集装箱不仅外观不同，而且结构、强度、尺寸及功能等也不相同。根据不同的分类标准，会有不同的集装箱类型。

#### 一、按制造材料分类

由于集装箱在运输途中常受各种力的作用和环境的影响，因此集装箱的制造材料要有足够的刚度和强度，应尽量采用质量轻、强度高、耐用及维修保养费用低的材料，同时材料既要价格低廉，又要便于取得。目前，世界上广泛使用的集装箱按其主体材料可分为以下几种。

##### （一）钢制集装箱

钢制集装箱其框架和箱壁板皆用钢材制成。优点是强度高、结构牢、焊接性和水密性好、价格低、易修理及不易损坏，缺点是自重大、抗腐蚀性差。

##### （二）铝制集装箱

铝制集装箱有两种：一种为钢架铝板；另一种仅框架两端用钢材，其余用铝材。主要优点是自重轻、不生锈、外表美观、弹性好及不易变形，主要缺点是造价高、受碰撞时易损坏。

##### （三）不锈钢制集装箱

不锈钢制集装箱主要优点是强度高、不生锈及耐腐性好，缺点是成本高。

##### （四）玻璃钢制集装箱

玻璃钢制集装箱是在钢制框架上装上玻璃钢复合板构成的。主要优点是隔热性、防腐性和耐化学性均较好，强度大、刚性好、能承受较大应力，易清扫，修理简便。主要缺点是自重较大，造价较高。

#### 二、按用途分类

##### （一）干货集装箱

干货集装箱（Dry Cargo Container）也称杂货集装箱，是一种通用集装箱，用以装载除液体货、需要调节温度货物及特种货物以外的一般件杂货。这种集装箱使用范围极广，其结构特点是常为封闭式，一般在一端或侧面设有箱门，箱内设有一定的固货装置。使用时一般有清洁、水密性好的特点，同时对装入这种集装箱的货物一般要求有适当的包装，以便充分利用集装箱的箱容。

##### （二）开顶集装箱

开顶集装箱（Open Top Container）也称敞顶集装箱，是一种没有刚性箱顶的集装箱，但一般有可折式顶梁支撑的帆布、塑料布或涂塑布制成的顶篷，其他构件与干货集装箱类似。开顶集装箱适于装载较高的大型货物和需吊装的重货，如钢材、木材，特别是对玻璃板等易碎的重货，可利用吊车从顶部将之吊入箱内，不易导致货物损坏，也便于在箱内固定货物。

#### （三）台架式及平台式集装箱

台架式集装箱（Stage Posture Container）是指没有箱顶和侧壁的集装箱，甚至有的连端壁也去掉而只有地板和四个角柱。台架式集装箱有很多类型，如敞侧台架式、全骨架台架式、有完整固定端壁的台架式、无端壁仅有固定角柱和底板的台架式集装箱等。它们的主要特点是：为了保持其纵向强度，箱底较厚，箱底的强度比普通集装箱大，而其内部高度则比一般集装箱低；在下侧梁和角柱上设有系环，可把装载的货物系紧。这种集装箱可以从前后、左右及上方进行装卸作业，适合装载长大件、重货件及形状不一的货物，如重型机械、钢材、钢管、木材及钢锭等。台架式集装箱没有水密性，不能装运怕水湿的货物。

平台式集装箱（Platform Based Container）是在台架式集装箱上再简化，仅保留底板而无上部结构的一种特殊结构集装箱。该集装箱装卸作业方便，主要用于装载长、重大件货物，如重型机械、钢材及整件设备等。平台的长度和宽度和国际标准集装箱的箱底尺寸相同，可使用与一般集装箱相同的紧固件和起吊装置。这一集装箱的采用打破了过去集装箱必须具有一定容积的观念。

#### （四）通风集装箱

通风集装箱（Ventilated Container）一般在侧壁或端壁设有若干通风孔，适于装载不需要冷冻而需通风、防止潮湿的货物，如水果及蔬菜等。如将通风孔关闭，可作为杂货集装箱使用。

#### （五）冷藏集装箱

冷藏集装箱（Reefer Container）是专为运输要求保持一定温度的冷冻货或低温货而设计的集装箱，适用于装载鱼、肉、新鲜水果及蔬菜等食品货物。冷藏集装箱造价较高，营运费用较高，使用中应注意冷冻装置的技术状态及箱内货物所需的温度。目前国际上采用的冷藏集装箱基本上分为两种：一种是集装箱内带有冷冻机的机械式冷藏集装箱；另一种是箱内没有冷冻机而只有隔热结构，只在集装箱端壁上设有进气孔和出气孔，集装箱在货舱中由船舶的冷冻装置供应冷气，称之为离台式冷藏集装箱（又称外置式冷藏集装箱）。

#### （六）散货集装箱

散货集装箱（Bulk Container）除了有箱门外，在箱顶部还设有数个装货口，在箱门的下部设有卸货口，适用于装载粉状或粒状货物，如大豆、大米及各种饲料等。使用时要注意保持箱内清洁干净，两侧保持光滑便于货物从箱门卸货。散货集装箱的使用既提高了装卸效率，又提高了货物运输质量，减轻了粉尘对人体的侵害和对环境的污染。

#### （七）动物集装箱

动物集装箱（Pen Container）是一种专供装运鸡、鸭、猪等活牲畜的集装箱。为了避免阳光照射，动物集装箱的箱顶和侧壁用玻璃纤维加强塑料制成。另外，为了保证箱内有新鲜空气，侧面和端面都有用铝丝网制成的窗。侧壁下方设有清扫口和排水口，还装有喂食装置，并配有上下移动的拉门以便把垃圾清扫出去。动物集装箱一般应装在甲板上，因为甲板上空气流通，同时便于清扫和对动物进行照顾。

#### （八）罐式集装箱

罐式集装箱（Tank Container）是一种专供装运液体货物而设置的集装箱，如酒类、油类及液状化工品等。它由罐体和箱体框架两部分组成，罐体用于装载液体货物，框架用于支承和固定罐体。罐体的外壁采用保温材料以使罐体隔热，内壁一般要研磨抛光以避免液体残留于壁面。为了降低液体的黏度，罐体的下部还设有加热器，罐体内温度可以通过安装在其上部的温度计进行观察。罐顶设有装货口，罐底设有排出阀，装货时货物由装货口进入，卸货时则由排出阀流出或由装货口吸出。

（九）汽车集装箱

汽车集装箱（Car Container）是专为装运小型轿车而设计制造的集装箱。其结构特点是无侧壁，仅设有框架和箱底。为了防止汽车在箱内滑动，箱底专门设有绑扎设备和防滑钢板。大部分汽车集装箱被设计成上下两层，可以装载两层小汽车。

（十）服装集装箱

服装集装箱（Clothing Container）的特点是在箱内侧梁上装有许多根横杆，每根横杆上垂下若干条皮带扣、尼龙带扣或绳索，利用衣架上的钩直接将成衣挂在带扣或绳索上。这种挂衣服装装载法属于无包装运输，不仅可节约包装材料和包装费用，而且可减少人工劳动，提高服装的运输质量。

### 三、按规格尺寸分类

目前，国际上通常使用的干货集装箱有20英尺（ft）和40英尺（ft）等规格。

其他常见规格的集装箱，如表5-1所示。

**表5-1 其他常见规格的集装箱**

| 集装箱规格 | 内尺寸 | 配货毛重/t | 体积/$m^3$ |
|---|---|---|---|
| 45 ft 高集装箱 | 13.58 m×2.34 m×2.71 m | 29 | 86 |
| 20 ft 开顶集装箱 | 5.89 m×2.32 m×2.31 m | 20 | 31.5 |
| 40 ft 开顶集装箱 | 12.01 m×2.33 m×2.15 m | 30.4 | 65 |
| 20 ft 平底集装箱 | 5.85 m×2.23 m×2.15 m | 23 | 28 |
| 40 ft 平底集装箱 | 12.05 m×2.12 m×1.96 m | 36 | 50 |

## 5.1.3 集装箱运输特点

普通散件杂货运输长期以来存在着装卸及运输效率低、货损或货差严重及货运手续繁杂等问题，对货主、船方及港口的经济效益产生了极为不利的影响。想要加速商品的流通，降低流通费用，节约物流的劳动消耗，快速、低耗、高效率及高效益地完成运输生产过程并将货物送达目的地交付给收货人，就需变革原有的运输方式为一种高效率、高效益及高运输质量的运输方式。集装箱运输正是这样一种新型运输方式，具有以下特点。

### 一、高效益的运输方式

集装箱运输经济效益高主要体现在以下几方面。

（一）简化包装，大量节约包装费用

为避免在运输中受到损坏，货物必须有坚固的包装。集装箱具有坚固、密封的特点，其本身就是一种极好的包装。使用集装箱可以简化包装，有的甚至无须包装、实现件杂货无包装运输，可大大节约包装费用。如成衣出口采用专门的挂衣集装箱运输，可以直接运送到目的地商店上架，从而节约包装和再次熨烫费用，并加快周转时间。

（二）减少货损货差，提高货运质量

货物装箱并铅封后，途中无须拆箱倒载，一票到底，即使经过长途运输或多次换装，也不易损坏箱内货物。集装箱运输还可减少盗窃风险、潮湿及污损等引起的货损和货差，可降低货物的保险费用，深受货主和船方的欢迎。货损货差率的降低减少了社会财富的浪费，也具有很大的社会效益。

（三）减少营运费用，降低运输成本

由于集装箱的装卸基本上不受恶劣气候的影响，船舶非生产性停泊时间缩短；又由于装卸效率高、装卸时间缩短，对船方而言可提高航行率、降低船舶运输成本，对港口而言可以提高泊位通过能力，从而提高吞吐量、增加收入。

## 二、高效率的运输方式

传统的运输方式具有装卸环节多、劳动强度大、装卸效率低及船舶周转慢等缺点。集装箱运输完全改变了这种状况。

首先，普通货船装卸一般每小时为35吨左右，集装箱装卸每小时可达400吨左右，装卸效率大幅度提高。同时，由于集装箱装卸机械化程度很高，因而每班组所需装卸工人数很少，平均每个工人的劳动生产率大大提高。

其次，由于集装箱装卸效率很高、受气候影响小，船舶在港停留时间大大缩短，因而船舶航次时间缩短，周转加快，航行率大大提高，生产效率随之提高。在不增加船舶艘数的情况，可完成更多的运量，增加船方收入。

最后，集装箱船一般比普通杂货船大，运输批量大，可降低单位货物运输成本、缩短船舶在港时间及节省港口费用和燃油费用，从而提高运输效率。

## 三、高投资的运输方式

集装箱运输虽然是一种高效率的运输方式，但它同时又是一种资本高度密集的运输方式，必须有足够的资金才能开展集装箱运输。

首先，船方必须对船舶和集装箱进行巨额投资。有关资料表明，集装箱船的造价约为普通货船的3.7～4倍。集装箱的投资相当大，开展集装箱运输所需的高额投资，使得船方的总成本中固定成本占有相当大的比例，往往高达2/3以上。

其次，集装箱港口的投资也相当大。专用集装箱泊位的码头设施包括码头岸线和前沿、货场、货运站、维修车间、控制塔、门房，以及集装箱装卸机械等，耗资巨大。

最后，为开展集装箱多式联运，还需配套建设相应的内陆设施及内陆货运站等，这就需要兴建、扩建、改造或更新现有的公路、铁路、桥梁及涵洞等。可见没有足够的资金，想要开展集装箱运输、实现集装箱化是困难的。有关方面必须量力而行，逐步实现集装箱化。

## 四、高协作的运输方式

集装箱运输涉及面广、环节多、影响大，是一个复杂的运输系统工程。集装箱运输系统包括港口、货运站以及与集装箱运输有关的海关、商检、船舶代理公司、货运代理公司等单位和部门。如果互相配合不当，就会影响整个运输系统功能的发挥，某一环节的失误必将影响全局，甚至导致运输生产停顿和中断。因此，要求做到整个运输系统各环节、各部门之间的高度协作。只有这样，才能保证集装箱运输系统高效率地运转，发挥集装箱运输的优势。

**五、适于组织多式联运**

由于集装箱运输在不同运输方式之间换装时，无须搬运箱内货物而只需换装集装箱，这就提高了换装作业效率，适于不同运输方式之间的联合运输。在换装转运时，海关及有关监管单位只需加封或验封转关放行，从而简化了海关手续、提高了运输效率。因此，通过集装箱多式联运，货物从发货人的工厂或仓库装箱后，中途不必倒载，也无须开箱检验，就可一直送到收货人的工厂或仓库，实现“门到门”运输。

### 5.1.4 集装箱运输货物交接

**一、集装箱运输的交接形态**

集装箱货物交接主要有两种不同的形态。

（1）整箱交接（Full Container Cargo Load，FCL），也称整箱货，指货主与承运人交接的是集装箱。整箱货的运输由发货人负责装箱、计数、积载并加铅封。

（2）拼箱交接（Less than Container Cargo Load，LCL），也称拼箱货，指承运人将多个货主发往同一卸货港的货物装在一个集装箱内进行运输，并在目的地分散货物向各收货人交付。

**二、集装箱货物的交接方式**

纵观当前国际上的做法，集装箱货物的交接方式大致有以下四类。

**（一）整箱交，整箱接**

货主在工厂或仓库把装满货后的整箱交给承运人，收货人在目的地整箱接货。换言之，承运人以整箱为单位负责交接，货物的装箱和拆箱均由货方负责。

**（二）拼箱交，拆箱接**

货主将不足整箱的小票托运货物在集装箱货运站或内陆转运站交给承运人，由承运人负责拼箱和装箱运到目的地货站或内陆转运站，由承运人负责拆箱，收货人凭单接货。货物的装箱和拆箱均由承运人负责。

**（三）整箱交，拆箱接**

货主在工厂或仓库把装满货后的整箱交给承运人，在目的地的集装箱货运站或内陆转运站由承运人负责拆箱，各收货人凭单接货。

**（四）拼箱交，整箱接**

货主将不足整箱的小票托运货物在集装箱货运站或内陆转运站交给承运人，由承运人分类调整，把同一收货人的货集中拼装成整箱，运到目的地后，承运人以整箱交，收货人以整箱接。

**三、集装箱货物的交接地点**

集装箱货物的交接地点主要有以下三类。

（1）集装箱码头堆场（Container Yard，CY）：办理集装箱重箱或空箱装卸、转运、保管及交接的场所。

（2）集装箱货运站（Container Freight Station，CFS）：拼箱货装箱和拆箱的船方，或船、货双方办理交接的场所。

（3）门（Door）：发货人或收货人的工厂或仓库。

将以上三类交接地点进行排列组合，可得到9种集装箱货物集散方式：门到门（Door to Door）、门到场（Door to CY）、门到站（Door to CFS）、场到门（CY to Door）、场到场（CY to CY）、场到站（CY to CFS）、站到站（CFS to CFS）、站到门（CFS to Door）、站到场（CFS to CY）。

## 5.2 集装箱进出口业务

### 5.2.1 集装箱进口业务流程

**一、确认到港信息**

收货人接到客户的全套单据（正本提单或电报放货副本、装箱单、发票及合同），要提前与船方或船舶代理部门联系，确定船到港时间、地点，如需转船应确认二程船名，并了解确认换单费、押箱费及换单的时间；同时联系好场站，确认好提箱费、掏箱费、装车费及回空费等费用。

**二、换单**

用带有背书的正本提单（如是电报放货，可带电报放货的传真件与保函）去船方或船舶代理部门换取提货单和设备交接单。换单时要注意以下五点：

（1）正本提单的背书有两种形式，如果提单上收货人栏显示“TO ORDER”，则由发货人与提单持有人背书；如果收货人栏显示某一特定的收货人，则需收货人背书。

（2）保函是由进口方出具给船舶代理的一份请求放货的书面证明。保函内容包括进口港、目的港、船名、航次、提单号、件重尺及进口方鉴章。

（3）换单时应仔细核对提单或电报放货副本与提货单上的集装箱箱号及封号是否一致。

（4）提货单共分五联，分别为白色提货联、蓝色费用账单、红色费用账单、绿色交货记录及浅绿色交货记录。

（5）设备交接单是集装箱进出港区、场站时，用箱人、运箱人与管箱人或其代理人之间交接集装箱及其他机械设备的凭证，并兼管箱人发放集装箱凭证的功能。当集装箱或机械设备在集装箱码头堆场或货运站借出或回收时，由码头堆场或货运站制作设备交接单，经双方签字后，作为两者之间设备交接的凭证。集装箱设备交接单分进场和出场两种，交接手续均在码头堆场大门口办理。出码头堆场时，码头堆场工作人员与用箱人、运箱人就设备交接单上的以下主要内容共同进行审核：用箱人名称和地址，出堆场时间与目的，集装箱箱号、规格、封志号以及是空箱还是重箱，以及有关机械设备是正常还是异常等。进码头堆场时，码头堆场的工作人员与用箱人、运箱人就设备交接单上的下列内容进行审核：集装箱、机械设备归还日期、具体时间及归还时的外表状况，集装箱、机械设备归还人的名称与地址，进堆场的目的，整箱货交箱货主的名称和地址，以及拟装船的船次、航线、卸箱港等。

### 三、报关

用换来的提货单一、三联并附上报关单据前去报关。海关放行后，在白联上加盖放行章，发还给进口方作为提货的凭证。报关单据还有正本装箱单、正本发票、合同、进口报关单一式两份、正本报关委托协议书及海关监管条件所涉及的各类证件。报关中当海关要求开箱查验货物时，应提前与场站取得联系，场站需将所查箱子调至海关指定的场站。

### 四、报检

若是法检商品应办理检验检疫手续。如需商检，则要在报关前，拿进口商检申请单（带公章）和两份报关单办理登记手续，并在报关单上盖商检登记在案章以便通关。验货手续在最终目的地办理。如需动植检、卫检，也要在报关前拿箱单发票合同报关单去代报验机构申请报检，在报关单上盖放行章以便通关。

### 五、办理提货手续

报关报检手续办理后，根据海关放行盖章的提货单以及船公司或其代理人签发的设备交接单，到港区办理提箱手续，并交纳港务港建费、港杂费等费用。

费用结清之后，港方将提货联退给提货人供提货用。

### 六、提货

所有提货手续办妥后，可通知事先联系好的堆场提货。提货时需注意首先与港方调度室取得联系、安排计划并做好相应提货记录。根据提箱的多少与堆场联系足够多的车辆，尽可能在港方要求的时间内提清，以免产生转栈堆存费用。提箱过程中应与堆场有关人员共同检查箱体是否有重大残破，如有应要求港方在设备交接单上签残。

### 七、返还空箱

重箱由堆场提到场地后，应在免费期内及时掏箱以免超期，若超期则需交纳滞箱费。返还空箱后，收货人需向船方或船舶代理部门退回押箱费。

## 5. 2. 2　集装箱出口业务流程

集装箱货物运输的出口业务与传统的班轮运输的货物出口业务大体相同，所不同的是增加了发放、接受空箱和重箱、集装箱的装箱作业等环节，改变了货物的交接方式，制定和采用了适应集装箱作业和交接的单证。集装箱货物运输出口业务的主要环节包括以下九方面的内容。

### 一、订舱或托运

货主或者货运代理人根据货物的数量、性质、航线、船期、运价、箱位和集装箱类型等，填制集装箱货物托运单，向船方或其代理人在其所营运的船舶截单期前办理托运订舱，以得到船方或其代理人的确认。托运单的主要内容有：

（1）装箱港以及承运人收到集装箱的地点；

（3）卸货港以及货运目的地；

（3）发货人以及发货人的代理人；

（4）货名、数量、吨数、货物外包装、货类以及特种货情况的说明；

（5）集装箱的种类、规格和箱数；

（6）集装箱的交接地点及方式；

（7）填明内陆承运人由发货人还是船公司安排；

（8）货物交接时应注明装箱地点、日期及抵达堆场的承运人和日期；

（9）拼箱货中如有超长货，应注明规格及尺寸。

## 二、承运

船公司或其代理人审核托运单。确认无误可以接受订舱后在装货单上签章，以表明承运货物的“承诺”，同时填写船名、航次、提单号等信息，然后留下船代留底和运费通知一、二共三联，将其余各联退还给货运代理人作为对该批货物订舱的确认，以备向海关办理货物出口报关手续；而船方或其代理人则在承诺承运货物后，根据集装箱货物订舱单的船代留底联编制集装箱货物清单，分送集装箱堆场和集装箱港务公司（或集装箱装卸作业区），据以准备空箱的发放和重箱的交接、保管以及装船。

利用集装箱运输货物，需要进行正确的配载。配载时需要正确掌握货物的知识，这不仅要选择适合于集装箱的货物，而且也要选择适合于货物的集装箱。因此，在提取空箱之前应全面考虑，编制好集装箱预配清单，按预配清单的需要提取空箱。

## 三、提取空箱

通常，集装箱是由船方无偿借给货主或集装箱货运站使用的。船方或其代理人在接受订舱、承运货物后，即签发集装箱设备交接单给托运人或其货运代理人到集装箱堆场或内陆集装箱站提取空箱。而在承运人的集装箱货运站装箱时，则由货运站提取空箱。不论由哪一方提取空箱，都必须事先编制出场设备交接单。提取空箱时，必须向箱站提交空箱提交单，并让箱站的检查桥或门卫双方在集装箱设备交接单上签字交接，并各执一份。应该特别注意的是，在交接时或交接前应对集装箱外部、内部、箱门、附件和清洁状态进行检查。

## 四、报检、报关

### （一）报检

发货人或其货运代理人依照国家有关法规并根据商品特性，在规定的期限内填好申报单，分别向商检、卫检及动植检等口岸监管检验部门申报检验。经监管检验部门审核或查验，视不同情况分别予以免检放行或经查验、处理后出具有关证书放行。如果托运危险品，还需凭危险品清单、危险品性能说明书、危险品包装证书、危险品装箱说明书及危险品准装申报单等文件向港务监督部门办理申报手续。

### （二）报关

发货人或其货运代理人依照国家有关法规，于规定期限内持报关单、场站收据五至七联（七联单是二至四联）、商业发票、装箱单及产地证明书等相关单证向海关办理申报手续。根据贸易性质、商品特性和海关有关规定，必要时还需提供出口许可证、核销手册等文件。经海关审核后，根据不同情况分别予以直接放行或查验后出具证书放行，并在场站收据第五联（装货单）上加盖放行章。

### 五、货物装箱

货物装箱应根据货运代理的集装箱出口业务员编制的集装箱预配清单，在集装箱货运站或发货人的仓库进行。整箱货由发货人或其货运代理人办理货物出口报关手续后，在海关派员监装下负责装箱，施加船公司或货运代理集装箱货运站铅封和海关关封。若在内陆装箱运输至集装箱码头的整箱货，应有内地海关关封，并应到出境地海关办理转关手续。

拼箱货由货主或其代理人将不足整箱的货物连同事先编制的场站收据，送交集装箱货运站，集装箱货运站核对由货主或其代理人编制的场站收据和送交的货物，接收货物后在场站收据上签收。如果接收货物时发现货物外表状况有异常，则应在场站收据上按实际情况作出批注。集装箱货运站将拼箱货物装箱前，须由货主或其代理人办理货物出口报关手续，并在海关的监督下装箱，同时还应按货物装箱的顺序从里到外编制装箱单。

### 六、交接和签收

港口根据出口集装箱船舶班期，按集装箱货物的装船先后顺序向海上承运人或其代理人发出装船通知，海上承运人应及时通知托运人。托运人或其代理人在收到装船通知后，应于船舶开装前 5 天开始，将出口集装箱和货物按船舶受载先后顺序运进码头堆场或指定货运站，并于装船前 24 小时截止进港。

不论是由货主自行装箱的整箱货物，还是由货运代理人安排装箱的整箱货物，或者由承运人以外的集装箱货运站装运的整箱货物，经海关监装并施加海关关封后的重箱，随同装箱单、设备交接单（进场）以及场站收据通过内陆的公路、铁路或水运送交港口的集装箱堆场时，集装箱堆场的检查桥或门卫同送箱人对进场的重箱检验后双方均需签署设备交接单，集装箱堆场业务人员则需在核对集装箱清单、场站收据和装箱单后接收货物并在场站收据上签字，然后将经过签署的场站收据的装货、收货单两联留下，将场站收据正本退还送箱人。集装箱入港站堆场等待装船。

### 七、换取提单

港站集装箱堆场签发场站收据以后，将装货单联留下作结算费用和今后查询之用，而将大副收据联交理货人员送船上大副留存。货运代理人收到签署后的场站收据正本，到船方或其代理人处交付预付运费，要求换取提单。船方还要确认在场站收据上是否有批注，然后在已编制好的提单上签字。

### 八、集装箱装船

集装箱进入港区集装箱堆场后，港务公司根据待装集装箱的流向和装船顺序编制集装箱装船计划，在船舶到港前将待装船的集装箱移至集装箱前方堆场，按顺序堆码于指定的箱位。集装箱船舶配载应由海上承运人或其代理人负责编制预配图，港口据此编制船舶配载图，并经承运人确认。船舶到港后，港口按集装箱装船计划和船舶配载图组织按顺序装船，装船完毕后由外轮理货公司编制船舶积载图。

船舶代理人应于船舶开航前 2 小时向船方提供提单副本、舱单、集装箱装箱单、集装箱清单、集装箱积载图、特殊货物集装箱清单及危险货物说明书等完整的随船单证，并于开航后采用传真、电邮及邮寄等方式向卸货港或中转港发出必要的有关资料。

集装箱装船后，货运代理人应发货人的委托及时向买方或其代理人发出装船通知，以便对方准备付款、赎单、办理进口报关和接货手续。

**九、离港及结算**

船舶离港后，集装箱货物运输的货运代理人及时退证，办理退关、费用结算，做好航次小结；船方与货主进行航次费用清算，货方进行结汇、收汇核销及退税等业务。

### 5.2.3 集装箱进出口单证

在集装箱运输中，从办理货物托运手续开始到货物装船、卸船直至货物交付的整个过程，都需要编制各种单证。这些单证是在货方（包括托运人和收货人）与船方之间办理货物交接的证明，也是货方、港方、船方等有关单位之间从事业务工作的凭证，又是划分货方、港方、船方各自责任的必要依据。在这些单证中，有的是受国际公约和各国国内法规约束的，有的则是按照港口当局的规定和航运习惯而编制使用的。尽管这些单证种类繁多，而且因各国港口的规定会有所不同，但主要单证是基本一致的，一般能在国际航运中通用。

**一、托运单**

托运单（Booking Note，B/N）也称订舱委托书，是指由托运人根据买卖合同和信用证的有关要求向承运人或其代理人办理货物运输的书面凭证。在班轮运输的情况下，托运人只要口头或订舱函电向班轮公司或其代理人预订舱位，如果班轮公司对这种预订表示认可，则表明运输关系建立，并不需要什么特定的形式。但是按照国际航运惯例，托运人或其代理人与班轮公司或其代理人约定所需的舱位后，需再以书面形式向班轮公司或其代理人提交托运单，加以确认。

**二、装货单**

装货单（Shipping Order，S/O）是作为承运人的班轮公司或其代理人在接受托运人的托运单后，签发给托运人或其代理人的确认承运货物的证明。承运人签发装货单，表示已接受托运人提出的托运申请，同意承运托运单上所列货物。装货单一经签订，表明运输合同已经生效，船、货双方都应受到一定约束。装货单又是承运人通知码头仓库或装运船舶接受货物装船的命令，托运人将货物运至码头仓库或承运船边时必须同时提交装货单。

**三、集装箱发放通知单**

集装箱发放通知单（Container release order）又称空箱提交单，是船方指示集装箱堆场将空箱及其附属设备提交给该单持有人的书面凭证。

**四、集装箱设备交接单**

集装箱设备交接单（Equipment Receipt，E/R）简称设备交接单，是集装箱在流转过程中有关单位或个人进行设备交接的凭证，主要内容是记载集装箱箱体、状态、封志及危险品类别等状况，以便作为发生箱损相关责任及费用划分的依据。设备交接单在国际上已被广泛用于集装箱运输过程，但国际上没有统一的单证。我国最早比较正规的设备交接单是由中国外轮代理总公司参照国外的单证格式设计印制的。

设备交接单是集装箱进出港口、场站时用箱人或运箱人与管箱人或其代理人之间交接集装箱及设备（底盘车、台车、冷藏装置及电机等）的凭证。它既是管箱人发放/回收集装箱或用箱人提取/还回集装箱的凭证，也是证明双方交接时集装箱状态的凭证和划分双方责任的依据。箱管单位指集装箱所有人，用箱人指货方或货方代理人或与箱管单位签订集装箱使用合同的责任方，运箱人指接受货方或货方代理人以及其他委托方委托的内陆承运人。此单据通常由管箱人（租箱公司或代理人、船公司或其他类型的集装箱经营人等）发给用箱人，用箱人据此向场站领取或送还集装箱或设备。设备交接单分进场设备交接单和出场设备交接单，各三联，第一联为箱管单位留底联，第二联为码头、堆场联，第三联为用箱人、运箱人联。各联采用不同颜色，以示区别。

### 五、装箱单

装箱单（Container Load Plan，CLP）是装箱人按照装箱顺序详细记载货物名称、数量、尺寸、重量、标志和其他货运资料的单据。每个载货的集装箱都要制作这样的单据，不论是由货主装箱还是由集装箱货运站负责装箱。装箱单是详细记载每个集装箱内所装货物情况的唯一单据。装箱单内容记载准确与否，对能否保证集装箱货物的安全运输十分重要。集装箱装箱单的主要作用有：

（1）在装货地点作为向海关申报货物出口的代用单据；

（2）作为发货人、集装箱货运站与集装箱码头堆场之间货物的交接单；

（3）作为向承运人通知集装箱内所装货物的明细单；

（4）在进口国、途经国作为办理保税运输手续的单据之一；

（5）单据上所记载的货物与集装箱的总重量是计算船舶吃水差、稳性的基本数据。

### 六、出口货物报关单证

根据集装箱运输的特点，国际上有许多国家的海关手续被简化到最低限度，集装箱货物只要在启运国内陆地点经海关检验后，在箱子上加注海关封志就可以一直运到进口国家最终交货地点，由目的地海关检验放行。在运输过程中所经国家的海关仅对集装箱做一定记录，并不检查箱内货物的实际情况。我国海关对进出口集装箱及所装货物的规定：凡进口的集装箱货物直接运往内地设有海关的地点，则由口岸货运代理向海关申请办理转运（转点）手续，口岸海关将有关申报单证转交承运人负责带交内陆地海关，由内陆地海关查验放行；凡出口的集装箱货物，如果是在内地设有海关地点装箱的，则由当地发货人或货运代理向海关申报，由海关将有关申报单证转交承运人负责带给出境地海关以监督装船。

报关时报关员必须出具的单证有海关申报单、外汇核销单、代理报关委托书、装箱单、发票、合同及信用证副本等，可能需要出具的其他单证有出口许可证、免税手册、商检证明及产地证明等。

### 七、场站收据

场站收据（Dock Receipt，D/R）由发货人或其代理人编制，由承运人签发，证明船公司已从发货人处接收了货物并证明当时货物状态，船公司对货物开始负有责任。它相当于传统运输中的大副收据。

承运人在签署场站收据时，应仔细审核收据上所记载的内容与运来的货物实际是否一致。如货物的实际情况与收据记载的内容不同，则必须对收据进行相应修改；如发现货物或有损伤情况，一定要在收据的备注栏内加批注，说明货物或箱子的实际情况。场站收据的作用有以下五个方面：

（1）船方或船代确认订舱，并在场站收据上加盖有报关资格的单证章后，将场站收据交给托运人或其代理人，意味着运输合同开始执行；

（2）是承运人已收到托运货物并开始对其负责的证明；

（3）是托运人向承运人换取正本提单的凭证；

（4）是船方、港口组织装卸、理货和配载的凭证；

（5）是托运人与承运人运费结算的依据。

**八、集装箱出口十联单**

第一联：集装箱货物托运单（货主留底）。

第二联：集装箱货物托运单（船代留底）。

第三联：运费通知（1）。

第四联：运费通知（2）。

第五联：场站收据（装货单）；第五联副本：缴纳出口货物港务费申请书。

第六联：大副联（场站收据副本）。

第七联：场站收据（D/R）。

第八联：货代留底。

第九联：配舱回单（1）。

第十联：配舱回单（2）。

**九、提单**

提单（Bill of Lading，B/L）是船方或其代理人签发给托运人，证明货物已经装上船并保证在目的港交付货物的凭证。托运人到船方或其代理人处预付运费并凭场站收据换取正本已装船提单。托运人取得正本提单后，可持提单及其他有关单证到银行办理结汇，取得货款。如果场站收据附有关于货物状况的大副批注时，船方或其代理人要将大副批注如实转批在提单上。

提单在班轮运输中是一种非常重要的单证，它既具有运输合同的作用，规定了船方作为承运人的权利、义务及免责条款，又是表明承运人收到货物的收据，也是提单持有人转让货物所有权或以此提取货物的物权凭证。

**十、货物积载图**

货物积载图（Stowage Plan）用简图形式形象地表示每一票货物在船舱内放置的具体位置。货物装船前，大副根据装货清单所列货物的装载要求和船舶性能等因素绘制货物积载图，这样港口和装卸公司、理货人员可按积载图安排装船作业，使货物堆放在合理位置上。货物积载图不仅是货物装船的重要资料，也是运输途中货物保管和目的港卸货作业的重要依据。

**十一、提货单**

提货单（Delivery Order，D/O）是收货人凭正本提单或副本提单随同有效的担保向承运人或其代理人换取的可向港口装卸部门提取货物的凭证。承运人发放提货单时应注意四项内容：

（1）正本提单必须为合法持有人所持有；

（2）提单上的非清洁批注应转入提货单；
（3）发生溢短残损情况时，收货人有权向承运人或其代理人获得相应的签证；
（4）应在收货人付清运费及有关费用后，方可发放。

## 5.3 集装箱货运站业务

### 5.3.1 集装箱货运站的功能

集装箱货运站（Container Freight Station，CFS）是集装箱码头对拼箱货进行收发、交接、装箱、拆箱、配载及保管等业务操作的场所。集装箱货运站和传统的件杂货码头的库场有很大的区别。杂货码头的库场与码头装卸有直接的联系，相当于集装箱码头的箱区堆场；而集装箱货运站主要负责集装箱拼箱货的相关装箱、拆箱、保管及收发等业务，规模一般比件杂货码头的库场要小。集装箱货运站一般都设有仓棚、仓库及堆场，便于车辆出入、疏运和操作，还应有海关和检验机构等办公地点以及必要的装卸设备，如叉车、龙门吊、装卸平台及集装箱牵引车等。

集装箱货运站主要有六个功能：
（1）拼箱货的理货和交接；
（2）拼箱货的配箱积载和装箱；
（3）进口拆箱货的拆箱和保管；
（4）对库存货物的统计和保管；
（5）对口岸单位提出要查验的集装箱进行移箱、查箱、捣箱及归位等作业；
（6）代承运人加铅封并签发场站收据等各项单证。

### 5.3.2 集装箱货运站进口货运业务

**一、拆箱交货准备工作**

集装箱货运站在船舶抵港前，从船方或船代获得有关单证，包括提单副本、货物舱单、装箱单、货物残损的报告和特殊货物表等。在船舶进港时间、卸船和堆场计划确定后，货运站应与码头堆场联系，确定提取拼箱集装箱的时间，并制订拆箱交货计划，做好拆箱交货的准备工作。

**二、发出交货通知**

货运站应根据拆箱交货计划，及时向各收货人发出交货日期的通知。

**三、从堆场领取载货的集装箱**

与码头堆场联系后，货运站即可从堆场领取载货集装箱，并办理设备交接单或内部交接手续。

**四、拆箱及还箱**

拆箱及还箱的具体步骤有四个：
（1）业务员根据委托拆箱申请，落实收取相关费用，按照客户作业要求和货物特性开具开箱作业单并通知、调度、安排相应作业计划；

（2）装卸人员及理货人员配合进行拆箱作业，从箱内取出货物，一般按装箱单记载顺序进行，取出的货物应按票堆存；

（3）拆箱完毕，业务员根据拆箱计数单、拆箱作业单、收货记录和交货记录等进行计算机拆箱及进库确认，并将单证整理归档；

（4）拆箱后应将空箱尽快还给堆场，并办理设备交接单或内部交接手续。

**五、交付货物**

货运站代表承运人向收货人交付货物。收货人领货时，应出具船方或其他运输经营人签发的、海关放行的提货单。货运站核对票、货无误后，即可交付货物。

交货时，应与收货人在交货记录上签字，如有异常，应在交货记录上注明。

**六、收取有关费用**

交付货物时，货运站应查核所交付的货物在站期间是否发生报关、再次搬运等费用，如发生则应在收取费用后再交付货物。

**七、制作交货报告与未交货报告**

集装箱货运站在交货工作结束后，应根据货物交付情况制作交货报告和未交货报告，并寄送给船公司或其他运输经营人，作为他们处理损害赔偿、催提等的依据。

### 5.3.3 集装箱货运站出口货运业务

**一、办理货物交接**

办理货物交接有四个主要步骤：

（1）送货人将货物送至集装箱货运站，货运站工作人员根据送货单所提供的委托代理、进仓编号、进仓件数、进仓货名、包装类型、送货单位及送货车号等信息进行受理，根据进仓货物情况及库内货位情况，合理安排进仓预订货位；

（2）理货员根据收货记录要求及货物具体特性，督促装卸工及铲车司机按有关货运质量标准进行卸货作业，并填写收货记录；卸货结束后，理货员在收货记录上签字并与送货人办理货物交接手续；

（3）货运站工作人员一一核查收货记录上的进仓件数及货物唛头和有关残损记录等单证，确认无误后，将收货记录的回执联盖章或签字交送货人；

（4）仓库管理员根据桩脚牌显示的进仓编号、总关数/总件数及对应货位等进行核对。

**二、积载装箱，制作装箱单**

积载装箱并制作装箱单的具体步骤有四个：

（1）业务员根据委托货代提供的预配清单、设备交接单等单证信息安排出口装箱；

（2）业务员及时安排空箱到位，仔细核查装箱单对应进仓编导货物的进仓件数、货号、唛头等与装箱单数据的一致性。按照清单要求进行出口货物配箱，并打印预配装箱单，将预配装箱单对应的收货记录及对应的铅封一一装订好，交调度员；

（3）调度员根据装箱单证要求详细了解装箱货物的特性、货物的积载因素等，及时安排装箱理货员及相关作业人员到位合理地进行装箱作业；

（4）装箱完毕，业务员根据调度员反馈的交接单证进行核对，编制装箱单等相关单证并整理归档。

**三、将出口重箱运至码头堆场**

已经装箱完毕的重箱，由业务员安排转移至集装箱码头的前方堆场，准备装船。

### 5.3.4　集装箱货运站仓储管理

**一、集装箱堆垛**

集装箱货物在货运站仓库内按一定的形式和要求进行堆垛存储，这叫集装箱堆垛，也叫堆码、码垛。集装箱堆垛的好坏直接关系到货物和人身的安全，而且直接影响理货计数工作效率以及仓库的场地利用率，因此对集装箱的堆垛有八项要求：

（1）堆垛整齐牢固，成行成线，做到标准化；

（2）成组货物定量上垛，能点清组数或件数；

（3）按单堆码，标志朝外、箭头向上，重箱不压轻箱、木箱不压纸箱，残损另堆；

（4）堆垛时先里后外，先算后堆；

（5）堆垛时要考虑出货的方便，不同票的货不相压，大票货不围小票货；

（6）要根据不同的货物性质、包装形式堆成不同的垛型；

（7）注意有包装储运标志及危险品标志的货物应按其要求堆码；

（8）在每一单货物的显眼位置拴挂堆垛（桩脚）牌，清楚标明日期、委托货代、进仓编号（提单号）、货名、总件数、关号、货位及理货员签名等内容。

**二、集装箱保管**

货物进仓后，集装箱货运站就要开始对货物进行保管，承担货物的安全责任，确保不发生货损、货差等事故，所以必须做好以下五项工作：

（1）台账健全，定期盘点；有货有账，货账相符；货物入库、出库及时登账或销账；同时，根据实际情况进行定期盘点。

（2）防盗。仓库值班员尽职尽责，把好仓库大门，人员进出登记，无关人员不得进出仓库。

（3）做好防火、防汛及防台工作。在显眼的地方设置配备消防器材，清除火灾隐患，杜绝火种入库，不准在仓库内吸烟。明火作业必须按相关的安全操作规程，配备好灭火器。在台风季节、多雨季节，做好仓库的防水、排水工作，如发现仓库的外表结构出现破裂等不安全因素应及时修理。

（4）做好地脚货、超期货及危险品货物的管理。地脚货是指货物外包装破损而散漏出来的货物。应及时修复破损包装，减少地脚货，漏出的地脚货应及时清理。对无主货应及时联系发货人。若发现超期货应及时和收发货人联系，如超过一定时间，应根据海关的有关规定进行处理。

（5）货物的整理。定期对零散的货物进行归、并、转，使得堆垛整齐，提高货位的利用率。

## 5.4 集装箱码头的检查桥业务

集装箱检查桥（Container Gate House）是集装箱码头的出入口，是进出码头的集装箱进行立体检查和交接的场所，是区别码头内外责任的一个分界点。其主要负责对公路集装箱的信息录入、箱体检查工作，并对相关单证进行审核与交接，是码头与内陆承运人进行集装箱设备交接的重要环节。在这里，码头与集卡车司机进行提箱或者进港业务的交接，为集卡车司机打印行车指南，安排其到指定箱区提箱；或者将集装箱运到指定箱区，同时向堆场控制中心发出作业指令，安排吊机放箱或者提箱。

集装箱检查桥的业务主要包括箱体检查、重箱进场、空箱进场、空箱出场、重箱出场、单证审核与整理、场地核箱及特种箱操作等。

### 一、箱体检查

检查桥的验箱员和集卡车司机一起，对所有进出港区的集装箱进行箱体检查，并做好相关记录。

#### （一）核对基本情况

核对集卡车车牌、进港牌号是否与设备交接单上登记的内容相符，核对集装箱箱号、箱型、尺寸及铅封号是否与设备交接单、装箱单等单证相符。

#### （二）外部检查

检查集装箱外表面是否有损伤，如发现表面有弯曲、凹痕及擦伤等痕迹时，应在这些损伤处的附近严加注意，要尽量发现其破口在何处，在该损伤处的内侧也要特别仔细地进行检查。在外板连接处，若铆钉松动或断裂，容易发生漏水现象。箱顶部分也要检查有无气孔等损伤，若箱顶上有积水，一有破损就会造成货物毁损事故，而且检查时往往容易把箱顶的检查漏掉，因此要特别注意。对于已进行过修理的部分，检查时应特别注意检查其现状如何，有无漏水现象。

#### （三）内部检查

验箱员进入箱内，把箱门关起来，检查箱子是否漏光，同时要注意箱壁内衬板上有无水迹，如发现有水迹时则要在水迹四周仔细检查，必须追究水迹产生的原因。对于箱壁或箱底板上突出的钉或铆钉头、内衬板的压条曲损，应尽量设法除去或修补；如无法去除或修补，应用衬垫物遮挡起来，以免损坏货物。如箱底捻缝不良，集装箱在雨中运行时，从路面上溅起来的泥水可能会从底板的空隙中渗进箱内、污染货物，检查时应予以注意。

#### （四）箱门及附件的检查

检查箱门能否顺利关闭、关闭后是否密封，门周围的密封垫是否紧密、能否保证水密，还要检查箱门把手动作是否灵便、箱门能否完全锁上。检查固定货物时用的系环、孔眼等附件安装状态是否良好，板架集装箱上的立柱是否备齐，立柱插座有无变形。开顶集装箱上的顶扩伸弓梁是否齐全、有否弯曲变形，还应把板架集装箱和开顶集装箱上使用的布篷打开，检查其有无破损、安装用的索具是否完整无缺。另外，还要检查通风集装箱上的通风口能否顺利关闭，其储液槽和放水龙头是否畅通，通风管、通风门有否堵塞等。

### （五）清洁状态的检查

检查集装箱内有无垃圾、恶臭及生锈，有无被污脏，是否潮湿。这些方面不符合要求就应向集装箱提供人提出调换集装箱，或进行清扫、除臭作业。如无法采取上述措施时，箱内要铺设衬垫或塑料薄膜等以防货物污损。另外，箱内发现有麦秆、草屑及昆虫等属于动植物检疫对象的残留物时，即使箱内装的与动植物检疫完全无关的货物，也必须把这些残留物彻底清除。

## 二、重箱进场

重箱进场包括出口装船的重箱和中转出口重箱（转码头的重箱）。转码头的重箱，是指因为进口船舶所靠的码头与中转出口的船舶所靠的码头不是同一个，因此需借助陆路运输完成转码头操作的重箱。

检查桥的工作人员在收到验箱员所批注的信息后，必须认真检查该批注和审核集卡司机提供的文件、单证的有效性，测定集装箱的重量，然后对箱号、箱型、车牌号、箱状态、船名、航次、卸货港、中转港、提单号、货物件数及重量等信息进行核对。不同的港口对一般出口重箱进场需持的单证也有所不同，有的需设备交接单，有的需装箱单，有的则两者都需要。

重箱超过一定的重量则不能进场。箱子太重不但容易对箱体结构造成损害，同时也会为港口的装卸机械埋下安全隐患。不同的港口根据自己港口机械的安全负荷对重箱的箱重有不同的限量规定。

转码头的重箱进场，集卡司机凭盖有海关验讫章的集装箱转码头海关申报单及设备交接单到检查桥办理手续，检查桥输单员输入车号、箱号，码头操作系统会自动显示其他信息。

## 三、空箱进场

空箱进场时持船方或船代签发的集装箱设备交接单，如果该空箱只是重箱进口经过拆箱后返回码头堆场堆存，则仅需将其箱号、箱型、车牌号、箱状态及箱主输入计算机。如果是空箱装船出口，则在进场之前必须预先将计划通知码头，及时安排堆场场地和装卸机械，取得预约受理凭条，进场时检查桥工作人员需审核卡车司机提供的集装箱设备交接单内容，并将箱号、箱型、车牌号、箱状态、船名航次、箱主及卸货港等信息录入系统。

## 四、重箱出场

重箱出场包括进口重箱出场、中转箱出场及退关箱出场。

进口重箱出场提箱持有效提货单和设备交接单，提箱时应严格审核提货单，如海关放行章、检验检疫章等，若不齐、不清或不符不得提箱。如果代理公司与码头费用无托收协议的，应先到受理台办理预约，付清相关费用后再到检查桥提箱。中转箱出场提箱时，卡车司机凭盖有海关验讫章的集装箱转码头海关申报单及设备交接单到检查桥办理手续。退关重箱出场提箱时，需持设备交接单、预约受理凭条和退关箱出卡口证明。

## 五、空箱出场

根据集装箱箱主的指令接受驳箱车队的提箱申请，并提供作业受理凭条。出场时，卡车司机需要出具箱主或其代理签发的设备交接单及预约受理凭条。

### 六、单证审核和整理

检查桥所涉及的主要单证有设备交接单、装箱单、提货单、交货记录联及集装箱残损记录等，这些记录是码头与内陆承运人进行集装箱设备交接时的原始资料，也是交接时对集装箱破损责任进行划分的原始证据。

### 七、场地核箱

根据堆场控制中心提供的核箱单证进行场地核箱，并根据该箱实际情况进行箱位调整。需要核对的内容有集装箱箱号、箱型、尺寸是否与核箱单或电脑上的记录相符等。发现箱体有残损的，在核箱结束后应向堆场计划员反馈。核箱完毕后，要及时准确地进行相应调整，并在做好书面记录的同时及时上报。对所辖堆存场地实行动态管理，对已核集装箱堆存质量和外围集装箱堆存质量、场地附属设施进行巡查。检查冷藏箱的插头、电缆线、接插电源、箱体及发电机运转状况是否正常，检查温度记录，并将冷藏箱在进场时的实际温度信息做相应的记录。

### 八、特种箱操作

特种箱主要是危险品箱和冷藏箱两大类。

高温季节应加强对危险货物集装箱的保护工作，室外温度超过 30℃时，要对集装箱外表进行定期喷淋降温工作。如发现异常情况，应及时与控制中心联系，必要时需和船方或货主联系。

冷藏箱在从集卡车卸下进入堆场接通电源后，需检查确认集装箱外部的冷冻机运行是否正常，有故障应立即根据实际情况及时对外联系处理或者进行修理。定期检查温度并记录检查结果，仔细核对相关资料中的设定温度与在场温控箱所显示的设定温度及记录温度是否相符。对于冷藏箱在装船后或者卸船前发生机器故障的，应立即上船确认、安排维修，同时做好相应记录。

## 5.5 集装箱箱务管理业务

集装箱的箱务管理是国际集装箱运输系统中极其重要的环节，也是十分重要的工作。做好集装箱的箱务管理，有利于降低集装箱运输总成本，减少置箱投资，加快集装箱的周转，提高集装箱货物的装载质量和货运质量，提高相关企业经济效益和竞争能力。集装箱箱务管理主要包括集装箱堆场的箱务管理和船方的箱务管理等，如集装箱的备箱、调运、保管、交接、发放、检验及维修等。

### 5.5.1 集装箱堆场管理

集装箱堆场是集装箱运输方的重要组成部分，在集装箱运输中起到重要作用。

集装箱堆场，也叫场站。对于海运集装箱出口来说，堆场的作用就是把所有出口客户的集装箱在某处先集中起来（不论通关与否），到了截港时间之后，再统一上船（此时必定已经通关）。也就是说，堆场是集装箱通关上船前的统一集合地，在堆场的集装箱货物等待通关，这样便于船方、海关等进行管理。集装箱箱务管理涉及船方、集装箱堆场、集装箱码头堆场等部门。

集装箱堆场的主要业务工作是办理集装箱的装卸、转运、装箱、拆箱、收发、交接、保管、堆存、搬运，以及承揽货源等。此外，还有集装箱的修理、冲洗、熏蒸和有关衡量等工作。

## 一、集装箱的堆存与保管

集装箱进场后，场站应按双方协议规定，按照不同的海上承运人将空箱和重箱分别堆放。空箱按完好箱和破损箱、污箱、自有箱和租箱分别堆放。

场站应对掌管期限内的集装箱和箱内货物负责，如有损坏或灭失，由场站承运人负责。

未经海上承运人同意，场站不得以任何理由将堆存的集装箱占用、改装或出租，否则应负经济责任。

场站应根据中转箱发送的目的地的不同，将集装箱分别堆放，并严格按承运人的中转计划安排中转。

## 二、集装箱的交接

发货人和集装箱货运站将由其或其代理人负责装载的集装箱货物运至码头堆场时，由设在码头堆场的闸口对进场的集装箱货物核对订舱单、码头收据、装箱单、出口许可证等单据。同时，还应检查集装箱的数量、编码、铅封号码是否与场站收据记载相一致，箱子的外表状况以及铅封有无异常情况。如发现有异常情况，门卫应在堆场收据栏内注明。如异常情况严重，会影响运输的安全，则应与有关方联系后，决定是否接受这部分货物。对进场的集装箱，堆场应向发货人、运箱人出具收据。

## 三、制订堆场作业计划并实施

堆场作业计划是对集装箱在堆场内进行装卸、搬运、贮存及保管的安排，这是为了经济、合理地使用码头堆场和有计划地进行集装箱装卸工作而制订的。堆场作业计划的主要内容如下。

### （一）集港作业

加强堆场前期的信息追踪和收箱系统分析是非常必要的。堆场收箱是船舶装船作业的开始，堆场计划直接影响着后面的配载计划与装船。专门的堆场计划员对场地进行规划与整理，对场地的管理有一个统筹规划，在收箱前充分考虑船舶出口箱量特点，制定集港时间，掌握不同航线、不同船舶的出口箱的特点（如箱量、箱型、重量等级的分布），根据具体情况分配场位，制定相应的收箱规则，合理堆码。对于特种箱（如危险品箱），在非夏季确保安全的情况下采用单独集中堆码和不同危险等级的危品隔离堆码两种方式。

以上措施均可减少集装箱搬运频率，降低装船过程中的倒箱率，提高装船效率。

### （二）进口作业

合理运用堆场，在卸船前掌握空箱及重箱的箱量和流向情况，摸清中转量及二程船的信息，进行分空重、分箱型堆码，并制订堆场的作业计划，减少提箱过程中的倒箱。对外提箱做好催提工作，减少进口箱在场堆存时间，从而提高堆场的利用率。

堆场应研究多种能提高作业效率的方法，如“双箱堆场计划”“边装边卸”等。合理配置资源，统筹安排进出口作业堆场，减少作业过程中拖车绕场跑位，缩短作业时间，提高效率。

### 四、对特殊集装箱的处理

对堆存在场内的冷藏集装箱，应及时接通电源，每天还应定时检查冷藏集装箱和冷冻机的工作状况是否正常，箱内温度是否保持在货物所需要的限度内。在装卸和出入场内时，应及时解除电源。

对于危险品集装箱，应根据可暂时存放和不能存放两种情况分别处理。能暂存的货箱，应堆存在有保护设施的场所，而且堆放的数量不能超出许可的限度；对于不能暂存的货箱应在装船预定时间内，进场后即装上船舶。

### 五、协调与处理好和船公司的业务关系

集装箱码头应保证以下事项的实施：

（1）根据船期表提供合适的泊位；

（2）及时提供足够的劳力与机械设备，以保证装船效率；

（3）提供足够的场所，保证集装箱作业及堆存空间；

（4）适当掌握和注意船方设备，不违章操作。

船公司应保证以下事项的实施：

（1）向码头确保船期，在船舶到港前一定时间提出确实到港通知，如发生船期改变应及时通知码头；

（2）装船前 2 ~ 10 天提供出口货运资料，以满足堆场制订堆场计划、装船计划的需要；

（3）应及时提供船图，以保证正常作业。

### 六、集装箱堆场整理

集装箱堆场的整理工作主要是对场内的箱子进行归位、并位和转位。

归位是指堆场内箱子状况发生变化后，从变化前的箱区归入状态变更后指定箱区的作业过程。最常见的是由于该港箱子的目的地或目的港的更改导致箱区的变化。

并位是指同一堆场箱区内将零星分散的集装箱整理合并在一起的作业过程。集装箱进出码头非常频繁，在频繁的操作后集装箱的堆放就会显得有些零散，因此要进行并整箱位，以腾出箱位用于迎接下次的计划。

转位是指同一堆场不同区间或同一箱区不同箱位之间的集装箱的整理。

对集装箱堆场进行整理是为了提高堆场的利用率，提高箱区的作业效率、船舶的装卸效率，减少码头作业出差错的可能性，减少翻箱的情况。

#### （一）出口箱整理

出口船舶开装前，根据船舶已进场集装箱所在的箱区，将箱区中只有少量该船的集装箱集中归并到较多集装箱所在的箱区。比如上航次的一些退关箱，应该将这些集装箱归并到本航次出口的集装箱箱区，方便配载、装船作业，提高效率，避免少配或漏装。

出口船舶开航后，常常有些出口集装箱由于种种原因没转船，比如出口报关不成功、商检没通过、客户已装箱进港但货物不合格等。对于这些集装箱应及时安排在装卸船作业较空的情况下，进行退关箱等的归并，将同一船名航次的集装箱分尺寸类型、港口等归并在一起。

（二）进口箱整理

空箱在进口卸船后，船方会尽早进行安排，要么中转出口，要么驳箱出场。

一般来说，船方不会将空箱在码头堆存比较长的时间，进口后必定会用于中转出口或本地用箱。但也有一些特殊情况，比如发生了一些海损事故，或者空箱在码头发生一些重大事故不得不到保险勘验结束或者共同海损理算结束后，才能做相应安排。这样，就需要对这些空箱按箱主、尺寸类型、堆存状态及进口船名航次等进行分类归并。重箱进卸船后，有些货没有及时拉出港区拆箱并将空箱还给船方，比如清关出了问题、集装箱被海关查验、有关货物的资料不全不让进口、提单没有及时收到、货主找不到了等，导致一两个集装箱占了一个箱区，所以应该及时整理这些超期箱，集中安排移到堆放集装箱较多的区域，使场地得到高效利用。

（三）疏港

集装箱堆场是运输过程中的周转性堆场，不能用于中、长期储存。码头为了保证船舶装卸作业的正常进行，保证堆场进场畅通，根据国家关于集装箱疏运的有关规定，往往结合码头实际情况和海关监管的情况，将进口集装箱疏运到港外堆场，在港口实务中称疏港。

疏港主要分为以下几种情况：

（1）废纸、废金属等废品箱，根据口岸的要求对其进行专门管理而进行疏港；

（2）超期重箱的疏港。由于堆场的堆场量有限，为了确保码头生产效率，对于港区堆场超过规定时间的进口重箱采取转栈疏港的措施，将超期堆存的集装箱疏至后方堆棚进行堆存，并收取一定的转栈费用。通过此办法，既缓解了集装箱在港堆存的压力，又对超期提箱的货主采取了一定的惩罚措施，督促其尽早提箱；

（3）直卸疏港。为了缓解堆场紧张情况，码头对于一些船舶的卸船采取直接卸箱至后方堆场的方式，即直卸疏港。在实际应用中，直卸疏港的概念很广，包括集装箱卸下后的转场。

## 5.5.2　在场集装箱管理

### 一、重箱管理

（一）进场重箱管理

对进口重集装箱，码头理货员应在船边核对箱号、尺寸类型，检查铅封、箱体。若有箱号不符，铅封与实际情况积载不符、灭失或断裂，箱体残损，或冷藏箱的温度与记载的不符等情况发生，都要进行记录，还需让大副签字确认。在港区堆存超过规定天数的会被视为超期箱，需移到指定的场地。

对出口重集装箱，检查桥工作人员应审核单证，核对箱号、箱型尺寸，检查铅封、箱况，正确记录，还需交接双方签字。

（二）出场重箱管理

进口重集装箱：凭船方或其代理签发的设备交接单和海关放行的提货单，付清在港区的相关费用后，进行放箱。

出口重集装箱：凭船方或其代理签发的设备交接单以及海关签发的退关箱出卡口证明放出口退关箱。装船配载前，由堆场员核实集装箱的堆场位置，然后由船边理货员核对装船。

## 二、空箱管理

### （一）空箱进场管理

进口空箱：理货员在卸船时检查验收，并安排进入计划的场地。

出口空箱：出口空箱通过检查桥进场。船方的计划应该包括所装空箱的船名、航次、数量、箱型、计划进港时间、船舶预计进港时间、目的港（如有中转港也应注明）及安排驳箱进港的公司或车队名称，理货员应根据上述信息合理安排场地。进场时，检查桥审核设备标识寄存器，检查情况将箱子安排到计划的出口箱区。

### （二）空箱出场管理

对于本地/中转出口装船的空箱，所有装船的空箱按船方计划配载装船，理货员在船边确认装船。

对于中转的空箱，船方会有不同的安排，根据本地和其他港口的用箱情况，可以安排本地出口用箱，船方会安排车队驳空箱，也可以安排装船到其他不同的港口。在得到船方的计划后，明确所出口箱的箱主、船名、航次、尺寸类型及数量等，将堆场里的空箱进行合理分配。同一情况下应尽量选择堆放区域集中的集装箱，最好不要有翻箱。

在有空箱装船出口计划时，结合该计划的箱型、数量及航次，选择相应的在港空箱配载上船，比如安排装同一船名航次、同一卸货港的中转出口空箱。由于舱位、船期及空箱的需求量等不稳定因素的存在，船方的计划随时有可能改变，所以不仅堆场里的空箱安排要随时更改、合理安排，对于箱区的计划也要做相应的安排。

箱主提空箱出场时，检查桥应根据箱主签发的设备交接单进行放箱。

## 三、冷藏箱的管理

（1）在船舶卸船前，堆场员应将冷藏箱信息及时通知冷藏箱场地工班，卸船时安排专门的冷藏箱箱区。

（2）船边理货员在卸船前先检查制冷温度和箱体情况，发现异常应会同船方做好签证工作。

（3）堆场控制员在堆场检查箱体状况时，如有问题应立即通知船边理货员和控制室。如箱体状况正常，则将之转进计划内的场地，并接通电源。

（4）冷藏箱出场时应提前切断电源，堆场员收妥电线和插头，指挥吊机司机装车。

## 四、危险品集装箱管理

危险品集装箱是指箱内装有《国际海运危险货物规则》（简称《国际危规》）中列明的危险品货物的集装箱。

### （一）危险品货物的确认

凡经码头进出的危险货物（除《国际危规》中列明第6.8类非冷冻危险货物外），货主、船方或其代理人事先都须向港方申报，获得同意后船方才能承运，同时须填报船舶载运危险品集装箱安全适运申报单，获得批准后方可装卸船。

### （二）危险品集装箱交接

危险品集装箱卸船前，码头理货员仔细检查箱体、铅封和箱体四周张贴与箱内货物相应的危险品标志，并仔细核对箱号，发现不符或异常需通知船方并记录。

出口危险品集装箱在进入码头时，承运人须持港监签署的集装箱装运危险货物装箱证明书。检查桥工作人员仔细检查箱体、铅封和箱体四周张贴与箱内货物相应的危险品标志，如有不符应拒绝接收。

（三）危险品集装箱的装卸

每个港口的规定和情况有所不同，比如有些港口对装有《国际危规》中列明第1、2、7类及冷冻危险品的集装箱必须采用车—船、船—车直取直装的方式，对装有《国际危规》中列明的第3、4.2、4.3、5.1、5.2类的集装箱尽量采取直取直装方式。

危险品集装箱卸船前，要布置落实安全操作防范措施及急救办法。

（四）危险品集装箱的储存

根据危险货物的不同，危险品集装箱堆垛一般只许堆两层，并根据《国际危规》的隔离要求对不同性质的危险货物进行有效的隔离。危险品集装箱堆放在专用的危险品箱区，应设有隔离栏和喷淋装置，在高温季节对一些可喷淋的危险品集装箱喷淋降温。

### 五、超限集装箱管理

超限集装箱是指转载有超高、超宽、超长货物的开顶集装箱、平板箱、框架箱。超限集装箱限堆高一层，在专用的箱区堆放。一般超宽超过30厘米，相邻列不得堆放集装箱；超长超过50厘米，相邻位不得堆放集装箱。

## 5.5.3　船公司集装箱的箱务管理

### 一、集装箱空箱调运及管理

箱务管理的核心工作就是集装箱空箱的调运与管理。集装箱空箱调运与管理关系到集装箱的利用程度、空箱调运费的开支及货物的及时发送，影响到企业的经济效益。在集装箱运输航线货源不平衡的情况下，空箱调运在所难免。通过合理的空箱调运，可以降低船方航线集装箱需备量和租箱量，从而降低运输成本，提高船方的竞争能力和经济效益。据统计，仅美国每年因集装箱调运而产生的各种费用高达35亿美元，如按每个标准箱2 400美元购置费计算，可以购买145万个标准箱。因此，船方必须研究合理调运空箱的方案，同时考虑租箱策略，以求最大限度地节约空箱调运费。

（一）产生空箱调运的原因

产生空箱调运的原因很多，主要有以下五种：

（1）由于管理方面的原因产生空箱调运。如由于单证交接不全、流转不畅，影响空箱的调配和周转；又如货主超期提箱，造成港口重箱积压，影响到集装箱在内陆的周转，为保证船期需要从附近港口调运空箱。

（2）进、出口货源不平衡，因而造成进、出口集装箱比例失调，产生空箱调运。

（3）由于贸易逆差，导致集装箱航线货流不平衡，因而产生空箱调运。

（4）由于进出口货物种类和性质不同，因而使用不同规格的集装箱，产生航线不同规格集装箱短缺现象，需要调运同一规格的空箱以满足不同货物的需要。

（5）其他原因。出于对修箱费用和修箱要求考虑，船公司将空箱调运至修费低、修箱质量高的地区去修理。

（二）完善空箱调运的策略

由于客观货物流向、流量及货种的不平衡，产生一定数量的空箱调运是必然的。通过加强箱务管理，实现箱务管理现代化，减少空箱调运量是完全可以实现的。

(1) 组建联营体，实现各船方之间集装箱的共享，联营体通过互相调用空箱，可减少空箱调运量和航线集装箱需备量，从而节省昂贵的空箱调运费和租箱费。

(2) 强化集装箱集疏运系统，缩短集装箱周转时间，通过做好集装箱内陆运输各环节的工作，保证集装箱运输各环节紧密配合，缩短集装箱内陆周转时间和在港时间，以提供足够箱源，不致因缺少空箱而从邻港调运。

(3) 强化集装箱跟踪管理系统，实现箱务管理现代化。通过优化集装箱跟踪管理计算机系统，采用 EDI 系统，以准确快速的方式掌握集装箱信息，科学而合理地进行空箱调运，最大限度地减少空箱调运量及调运距离。

### 二、滞箱费的收取

为了更有效地控制集装箱，缩短周转时间，弥补由于周转时间长而造成的集装箱运费和租金损失，对于客户在超过船方规定的免费用箱期后，船方往往按一定的计费方式收取滞箱费。客户的用箱时间一般为进口后到返还空箱时间和出口提箱后到返还空箱及装船时间。因为每个港口实际情况不同，客户的用箱时间有所差别，主要是看相关业务的主动权是由客户控制还是由承运人控制。通过控制客户的用箱时间，使客户尽快安排进口重箱的拆箱或者出口货物的装箱、清关和及时装船，从而提高集装箱的周转效率。如果客户提空箱之后取消出口计划，也应该及时将空箱还回承运人。

### 三、集装箱的修理与维护

根据国际集装箱安全公约规定，新集装箱在出厂后 24 个月内要进行内箱检验，5 年时要进行箱体检验，并在以后每 30 个月检验一次。因此，船方的箱管部必须对公司内所有集装箱实施统筹计划和组织，做好维护保养工作，确保集装箱满足该规定要求。

另外，集装箱在运输、装卸、搬运及堆存过程中由于种种原因会造成许多缺陷。集装箱的缺陷分为损坏、自然损耗和不合理维修。损坏是由单个或者多个事件如撞击、磨损及污染等造成的缺陷；自然损耗是指在正常使用的情况下，如在海上航行中暴露在海水中，不断地消耗磨损而造成的一个或者多个的物理缺陷；不合理修理是指并没有按照国际集装箱出租者协会推荐的修箱方法对坏箱进行修理而造成的缺陷。

对于在国际集装箱出租者协会的验箱标准下需要进行修理的，应根据船方的要求及时将修理估价单报船方审批，如果船方对箱子坏损有必要进行联合检验或者退租、全损等进行处理的，那么堆场应等船方的进一步指令后再做安排。在修箱的时候应根据船方对集装箱适货的要求，结合国际集装箱出租者协会的验箱标准和推荐的修箱方法进行修理。堆场还应及时将修理完毕的箱子进行归位，从坏箱状态更改为好箱状态，以表明箱子已修复，可以放箱出场。

## 练习题

1. 整箱货与拼箱货在操作中有什么不同之处？
2. 集装箱进出口业务中各种单证如何流转？
3. 面对不同的集装箱状况，如何完善装箱技术？

第6章

# 现代港口口岸管理

## 引导案例：宁波港发展历程

宁波位于我国海岸线中段，是浙江第二大城市和三大经济中心之一。宁波拥有悠久的经商传统，宁波商帮全国闻名。早在7 000年前，宁波的先民就创造了河姆渡文化，形成了人类早期的港口雏形。公元752年，日本三艘遣唐使船驶抵宁波口岸，从此宁波港有了1 200余年对外开放的历史。宁波港是我国古代著名的“海上丝绸之路”的起点之一。

16世纪中叶，随着大航海时代的兴起，宁波成为全球最大的自由贸易港口之一；清康熙二十四年，宁波诞生了我国最早设立的四大海关（江南海关、浙海关、闽海关、粤海关）之一的浙海关；鸦片战争以后，宁波被开辟为“五口通商城市”之一。如今的宁波是浙江省经济最发达的城市之一，宁波港是我国东南沿海的重要港口城市，也是上海中国国际航运中心枢纽港的组成部分和功能区。在2012年度中国城市科学发展指数排名中，宁波居第十。2013年，宁波被评为“中国最具幸福感城市”。

宁波港的前身是宁波港务局。宁波港由北仑港区、镇海港区、宁波港区、大榭港区、穿山港区及梅山保税港区组成。宁波港地处我国大陆海岸线和长江“T”型结构的交汇点上，地理位置适中，是我国大陆著名的深水良港。

宁波港水深、流顺、风浪小，不冻、不淤、陆域大，年平均作业天数350天以上。进港航道水深在18.2米以上，30万吨级大轮可以自由进出，这样的自然条件放眼全球都不多见，是我国大陆地区进出10万吨级以上超大型巨轮最多的港口。可开发的深水岸线达120千米以上，具有广阔的开发建设前景。北仑港区北面有舟山群岛为天然屏障，在北仑港区建码头无须修建防浪堤，投资省、效益高，深水岸线后方陆域宽阔，对发展港口堆存、仓储和滨海工业极为有利。

宁波港是一个集内河港、河口港和海港于一体的多功能、综合性的现代化深水大港。现有生产性泊位315座，其中万吨级以上深水泊位74座，5万吨级以上至30万吨级的特大型深水型泊位就有33座，是我国大陆大型和特大型深水泊位最多的港口。宁波港拥有目前国内最大的30万吨级（可以兼靠45万吨级）原油码头，是全国最大的海上原油中转港之一。

2005年开始，宁波港多次成功接卸44万吨级“泰欧”轮，成为亚洲第一个成功靠泊接卸44万吨级巨轮的港口。宁波港配有70多台最大外伸距达65米的装卸桥，能够满足1万标准箱以上超大型集装箱船的作业需求，创造了每小时136.6自然箱桥吊单机作业的世界纪录。英国的《集装箱国际》在2010年4月将宁波港评为“世界五佳港口”。

宁波港自然条件得天独厚，内外辐射便捷。向外直接面向东亚及整个环太平洋地区，海上至香港、高雄、釜山、大阪、神户均在1 000海里之内；向内不仅可连接沿海各港口，而且通过江海联运，可沟通长江、京杭大运河，直接覆盖整个华东地区及经济发达的长江流域，是我国沿海向美洲、大洋洲和南美洲等港口远洋运输辐射的理想集散地。目前，宁波港与全球200多个国家和地区的600多个港口有贸易来往，形成了覆盖全球的集疏运网络。宁波港的集装箱航线达到217条，其中远洋干线113条，干线箱比例达到80%，大大高于国内同类港口的指标；集装箱月航班数已超过900班。

作为国家大型港口的宁波港设备先进，运力充足，不但担负起宁波水路运输的重任，更成为浙江省乃至华东地区海运远洋贸易的集散地和物流中心。宁波港已形成水水中转、高速公路、铁路、航空及管道等全方位立体型的集疏运网络。港区铁路直通码头前沿，接入全国干线网。宁波市公路网四通八达，为货物运输提供了便捷的“门到门”服务。杭州湾环线高速、沈海高速等构成了宁波高速公路网络的主骨架。杭州湾跨海大桥建成开通后，从宁波到上海的陆上路程将缩短到2小时；随着舟山连岛大桥的建成投用，宁波港的深水港优势将进一步得到体现。宁波港在国内港口中率先开创海关“大通关”，为内陆地区提供直通式运输服务，大大减少了中转环节。

宁波港的直接经济腹地为宁波市和浙江省，间接腹地为长江中下游的湖北、安徽、江苏、上海等省市的部分地区。经济腹地内自然条件优越，工农业生产发达，商品经济繁荣。尤其是长江三角洲地区，城市群体密布，交通运输便捷，是全国最富庶的地区之一。

宁波港口EDI中心于1997年5月底建成开通，支持船公司及代理、港口、码头、理货、货代、集疏运场站、货主及与上述运输业相关的政府监管部门（“一关三检”）和银行保险实现电子数据交换，并提供高效、便利、快捷、准确、经济的信息服务，使我国参与国际贸易的各种企业，在贸易手段上与国际接轨，同时提高宁波口岸在世界市场的竞争力，实现国际集装箱运输的无纸化经营。

**思考题**：结合宁波港发展历程，谈谈你对现代港口的认识。

## 6.1 我国港口口岸管理概述

### 6.1.1 口岸的概念

口岸是国家指定的对外来往的门户，是国际货物运输的枢纽。从某种程度上说，它是一种特殊的国际物流节点。许多企业都在口岸设有口岸仓库或物流中心。口岸物流是国际物流的组成部分。

口岸原意是指由国家制定的对外通商的沿海港口，但现在口岸已不仅仅是经济贸易往来（即通商）的商埠，还是政治、外交、科技、文化旅游和移民等方面的外来港口，同时口岸也已不仅仅只设在沿岸的港口，随着陆、空交通运输的发展，对外贸易的货物、进出境人员及其行李物品、邮件包裹等，可以通过铁路、公路或航空直达一国腹地。因此，在开展国际联运、国际航空、国际邮包邮件交换服务以及其他有外贸、边贸活动的地方，国家也设置了口岸。改革开放以来，我国外向型经济由沿海逐步向沿边、沿江和内地辐射，使得口岸也由沿海逐渐向边境、内河和内地发展。现在，除了对外开放的沿海港口之外，口岸还包括国际航线上的飞机场，山脉国境线上对外开放的山口，国际铁路、国际公路上对外开放的火车站、汽车站，以及国际河流和内河上对外开放的水运港口等。

因此，口岸是指由国家指定的对外经贸、政治、外交、科技、文化旅游和移民等来往，并供往来人员、货物和交通工具出入国（边）境的港口、机场、车站和通道。简单地说，口岸是指定对外来往的门户。

### 6.1.2　口岸管理系统的构成

口岸管理系统是一个多层次、多环节、多目标、多功能的综合管理系统。按构成系统的要素分，口岸管理系统由四大分系统组成。

#### 一、交通运输分系统

交通运输分系统包括港口、机场、车站以及与之相联系的铁路、公路、航空、航运及管道运输等。其主要任务是完成进出口物资、旅客的装卸或上下、疏导及位移工作。

#### 二、外贸分系统

外贸分系统的主要任务是完成外贸成交、货源组织等工作，为口岸提供货运基础。

#### 三、监督分系统

监督分系统又包括检查、检验、检疫三个子系统。

（1）检查子系统，主要指海关、边防检查及海事监督等部门。

（2）检验子系统，主要是指进出口商品检验等部门。

（3）检疫子系统，主要是指口岸卫生检疫、动植物检疫等部门。

监督分系统代表国家对进出境的人员、行李、货物及运输工具行使管理、监督检查职能，维护国家的权益和国际信誉。

#### 四、服务分系统

服务分系统包括为船舶等交通工具及其驾乘人员服务的供应、船舶代理、船舶引水、海员俱乐部等部门；为进出口货物服务的货运代理、仓储、理货等部门。口岸服务分系统不仅以各自不同的方式，为口岸各项工作及进出口岸的交通工具、旅客、货物提供自己的服务，而且也一定程度地维护着国家的权益和国际信誉，同时还有宣传作用。

### 6.1.3 口岸管理机构及其职责

**一、国务院口岸办公室**

国家口岸管理办公室是我国口岸事务的主管部门，设在海关总署。国家口岸管理办公室的主要职责是研究提出各类对外开放口岸的整体规划及口岸规范的具体措施并组织实施；根据国务院的总体需求，组织协调口岸通关中各有关部门的工作关系；指导和协调地方政府口岸工作；组织开展口岸国际合作。

目前，国家口岸管理办公室内设三个机构，具体职责如下。

(1) 负责编制并组织实施国家口岸发展规划及口岸年度开放计划；承办国务院交办的口岸开放和扩大开放以及已开放口岸调整查验单位人员编制的办件；审理临时口岸开放和组织对新开口岸正式开放前的联合验收等。

(2) 负责组织实施口岸“大通关”建设；协调和推动口岸通关中各有关部门的工作关系及合作；组织推动口岸精神文明建设及廉政共建活动；承建并维护我国口岸门户网站；承办口岸通关数据的统计汇总和通报等。

(3) 负责研究提出口岸工作的方针政策；联系指导地方政府口岸工作的相关事务；承办国家口岸管理办公室各类办公综合事项；组织开展口岸国际合作等。

**二、各级地方政府口岸办公室**

各级地方政府口岸办公室是地方政府依法设立的口岸管理机构，其主要职能为执行国国家有关口岸工作的法律法规，管理协调本地口岸工作。其具体职责参照例1。

**例1　　上海市口岸服务办公室职责**

(一) 贯彻执行国家有关口岸工作的法律、法规、规章和方针、政策；参与研究起草本市口岸综合管理地方性法规、规章草案和政策，研究制定口岸综合管理规范性文件，并组织实施。

(二) 牵头组织本市口岸对外开放规划和年度计划的编报，并组织实施和协调推进。

(三) 负责本市口岸新开放、扩大开放、临时开放以及非开放区域临时进出等的初审和报批的办理工作；负责已开放范围内新建码头、航站楼、车站等涉外作业区对外开通启用的审查、验收和报批的办理；负责已开放范围内临时接靠的审查和批准。

(四) 统筹协调并督促落实口岸查验配套设施的规划、设计、投资和建设；协调口岸查验单位机构设置、人员编制方案的制订，并按规定程序报批。

(五) 负责本市特殊监管区域的查验配套设施规划和建设的协调，牵头组织对新建或扩建特殊监管区域验收的准备工作，协调推进特殊监管区域的通关及信息化等工作。

(六) 负责本市口岸“大通关”协调服务工作，协调推进口岸查验单位联动协作，创新监管模式；协调推进口岸信息化建设，提高通关效率，优化口岸环境。

(七) 协调推进本市口岸与外省市口岸跨区域“大通关”合作以及口岸国际合作交流；参与协调本市口岸安全工作。

(八) 归口协调口岸查验单位需要地方政府解决的问题；负责协调口岸工作中各有关单

位之间的关系和协作配合方面的矛盾，遇有紧急情况进行裁定。

（九）组织开展涉及本市口岸开放和管理重大问题的调查研究，提出解决问题的建议和措施。

（十）负责本市口岸各相关数据的统计分析和对外发布，组织开展本市口岸的对外宣传工作；组织指导、协调推进本市“文明口岸”共建活动。

（十一）指导上海口岸协会工作，联系口岸相关社会中介机构和社会团体。

（十二）承办市政府交办的其他事项。

## 6.2　中国海关货运监管制度

### 6.2.1　海关货运监管制度

海关监管是指海关运用国家赋予的权力，通过一系列管理制度与管理程式，依法对进出境运输工具、货物、物品的进出境活动所实施的行政管理。海关监管是一项国家职能，其目的在于保证一切进出境活动符合国家政策和法律的规范，维护国家主权和利益。海关货运监督管理则是海关对于进出口货运的监管，一般分为申报、查验、征税和放行四个环节。

**一、申报**

进出口货物收发货人、受委托的报关企业，依照《海关法》以及有关法律、法规的要求，在规定的期限（进口货物为进境之日起14天内，出口货物运抵海关监管区后装货的24小时前），在进出境货物的口岸，采用电子资料报关单和纸质报关单形式，向海关报告实际进出口货物的情况；海关以申报资料（商业发票、装箱单等相关单证）对照报关进行审核。进口货物收发货人未按规定期限向海关申报产生滞报的，由海关按规定征收滞报金。

**二、查验**

海关为确定进出境货物收发货人向海关申报的内容是否与进出口货物的真实相符，或者为确定商品的海关编码、价格及原产地等，依法对进出口货物进行实际核查。通过实际核查，检查报关单位是否伪报、瞒报或申报不实，同时也为海关的征税、统计及后续管理提供可靠的资料。

**三、征税**

货物经过申报、查验环节后，海关核对电脑计算的税费，开具税款缴款书和收费票据。进出口货物收发货人或其代理人在规定时间内，向指定银行办理税费交付手续或通过网络进行电子支付。

**四、放行**

海关接受进出口货物的申报，审核申报资料及相关单证，并且货物通过上述申报、查验、征税环节后，对一般贸易进出口货物结束海关进出境现场监管，允许进出口货物离开海关监管现场的工作环节。

在实行“无纸通关”申报方式的海关，海关做出现场旅行的决定后，通过电脑将资讯发送给进出口货物收发货人或其代理人和海关监管货物保管人，进出口货物收发货人或其代理人自行列印海关放行通知书，提取或装运货物。

### 6.2.2 口岸大通关

#### 一、大通关的概念

2001 年，“大通关”概念最早由上海、宁波等重要口岸的地方政府提出。在实际工作中要提高通关效率，光靠海关、检验检疫等少数执法部门是不够的，只有口岸所有部门、所有环节都参与进来，才能达到提高整个进出口通关效率的目的。为此，各地从自己的实际情况出发，开始探索实现高效通关的可行途径，“大通关”呼之欲出。

2001 年，中央经济工作会议上第一次明确提出建立旨在提高通关效率的大通关制度。同年，国务院办公厅下发了《关于进一步提高口岸工作效率的通知》，批准由海关总署牵头，公安部、外经贸部、铁道部、交通部、质检总局及民航局等部门参加的口岸工作联络协调机制，明确指示“实行‘大通关’制度，提高通关效率”。

所谓大通关，指的是口岸各部门、单位、企业等，采取有效的手段，保证口岸物流、单证流、资金流及信息流高效、顺畅地运转，同时实现口岸管理部门有效监管和高效服务的结合。大通关是涉及海关、外经贸主管部门、运输、仓储、海事、银行及保险等数个国家执法机关和商业机构的系统。实施大通关，最直接的目的就是提高效率，减少审批程序和办事环节，口岸各方建立快捷有效的协调机制，实现资源共享，通过实施科学、高效地监管，以达到口岸通关效率的大幅度提高，真正实现“快进快出”。

#### 二、大通关的流程

大通关具体流程如图 6-1 所示，由进出口企业通过自身与海关联网的计算机，或通过预录人单位（报关企业）将报关数据向海关业务数据处理中心传输。海关业务数据处理中心收到数据后，对报关数据进行逻辑校验，对监管条件进行审核，并自动进行判别，对符合要求的发出回执，通知企业海关已接受申报；对不符合要求的，则退回不接受申报，企业根据计算机提示进行修改和补充。对符合申报要求的，海关业务数据处理中心的计算机自动进行货证统一的审核，而后通过网络向现场海关进行复核、查证。企业根据反馈信息，将书面报关单及随附单证递交现场海关，现场海关审核单证，并与计算机报关数据核对。如情况正常，则办理具体验放手续。

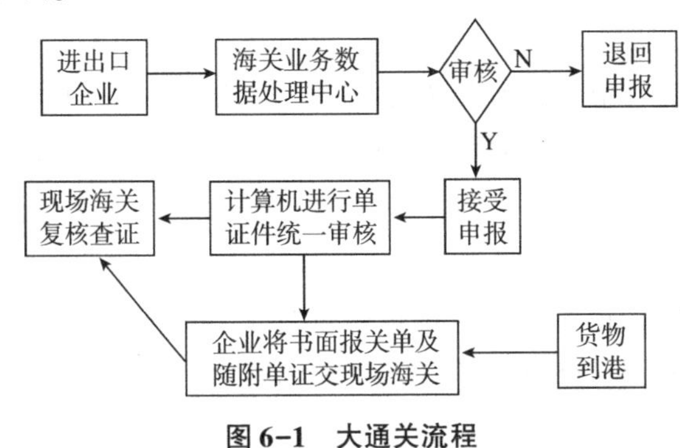


**图 6-1 大通关流程**

### 三、大通关的特点

#### （一）“哑铃型”通关模式

大通关模式允许企业在货物未到港的情况下，提前向海关申请，进行报关。海关在收到企业的申请后进行审核征税，在货物到港后快速进行通关处理。大通关模式通过海关的监管手续前置或后移，将原先“橄榄型”的通关模式变为“哑铃型”通关模式，极大地所缩短了货物通关的时间，使得通关模式高效化、快捷化。

#### （二）并行管理

大通关模式下，企业提前申报，使得海关能够利用货物未到港的时间为企业办理通关手续，从而缩短通关周期。这种模式将以往的“串联式”操作流程转变为并行管理，提高了通关效率。

## 6.3 国外口岸管理研究

组织机构的设置情况直接影响到一国口岸系统的执行力。针对组织机构的建设，目前的研究主要集中在口岸管理部门和各职能部门的设置是否理顺、职能是否交叉等问题上。由于一些西方发达国家口岸发展较早，对组织机构设置的研究比较成熟，各国根据本国实际情况已建立起比较完善的组织机构体系。目前，国外口岸管理模式主要分为三大类，北美模式、欧洲模式与俄罗斯模式。

### 6.3.1 北美模式

北美模式的特点是只有一个部门负责国家的口岸业务。美国的口岸模式是将原先的移民、海关、动植物检验检疫等部门合并为一个机构统一管理，成立了统一的口岸管理机构——国土安全部下设的海关与边境保护局，该局的成立标志着美国形成了一个由一个机构通管所有进出美国口岸业务的口岸管理模式，即“一口对外”。在口岸现场，原先包括移民、海关和动植物检疫在内的全部边境业务直接由该局的值勤官员独立处理，并在发现问题后直接移交给移民与海关执法局开展调查和处理。海关与边境保护局负责人直接向边境安全委员会汇报工作，移民与海关执法局负责人直接向交通安全委员会报告工作，这两个机构没有隶属关系，但两个机构的交流与合作非常频繁，因为他们的工作性质非常接近。加拿大是由海关统一负责全国的进出口岸业务，其他相关部门如信息情报、边防检查、检验检疫等与海关各自履行职责，相互交流频繁而密切，运行模式与美国大体一致。

### 6.3.2 欧洲模式

欧洲模式的特点是由海关和移民局分别管理货物和人。这种运行模式中海关是主要的监督管理机关。海关检查覆盖公共安全、产品质量和其他许多部门的执法检查，国家其他部门在口岸现场不设置检查场地，也不安排检查人员，由海关代行其职责，海关的任务也逐渐向保护国家和社会安全转移。除去货物检查外，移民局负责管“人”。澳大利亚与欧洲国家的做法大体一致。

### 6.3.3 俄罗斯模式

俄罗斯模式的特点是主要由海关和边防检查站负责进出口岸相关事宜，有问题由口岸各单位协调解决。俄罗斯入境口岸主要由边境管理、移民局、海关、动植物检疫和货物检验及运输安全管理局等有关部门负责检查，出境口岸检验部门包括动植物检疫和货物检验、海关、边防管理、交通安全检查及边境部门。在这一领域有两个主要口岸执法单位：边防检查站主要负责人员的查验，海关主要负责物品的查验。各部门独立运作，遇到问题则实行口岸协调会议制度。边防检查站负责协调口岸开放和关闭的时间，并执行相关的政策和有关规定；海关负责口岸基础设施的规划和兴建；港口管理委员会负责港口后勤和保障工作。

## 6.4 “单一窗口”管理模式的兴起

由于各个部门的要求和执法流程不同，进出口岸人员及货主或者船代、货代企业要根据各部门的要求分别多头提报不同的表格和通关信息，这不仅降低了口岸通关效率，更阻碍了国际贸易的发展和全球化经济的发展进程。所以，口岸管理体制“单一窗口”管理模式成为国际管理体制的趋势和发展需求。“单一窗口”的意思是向唯一的口岸单位提报相应的信息，而不用分别向各查验单位提报材料，收到材料的口岸单位根据收到的信息来完成进出口岸的相关流程手续。报送电子信息也可采取同样手段，统一报送给一个口岸部门，由该口岸部门统一整合、统一管理。“单一窗口”在全世界范围内的广泛使用离不开《京都公约》提供的强有力的法律支撑。该公约规定，海关作为唯一的口岸管理部门负责对进出口岸的人员和货物信息进行管理，并协调其他口岸查验单位的查验行为。该公约制定了相关条约，涉及共同边境的管理，并规定了海关的设置。近年来，越来越多的国家开始实行“单一窗口”的口岸管理模式，特别是美国、荷兰等口岸发达国家发展和推广“单一窗口”模式，并取得了显著成效。许多国家对实施“单一窗口”后的效果做了预估，预计将会为正规合法经营的企业降低成本20%左右。

世界各国口岸都在致力于研究何种通关模式能最大限度提高通关效率，降低通关成本。目前，美国、新加坡、日本等国家经过多年的实践和试点实验探索，基本都找到了适合本国特点的有效通关模式，如新加坡建立的“一站式”通关系统。我国由于起步较晚，现仍在努力研究如何进一步提高通关效率。

**练习题**

1. 什么是口岸管理，其职责有哪些？
2. 国外口岸管理模式有哪些，各有什么优缺点？

# 第7章

# 保税物流与区港联动

## 案例导引：上海外高桥保税物流园区引领区港联动新模式

上海外高桥保税物流园区2010年继续推行区港联动的战略，并将实现“四个一”目标：建设成100万平方米的仓库，引进100家中外物流公司，实现年集装箱综合处理量100万标准箱，进出区货值1 000亿美金。

上海外高桥保税物流园区于2004年4月15日经海关总署验收封关运，经过五年的开发建设，已建成38万平方米仓库、14万平方米的集装箱转运区、1.6万平方米的海关关检大厅和办公用房以及三座卡口和查验场地等综合设施。2008年完成进出区货值546亿美元，完成集装箱综合处理量82万标准箱，实现海关税收60亿元人民币，实现工商税收1亿元人民币；虽然受金融危机影响，但2009年仍然实现进出区货值510亿美元。该园区先后引进了MOL、DHL、日通、经贸山九及世天威等跨国物流企业，累计引进中外物流企业83家，累计吸引外资2.8亿美元。

上海外高桥保税物流园区依托“区港联动”的政策优势，大力推进了海运直通式功能覆盖上海全关区，开展了进口分拨等口岸业务，提升了区港联动的整合功能，推进了国际采购配送、国际转口四大功能的业务拓展以及“长三角”通关一体化的具体实施，并努力争取伦敦金属交易所期货交割项目落户园区，以提高园区的综合营运环境，营运模式由单一向多元转变，政策资源从局部向共享转变，初步形成了区港联动和区域发展的雏形。

### 一、建设四大联运机制

作为首个启动的国务院区港联动项目，上海外高桥保税物流园区具有国际中转、国际采购、国际配送及国际转口四大功能。园区在营运中又以管理创新为动力，优化营运环境为目标，着力于构筑航运、港口及物流园区联动发展的新框架。

探索自由贸易区。园区“区港联动”的出现进一步加快了保税区与国际接轨的步伐，在现有法律框架的基础上，尝试和摸索我国保税区向自由贸易区转型的可能性和途径。“区港联动”是实现保税区经济和港口经济共同发展内生的客观要求，是一种联系紧密的区域经济安排，跨出了我国保税区与“区港联动”发展战略实施的第一步。

提升保税物流国际竞争力。外高桥保税物流园区五年来实践经验表明，园区的建设不仅是港区功能的延伸，更重要的是促进国际集装箱中转业务的发展、极大地提升港区的国际竞争能力的重要环节，从而加快地区综合性主枢纽港地位的形成。世界已有的国际航运中心和区域主枢纽港建设的实践表明，实施保税物流政策是枢纽港建设的重要内容和必备条件。园区的建设和实践正在创造出一套适合国际经济发展要求的全新管理模式和运营机制。

推进上海两个中心的建设。随着国内物流水平的不断提高，及时供应和零库存等供应链管理模式的深入应用，使国际航运、跨国采购、第三方物流企业迫切需要一个能连接国内、国际市场并与国际规则对接的保税物流园区，实施国际中转、国际采购、国际配送和国际转口的四大功能，最大限度地缩短生产地和消费地在空间和时间上的距离，使“需求拉动型”的供应链管理真正得到应用。园区正是通过区港联动、资源整合、项目引进及服务管理，形成一个国际商品、国际资本、信息技术及管理人才有效集成和创新的平台，营造物流园区和国际物流产业的良性互动局面，并以港航经济为纽带，以国际贸易为导向，以现代物流和先进制造业为基础，带动区域性的航运、金融及港城配套等产业蓬勃发展。

加快“长三角”区域通关一体化的进程。作为区港联动的载体，外高桥保税物流园区解决了港口与区域的无缝对接，以此开展区域性联运来辐射周边地区，将原来的通关节点变成物流节点，形成点到点的运作模式，实施点多、面广、线长的物流覆盖范围，为“长三角”和长江沿线提供即时生产、适时配送及“门到门”的全程服务等供应链管理，园区功能创新向洋山联动发展和辐射“长三角”转变。在口岸功能的服务上，开拓货物贸易、转口贸易、服务贸易及金融服务等功能，形成区域性的物流运作平台，带动“长三角”配送、增值加工等业务的广泛开展，提高长江沿线产品的附加值和国际竞争力。

成为跨国企业提供采购配送中心。跨国采购中心的建设是21世纪区域发展应对国际竞争的重要举措。外高桥保税物流园区依托当地及周边的制造能力，与之形成供应链纽带，形成产业的合理配置和分工。根据国际经验，如果一个地区能与跨国公司建立更加直接的联系，则该地区将逐步成为具有国际竞争力的采购中心，而上海外高桥保税物流园区的区港联动正式为跨国公司提供了空间载体和便利服务。

**二、实现区港联动流程再造**

外高桥保税物流园区将按照“功能定位、定向招商”原则开展针对性招商。根据物流行业的类别需求和特征，为企业的供应链管理提供解决问题的方案，满足不同需要。开展统筹性招商、优化结构性招商及推进功能性招商，将招商的重点向生产商、贸易商倾斜，形成两翼齐飞的格局，帮助生产商提供产品价值链、产品作业链及物流供应链的服务平台，并通过差异集中化战略来建设国际化服务品牌，营建“开放、联盟、合作、繁荣”的营运环境。

园区将在国家振兴规划、上海航运金融中心建设及浦东新区综合配套改革的契机下，实现产业联动的流程再造。在区港联动流程再造的设计上借鉴新加坡等国际自由港的成熟经验，帮助海关将特殊监管区域的“O型”模式向“海港、空港U型”一体化转变，实现上海全关区的海运直通模式，全面完善直提直放、先进后报的监管模式，促进国际中转和国际转口的业务开展，推动上海保税物流产业的发展，并将“区区联动”覆盖“长三角”，拉动“长三角”的经济增长。

**思考题**：结合案例和本章知识进行分析，如何才能高效地实现区港联动?

# 7.1 保税物流

## 7.1.1 保税物流的相关概念

### 一、保税货物

保税货物（Bonded Goods）的一般含义是指“进入一国关境，在海关监管下未缴纳进口税捐，存放后再复运出口的货物”。《中华人民共和国海关法》对“保税货物”的定义是：“经海关批准未办理纳税手续进境，在境内储存、加工、装配后复运出境的货物。”从海关法的定义中可以看出，保税货物具有以下三个特征。

#### （一）特定目的

保税货物限定为以两种特定目的进口的货物，即进行贸易活动（储存）和加工制造活动（加工、装配），将保税货物与以其他目的暂时进口的货物（如工程施工、科学实验及文化体育活动等）区别开来。

#### （二）暂免纳税

《海关法》第43条规定：“经海关批准暂时进口或暂时出口的货物，以及特准进口的保税货物，在货物收、发货人向海关缴纳相当于税款的保证金或者提供担保后，将予暂时免纳关税。”保税货物未办理纳税手续进境，属于暂时免纳，而不是免税，需待货物最终流向确定后，海关再决定征税或免税。

#### （三）复运出境

复运出境是构成保税货物的重要前提。从法律上讲，保税货物未按一般货物办理进口和纳税手续，因此，保税货物必须以原状或加工后复运出境，这既是海关对保税货物的监管原则，也是经营者必须履行的法律义务。保税货物的通关与一般进出口货物不同，它不是在某一个时间上办理进口或出口手续后即完成了通关，而是从进境、储存或加工到复运出境的全过程，只有办理了这一整个过程的各种海关手续后，才真正完成了保税货物的通关。

### 二、保税制度

保税制度（Bonded System）是一种国际通行的海关制度，是指经海关批准的境内企业所进口的货物，在海关监督下在境内指定的场所储存、加工或装配，暂缓缴纳各种进口税费的一种海关监管业务制度。保税制度始于16世纪的英国，是随着商品经济和国际贸易的发展而产生和发展的。世界各国为促进和鼓励本国对外贸易特别是出口贸易的发展，竞相建立保税制度，其范围也从单纯加工生产的保税扩大到包括商业性质的保税（如转口贸易货物的保税）和进口寄售商品的保税等。由于具有对进口货物暂缓征收应征关税的特点，保税制度的主要作用是在简化货物通关手续、减轻企业资金负担及加快资金周转的同时，能降低出口成本、增强产品在国际市场上的竞争能力。海关保税制度已经成为当代国际物流的重要组成部分。

保税制度始创于英国，由于企业暂时免交税赋，可减少企业资金占用与利息支出、降低贸易成本，有利于促进国际贸易的发展，因而在全世界推广开来。我国海关目前施行的保税制度，是在改革开放中产生和发展起来的。

改革开放以来，我国飞速发展的经济，特别是飞速发展的对外贸易，大大地推动了保税业务的发展，推动了海关对保税货物的监管，也推动了适应经济发展的完全新颖的保税制度的诞生和发展。保税不等于免税，目前我国的保税制度适用于三种情况：办清手续（暂免纳税）、复运出口和加工制造。

1981 年颁布的《海关对保税货物和保税仓库监管暂行办法》，是我国海关制定的第一个涉及海关保税监管制度的文件，首次提出“保税仓储”这一形式，规定了海关保税仓库和保税仓库货物的具体办法。

1982 年 10 月海关总署公布的《海关对加工装配和中小型补偿贸易进出口货物监管和征免税实施细则》，开始把“保税加工”纳入保税制度的范围。

1987 年诞生的《中华人民共和国海关法》（以下简称《海关法》）以法律的形式赋予海关批准保税的权利，扩大了准予保税的货物范围，把“保税加工”这一保税制度形式确定下来，并明确规定保税货物是海关监管货物。

1990 年 9 月海关总署颁布的《海关对进出上海外高桥保税区货物、运输工具和个人物品的管理办法》开始构筑“区域保税”这一新的保税监管制度。

保税制度按方式和实行区域的不同，其表现形式主要有三种类型。

（1）商品贸易型：有保税仓库、保税展示区和免税商店等；

（2）加工制造型：有保税工厂、保税集团和出口加工区等；

（3）商品贸易与加工制造混合型：有保税区、自由港和自由贸易区等。

## 三、保税物流

保税物流特指对保税货物在海关监管的保税区域内进行的仓储、配送、运输、流通加工及装卸搬运等物流活动。保税物流是物流分类中的一种，但同时具有不同于其他物流类别的典型特点。

### （一）系统边界交叉

国内物流的边界是从国内的任意地点到口岸（装运港），国际物流的边界为从一国的装运港（港口、机场及场站等）到另一国的目的港。保税物流货物在地理上是在一国的境内（领土），从移动的范围来看应属于国内物流，保税物流具有明显的国际物流的特点，例如保税区、保税物流中心及区港联动都是“境内关外”的性质，所以可以认为保税物流是国际物流与国内物流的接力区。

### （二）物流要素扩大化

物流的要素一般包括运输、仓储、信息服务及配送等，而保税物流除了具有这些基本物流要素之外，还包括了海关监管、口岸、保税、报关及退税等关键要素，两者紧密结合构成完整的保税物流体系。

（三）线性管理

一般贸易货物的通关基本程序包括申报、查验、征税及放行，是“点式”的管理；而保税货物是从入境、储存或加工到复运出境的全过程，货物入关是起点，核销结案是终点，是“线性”的管理过程。

（四）瓶颈性

在海关的监管下进行物流运作是保税物流不同于其他物流的本质所在。海关为了达到监管的效力，严格的流程、复杂的手续及较高的抽查率必不可少，但这与现代物流便捷、高效率、低成本的运作要求相背，物流效率与海关监管效力之间存在“二律背反”，在保税需求日益增长的情况下，海关的监管效率成为保税物流系统效率的“瓶颈”。

（五）平台性

保税物流是加工贸易企业的供应物流的末端，是销售物流的始端，甚至包括了生产物流。保税物流的运作效率直接关系到企业正常生产与供应链正常运作，构建通畅、高效率的保税物流系统是海关、政府相关部门、物流企业及口岸等高效协作的结果。完善的政策体系、一体化的综合物流服务平台必不可少，例如集成商品流、资金流及信息流的物流中心将是保税物流的主要模式之一。

### 7.1.2　保税物流与保税区物流

目前，对保税物流还没有正式的、统一的定义。保税是滞后纳税或滞后核销，是海关对特定区域、特定范围的应税进口货物暂缓征税，当货物离开该特定区域、特定范围时，根据货物的真实流向决定征税与否。对货物的保税可减少经营者的流动资金占用，加速资金周转。

根据《海关法》，保税是对货物而言。一般所说保税货物是指经海关批准未办理纳税手续进境，在境内储存、加工及装配后复运出境的货物。从这个意义上来看，保税物流是指保税货物的流动过程，是伴随保税区的各项功能活动的展开而产生的物流活动。保税物流形式是由保税区功能活动所决定，保税物流发生在保税区之内。

保税区物流是发生在保税区内的物流活动。“保税”是保税区政策功能的基本特征，却不是唯一的特征。保税区除了“保税”特征之外，还包括“免税”特征。所以发生在保税区的物流活动不仅仅是保税物流，还包括免税物流（国际中转物流、较大型保税区的区内自用免税物流）和已税物流。

从以上的分析来看，保税区物流的范畴比保税物流更广些。联系保税区的四种基本运作形式，可以看出这些运作形式中所涉及的货物都是保税货物，所以这里主要介绍保税物流。

### 7.1.3　保税物流的发展

保税物流的发展是随着保税区的改革和发展而发展的，目前，我国保税区的发展主要经历了两个阶段，一是从1990年上海外高桥保税区设立开始到2003年国务院正式批复同意“上海外高桥保税区港区联动试点”为止，这是传统的保税区阶段；二是从2003至今，保税区进入了一个新的发展阶段，即保税区区港联动阶段。相应的，保税物流也经历了两个阶段，传统保税物流阶段和区港联动后的保税物流阶段。

传统的保税区是在当时我国国情与外向型经济战略的特殊背景下，作为自由贸易区的替代模式出现的。一方面，保税区既在一个相对封闭的区域里实现了无关税的自由贸易，又能避免对国内经济的过分冲击，是一种符合我国改革开放思路的平衡机制；另一方面，20世纪90年代初，世界经济正处于一个低谷期，我国的经济环境也相当严峻，客观上并不具备建立完全意义上的自由贸易区的条件，而在保税区的概念下，可以渐进式地推进全方位开放，维护国家利益。

保税区从1990年设立到2003年，从其发展历程来看，按其功能开发可以细分为三个阶段，相应的保税物流在这个时期也可以分为三个阶段。

第一阶段，从1990年到1994年。1990年4月，国务院正式批准设立上海外高桥保税区，按照1990年《上海市外高桥保税区管理办法》，“保税区主要发展对外贸易和转口贸易、港口、仓储、出口加工以及金融服务等业务”。但在实际发展中，保税区的主要功能还只是局限在保税仓储和国际贸易，所以这个时候的保税物流形式主要是以国际贸易、保税仓储为主要贸易方式的贸易、仓储类物流。这类货物一般在保税区进行仓储后经保税区进、出口（进、出境），货物本身不发生性质、形态及用途等的变化。

第二阶段，1994年至1998年。1994年6月，全国保税区工作座谈会在天津召开（简称“天津会议”），会议提出了我国建设和发展保税区的根本目标是要改善我国的投资、建设软环境，特别是利用海关保税的独特条件，最大限度的利用国外资金、技术发展外向型经济，保税区真正成为新的经济增长点、带动区域经济的发展。在此基础上，会议还明确提出了保税区的四大功能——出口加工、国际贸易、保税仓库和商品展示，要求各个保税区围绕这四大功能来开发，旗帜鲜明地提出保税区要首先发挥其出口加工功能，以推动外向型经济发展。这一时期对于保税区功能的开发，各地区各有侧重，但以出口加工和商品展示为主流。保税物流主要是以加工贸易为主要贸易方式的加工贸易类物流，这类货物（主要指原材料和制成品）一般是由保税区内的生产加工企业输出/入；以保税区内政府机关、企业引进用于展示或为办公生产所需，从国内/外采购的机器设备、办公物资的展示、采购类物流，这类货物进入保税区后，暂时不再流动。

第三阶段，1998年至2003年。这个阶段，物流分拨成为保税区的主要功能，并且取得了长足的发展。自20世纪后期以来，国际直接投资真正成为世界经济的推动者，跨国公司根据其全球化经营的需要，在世界范围内整合资源进行国际化生产和销售。而我国保税区特殊的保税免税功能为跨国公司提供了介入我国市场的最佳平台，伴随着跨国公司的抢滩，国际物流公司、跨国公司内部的分拨物流部分以及专业物流公司纷纷入驻保税区，成为保税区新的增长点。

### 7.1.4 区港联动后的保税物流阶段

保税区是在20世纪90年代特定的背景下诞生的，这使保税区在政策设计、法规建设和管理措施上，总体而言还是比较保守的，并且具有许多不合理的因素，严重制约了保税区的发展。特别是在我国加入世界贸易组织（WTO）以后，对保税区的进一步改革和发展是我国经济发展的必然要求。

针对这种形势，2003年7月17日海关总署论证通过了《上海外高桥保税区港区联动试点方案》，当年 12 月 8 日国务院正式批复同意试点。2004 年 4 月，园区通过国家验收，区港联动试点成功，保税物流园区正式设立。区港联动的主要功能为国际配送、国际采购、国际转口贸易及国际中转。根据区港联动的功能，区港联动后的保税物流主要运作模式包括以下四种。

### 一、基于国外大宗进口商品向国内市场分销的物流业务运作

国外大宗进口商品利用保税物流园区作为物流分拨基地，面向国内市场开展分销活动，是目前一些跨国公司和具有较强专业性国际企业的一种主要运作方式。

利用保税物流园区作为物流分拨基地进行物流运作的特点：一是进口环节大批量、小批次，而进入国内市场则采用多批次、小批量；二是物流运作的主体多元化，既有跨国公司和专业化国际企业在保税物流园区设立的分支机构，也可以由其中国的代理商负责，或委托保税物流园区内物流企业进行物流运作。利用保税物流园区作为物流分拨基地，可以从整体上降低进口商品销售成本、提高服务质量。

### 二、基于国内出口商品在保税物流园区集结和处理的物流业务运作模式

随着全球经济一体化进程的加快和中国商品国际竞争能力的提高，跨国采购活动已日益频繁地出现在中国市场，许多生产性跨国公司、国际大型零售企业和专业化国际采购公司的国际采购网络正在向中国延伸。在保税物流园区建立国际采购中心，利用保税物流园区低成本的物流及相关服务设施，降低集配活动的物流成本，将中国市场采购的商品输往世界各地，带动了我国出口活动的活跃和发展。

国内企业在开拓市场、整合出口渠道方面，要重视利用保税物流园区的集配作用，根据国际市场生产和销售需求，提供配套商品和服务；出口企业能够在商品离境之前享受出口退税、结汇等政策，加快资金周转，降低出口企业的市场风险，缩短理赔、补货以及调换商品的时间。

国内出口商品在保税物流园区集结和处理的物流业务的主要特点：一是国内出口商品进入保税物流园区的是少品种、大批量的物流，而离境的物流则是经过集配和优化运输选择的多品种、大批量、多方向的物流；二是物流运作主体也比较多样化。

### 三、基于转口贸易的物流运作模式

转口贸易的物流运作是以物流园区内第三方物流企业为主体，其物流业务的主要内容是为转口过境商品提供仓储、多式联运、向不同区域市场分拨以及物流信息服务等。保税物流园区通过提供商品展示功能和交易服务功能，可以促进保税物流园区贸易活动的开展，增加保税物流园区物流流量。

### 四、国际中转

国际中转是指让国际、国内货物及进出口集装箱货物进入保税物流园区，对之进行分拆、集拼或转运至境内关外其他目的港，这是为了更好地结合港口地缘优势和保税区优惠的政策优势，充分利用保税区所具有的“两头在外”的功能和港区航运资源为货物快速集并、集散等方面提供的便利条件，开展货物进口、出口及中转的集运、多国多地区的快速集并和国际联合快运等业务，加快货物在境内外的快速流动。

## 7.2 保税区

### 7.2.1 保税区概述

保税区是经国务院批准设立的、海关实施特殊监管的经济区域，是我国目前开放度和自由度最大的经济区域之一。

1997 年 8 月 1 日发布的《保税区海关监管办法》规定："保税区是海关监管的特定区域。海关依照本办法对进出保税区的货物、运输工具、个人携带物品实施监管。保税区与中华人民共和国境内的其他地区（以下简称非保税区）之间，应当设置符合海关监管要求的隔离设施。"

保税区是中国继经济特区、经济技术开发区及国家高新技术产业开发区之后，经国务院批准设立的新的经济性区域。保税区按照国际惯例运作，实行比其他开放地区更为灵活优惠的政策，已成为中国与国际市场接轨的"桥头堡"。因此，保税区在发展建设伊始就成为国内外客商密切关注的焦点。

保税区具有进出口加工、国际贸易、保税仓储及商品展示等功能，享有"免证、免税、保税"政策，实行"境内关外"运作方式，是中国对外开放程度最高、运作机制最便捷、政策最优惠的经济区域之一。

从 1990 年中国第一保税区——上海外高桥保税区开始，国务院陆续批准设立了 14 个保税区和 1 个享有保税区优惠政策的经济开发区，天津港、大连、张家港、深圳沙头角、深圳福田、福州、海口、厦门象屿、广州、青岛、宁波、汕头、深圳盐田港、珠海保税区以及海南洋浦经济开发区。目前全国 15 个保税区的隔离设施已全部经海关总署验收合格，正式投入运营。

1992 年，各保税区纷纷加快了实质性运作，基本建设进展迅速，初步形成了招商引资的软硬环境，海内外客商投资踊跃，大多数保税区首期开发区域的土地已批租或出让完毕，并进一步开发二期工程，在吸引外资上也出现了可喜的局面。

经过多年的探索和实践，全国各个地区的保税区已经根据保税区的特殊功能和依据地方的实际情况，逐步发展成为当地经济的重要组成部分。随着中国加入 WTO，全国保税区逐步形成区域性格局，南有以广州、深圳为主的珠江三角洲区域，中有以上海、宁波为主的长江三角洲区域，北有以天津、大连、青岛为主的渤海湾区域，三个区域的保税区成为中国与世界进行交流的重要口岸，并形成独特的物流运作模式。

### 7.2.2 保税区的优势

中国保税区有两个突出的优势：政策优势和区位优势。

**一、保税区的政策优势**

可概述为"免证、免税、保税"政策。

（1）加工企业生产的产品，除国家另有规定的外，免领出口许可证、免征出口关税和出口增值税。

（2）区内生产性的基础设施建设项目所需的机器、设备和其他基建物资，予以免税。

（3）区内企业自用的生产、管理设备和自用合理数量的办公用品及其所需的维修零配件，生产用燃料，建设生产厂房、仓储设施所需的物资、设备，予以免税；保税区行政管理机构自用合理数量的管理设备和办公用品及其所需的维修配件，予以免税。

（4）区内企业为加工出口产品所需的原材料、零部件、元器件、包装物件，予以免税。

（5）区内企业从境外进口的原材料、零部件、元器件、包装物料，予以保税。

前款第（1）项至第（4）项规定范围以外的货物或者物品从境外进入保税区，应当依法纳税；转口货物和在保税区内储存的货物按照保税货物管理。从事保税性质加工、其加工产品全部出口的，免征加工环节增值税。

保税区是中国大陆具有“境内关外”性质的、开放度最大的特殊经济区域，除了具有“免证、免税、保税”政策以外，还具备以下独特的政策优势：

（1）境内外企业、组织及个人均可在保税区内从事国际贸易及相关业务。

（2）从境外进入保税区储存的货物不征收关税及进口环节增值税、消费税，不实行配额、许可证管理，仓储时间不受限制。

（3）国外货物在保税区与境外自由进出。

（4）保税区中外资企业均可开外汇现汇账户，实现意愿结汇，从事保税区与境外之间贸易不办理收付汇核销手续。

（5）区内货物可以在保税状态下进行分级、包装、挑选、分装、改装、贴商标或标志等商业性加工。

（6）境外企业的货物可委托保税区企业在区内储存并由其代理进口销售等。

2003 年 7 月，我国正式批准天津、上海等地保税区开展赋予企业进出口经营权试点工作，从而结束了保税区企业没有贸易进出口权的局面。港区联动试点工作的全面展开则更为进口贸易的发展拓宽了道路。

**二、保税区的区位优势**

所谓区位优势，从经济角度讲，就是指设定的区域在走向国际市场，实现生产要素、产品及技术等在国际、国内的自由流动的过程中，其地理位置所显示出的独特的优越条件。利用区位优势设置的特殊经济区域，辅之以优惠政策和良好的基础设施来创造该地区的竞争优势，是一国政府强化对外来资金和技术吸引力、出口贸易扩散力、走向世界经济一体化能力的优势再造。这种优越条件，主要有三种情况。

第一种表现为具有便利的交通，使这一地区在国际交往、资金、人员及商品等经济上的交流十分方便。具有这种优越地理位置条件的地区一般都在沿海，那里有良好的港口条件。沿海地区海上交通不仅便利、畅通，而且海运成本低于任何一种陆上运输方式的成本，能够很方便地实现与全球各国、各地区经济上的交往。

第二种区位优势是因与经济上比较发达的国家或地区相邻而产生的经济联动效应。两地毗邻，发达地区或国家在经济上会对落后地区产生较强的示范和带动效应，而且也容易使落后地区的经济运行方式与邻近发达地区对接，形成一定空间内的经济联动或一体化经济带。

第三种是具有丰富而廉价的自然资源。以丰裕的自然资源为条件，可以大量引进外来资金、先进技术，可以加强海内外经济交往。

### 7.2.3 保税区的运作方式

基于海关和外汇的特殊管理机制，围绕四大基本功能，保税区形成了特殊的基本运作形式。

**一、保税仓储等保税物流运作形式**

保税区内实行“境内关外”的政策，这样一来在保税区内形成相当宽松优惠的保税政策，即货物从海外进入保税区不视同进口，只有从保税区再进入国内其他区域时才视同进口，货物从国内到保税区视同出口，这样就形成了以保税仓储为核心内容的保税物流运作形式。

三资（外商独资、中外合资和中外合作）保税物流加工贸易企业，可以利用保税区的物流功能，从保税区进口原材料，将半成品或成品出口保税区，完成加工贸易的核销工作，将各种转厂手续变成进出口手续，从而大大提高物流效率、节省物流成本，此外可以将出口的产品进行内销而且没有内销比例等审批限制。

在中国采购的国际企业可以将采购出口货物的配送中心设在保税区，直接对国外市场进行货物配送，从而解决销售地高成本配送问题。

销售中国市场的进口货物可以先保税仓储在保税区内，再根据实际的销售数量和形式进行货物清关工作，一方面可以减少供应链维系的资金积压成本（海关税金占用流动资金），另一方面可以适应中国企业的不同销售形式（免税销售和完税销售）。

**二、出口加工等加工运作形式**

保税区内的加工贸易企业不实行银行保证金台账、不实行外汇核销制度，非常有利于企业开展出口加工工作。

保税区内加工贸易企业使用的进口设备全部实行免税，不受项目内容限制和投资总额的限制。

**三、国际贸易等贸易运作形式**

我国国内目前还不允许外资独资成立单纯贸易性企业，但在保税区可以成立并可以取得一般纳税人的权利，拥有人民币账户、可开增值税发票，实际上已经拥有在国内从事纯贸易活动的权利，这是保税区的国内贸易功能。

目前，国内的贸易性公司无法从事转口贸易，但保税区内的企业有外币的现汇账号，可以从事外币结算货物的贸易活动，实际上是拥有了国际转口贸易的功能。

保税区内的贸易性企业同时拥有国内贸易和转口贸易双重身份的权利，这就构成了保税区的贸易功能多样化形式。

**四、商品保税展示等展示运作形式**

由于保税区实行的是国际自由贸易区的模式，因此国际商品的保税展示成为一项重要的保税区功能运作形式。

从国外运往我国的货物可以在保税区内进行商品展示，可以设立相应的展览场馆，安装模拟使用国际的各种产品，这样一来非常有利于国际产品销售到中国，一方面大大降低展览成本，简化展览产品的通关手续，另一方面缩短考察的时间，减低了国内企业的采购成本。

## 7.3　港口与保税区的关系

### 7.3.1　港口和保税区的关系

港口和保税区的关系主要体现在地理位置和功能两个方面。

**一、地理位置的毗邻**

保税区（国外的自由贸易区）和港口在地理位置上具有天然的联系，在一般情况下，保税区（国外的自由贸易区）总是与港口连在一起或者与港口毗邻。如德国的汉堡自由贸易区、荷兰的鹿特丹自由贸易区就是以汉堡港和鹿特丹港发展而来的，它们在地理位置上天然合一。我国已有的 15 个保税区，除深圳福田保税区以外，其他 14 个保税区都是与港口相邻或以港口为依托的邻港保税区。

保税区和港口在地理位置上毗邻，是由保税区自身的性质所决定的。保税区是我国为了实施外向型战略由国务院批准设立的、海关实施特殊监管的经济区域，具有很大的开放度和自由度的经济区域，是我国与国际市场接轨的“桥头堡”。为了更好地发挥保税区的各项功能，保税区必须设在临近口岸的地方，特别是港口附近。

**二、功能优势的互补**

要加快和促进保税区和港口的发展，必须建立在港口和保税区功能互补的基础上。

(1) 保税区的转口贸易、出口加工、保税区仓储及国际贸易等功能的发挥需要以港口功能为依托。保税区的转口贸易、出口加工、保税区仓储及国际贸易等功能的发挥，必须建立在相当的货物、资金和信息的聚集和扩散能力之上，而这些恰恰是港口的基础功能，港口与保税区的毗邻而设，为保税区功能的发挥提供了必要的条件。

(2) 港口功能的升级必须以保税区的优惠政策和功能的强大为基础。20 世纪 80 年代以来，集装箱运输、多式联运的发展，推动了国际港口注重商业、物流功能的拓展，竞争和争取盈利推动港口努力成为国际贸易的综合运输中心和国际贸易的后勤基地，以适应跨国公司的经营需要。

### 7.3.2　我国保税区的管理现状

我国保税区设立和发展是建立在政策优势和港口区位优势之上的。从目前我国保税区区位优势的利用和保税区功能资源和政策优势的发挥来看，保税区的预定发展目标并没有完全达到，其发展障碍主要在于保税区与港区的分离使得各自功能作用没有得到充分发挥。

目前，我国大部分保税区毗邻港口，但并未与港口直接相连，港口被人为地排除在保税区之外。保税区和港区在地域上各自呈“O 型”封闭状态，通常以直通道的形式沟通；体制上，区港双方分属两个领域，在理论上各成体系，双方进行协商式的管理沟通。

我国港区分离的管理现状对保税区有两种明显的发展局限。

**一、区位优势发挥的局限**

由于港区分离，保税区不能形成一个对内地封闭、对境外开放的区域，货物从港口不能直接进入保税区，必须经过其他地区。保税区的货物进出口流通都要经过港口和保税区两道海关检验手续，区内货物还要有一套登记和管理制度，造成手续烦琐、海关监管困难及物流不畅。这对港口物资进入保税区或者保税区的物资通过港口进行分拨，都造成了非常大的麻烦，使保税区无法充分利用港区的功能来发挥保税区邻近港口的区位优势。

目前港区之间的流量仅占港口货物流量的极小部分，上海港的吞吐量每增加 1 万吨，外高桥保税区进出口增加值（亿元）的相关系数为 0. 167 533。而从上海外高桥保税区进出口货物采用的运输方式价值来看，空运和利用港口的水陆运输不相上下，这说明实际经外高桥保税区港区进出口的保税区货物占港区吞吐总量的比例不高。

**二、功能发展的局限**

由于区港的分离管理，造成区港的相关性较小，使有物流带动的相关口岸产业的市场需求比较小，进一步造成保税区的物流量减少。而保税区的仓储、贸易及出口加工三大产业功能的深入开发，都离不开港口物流的扩大。港口物流与保税区之间有限的物流，限制了保税区三大基本功能的发展。

## 7. 4　区港联动

区港联动保税物流园区是指经国务院批准在保税区的规划面积或者毗邻保税区的特定港区内设立的、专门发展现代国际物流业的海关特殊监管区域。区港联动试点一般以保税物流园区命名，因此，区港联动保税物流园区也简称保税物流园区，其定位为国际中转、国际配送、国际采购和国际转口贸易等。我国区港联动试点在功能政策、管理方式和开放程度等方面与自由贸易区有较多差异，具有明显的过渡性，将逐步过渡到保税港区和自由港。

### 7. 4. 1　区港联动提出的背景

**一、保税区自身的问题**

目前我国保税区除了由于区港分离所形成的问题以外，在政策方面也存在着很大的问题，而政策方面的问题又会导致保税区功能方面产生相应的问题。

**（一）政策方面的问题**

我国对保税区的定性主要体现在海关总署发布的《保税区海关监管办法》，其中第三条：“保税区是海关监管的特定区域。”但这一规定过于笼统，没有对保税区的性质作出明确的诠释，容易致使各部门认识不统一而导致政策抵触，又因政策抵触导致企业为难。

海关总署对保税区的认识是“海关监管的特殊经济区域”，实际上是当作放大了的保税仓库区来监管的。财政部、税务总局及工商总局等则认为保税区是“境内关内”，对区内企业和国内企业采取同等的对待，对区内企业采购国内货物不能视作出口，货物只有离境后才能退税，即所谓的“一线退税”。而商务部对外贸易司认为保税区是“境内关外”，区内企业当然不存在进出口经营权、出口配额及许可证等问题，所以保区内企业都不具备进出口权，当然也无法作为退税的主体，只能由代理出口的外贸企业退税。再按照海关的规定，享受出口退税必须使货物的出口（出境）单证和原入区单证（“两次报关”）在数量和品名上匹配，但由于采购分拨型物流业务性质使然，往往一批货物入区后不可能整批复出境，这造成企业无法实现退税。

外汇管理部门对资本项目下外汇收付使管住“一线”，即视同国内企业；经常项目下外汇收付是管住“二线”，区内企业视为“关外”公司。

（二）功能方面的问题

保税区存在一系列的政策问题，限制了保税区功能的发展，在各项功能运作时出现了许多问题。

（1）制约国际贸易发展。区内贸易公司不具备进出口权以及一线退税和两次报关这些政策上的问题，使区内企业在出口国内物资时只能与国外或国内有进出口权的企业进行贸易，加上出口退税的难以操作，增加了贸易的环节和贸易成本，很大程度上限制了保税区贸易功能的发展。

（2）制约出口加工业务发展。同样这些问题发生在出口加工业务上，保税区内企业不具备进出口权，就不能自行采购国产料件加工出口，只能委托进出口公司代为采购，这增加了运作环节和成本。而实现不了出口退税，便直接制约了保税区内加工企业大量采购国产料件进行加工。

（3）制约双向采购。对于大多数进口分拨型的物流业务，在进口商品的同时都需要采购部分国内商品来满足其分拨客户个性化的需求。

（4）制约物流服务发展。保税区“保税—滞后征税”的效应有利于贸易企业在此进行国际与国内两个市场间的货物流通，但是按照现行的海关管理模式，货物从海港或空港进入保税区的通关时间较长，转运成本较高，在相当程度上抵消了“保税—滞后征税”所带来的效益优势；加上海关实施卡口与仓库两次监管的办法，使得保税区内货物的移库和使用不方便，因此大大限制了保税区的物流功能。

而另一方面，区内企业为了解决出口退税问题，往往采取“境外一日游”的办法来获得退税，但这增加了物流环节，降低了物流效率，提高了物流成本。

## 二、保税区原有优势的弱化

目前，我国保税区最突出的优势是政策优势。然而，我国加入世界贸易组织后，必须遵循世界贸易规则，在享受成员国的权利时，也需要在市场准入等诸方面做出承诺，这将对我国保税区的发展造成一定的影响，在一定程度上弱化了保税区的政策优势，具体反映在三个方面。

（1）随着外贸经营权的放开，保税区的政策优势弱化。保税区从设立起，就作为我国开放服务贸易市场的超前试验基地，允许进入保税区的外国企业和国内企业获得进出口权，可以直接开展进出口贸易。由于我国到目前为止在关税区内仍然对企业进出口经营权实行审批制，故保税区在服务贸易领域对各类投资者的率先开放是颇有吸引力的。但是加入世贸组织以后，我国必须向成员国实施国民待遇，这意味着外贸经营权的全面放开，那么保税区在服务贸易市场的率先开放就不再有特别的意义，其现有的优惠政策吸引力大大弱化。

（2）随着关税的逐步下调，保税区的“保税”优势弱化。保税区最大的优势就是可以“暂不缴纳关税”，即享有“保税待遇”，从而使经营者可以通过减少流动资金的占用来提高经济效益。我国加入世贸组织削弱了保税区存在和发展的原动力，因为在关税税率越高的国家或地区“保税”的效应就越明显，加入世贸组织以后，关税减让是必然的趋势，这将削弱保税区的“保税效应”；而我国政府还承诺逐步取消对外国商品进口的许可证、配额等非关税壁垒的义务，这使我国保税区现有的贸易自由度优势也被削弱。

（3）出口加工区发展很快，保税区的出口加工优势弱化。随着出口加工区的快速发展，出口加工区的加工功能和政策优势吸引了出口货物从出口加工区进行运营，保税区的出口加工优势也被弱化了。

### 7.4.2 区港联动的内涵

从系统科学的角度分析，“区港联动”属于协同的范畴，是保税区与港口两个子系统整体协同的组织过程。就其内涵而言，可以用“政策叠加、优势互补、资源整合、功能集成”概括，体现了保税区与港区在区域、资产、信息和业务等方面的联动发展。

**一、政策叠加**

保税物流园区除继续享受保税区在免征关税和进口环节税、海关特殊监管等方面的政策及港区原有的政策外，在税收政策上还叠加了出口加工区的政策，即实现国内货物的进区退税，从而改变了保税区现行的“离境退税”方式，降低了企业的运营成本。在中转集拼方面，中转集装箱在保税物流园区可以进行拆拼箱，改变中转集装箱在港区只能整箱进出的现状。集装箱在保税物流园区堆存无时间限制，改变集装箱在港区有 14 天报关期限的现状。政策叠加的结果对货物的流动来说，“一线放得更开，二线管得严密”，区内真正实现货物的自由流动。

**二、优势互补**

将保税区在税收、海关监管等方面的政策优势与港区在航运和装卸等交通便利的区位优势相结合，实现航、港、区一体化运作。集装箱综合处理与货物分拨、分销和配送等业务的联动，既是优势互补，也是优势组合。

**三、资源整合**

通过保税区和港区在形态、资源上的整合、集成，进货物在境内外快速集拼、快速流动和快速集运，带动信息流、资金流和商品流的集聚和辐射。港、区的资源在保税物流园区项目形成了优化组合。

**四、功能集成**

实施区港联动的保税物流园区将集成国际中转、国际配送、国际采购和国际转口贸易“四大功能”。

### 7.4.3 发展区港联动的必要性

区港联动是发展自由贸易区的国际通行模式，也是中国保税区和港口谋求通过区港一体化向自由贸易区转型的产物。实践证明，设立区港联动保税物流园区，有助于保税区与港口在产业规划、产业布局和产业联动等方面的功能整合，实现海关监管模式的突破，对港口和保税区的发展都有重要的意义。

**一、区港联动是保税区发展和转型的需要**

保税区与出口加工区功能相似，实行“境内关外”的政策，但后者享有更优惠的出口退税政策。国内货物通过保税区出口到境外，采用“离境退税”的原则，而出口加工区采用“入区退税”的原则。

境内保税区区外企业通过保税区出口货物，必须在货物全部实际离境后才能办理出口退税。在不能确保进入保税区的所有货物完全离境前，退税将无法实现。

区外企业销售货物给区内企业，应向区内企业提供增值税发票，区外企业不能办理出口退税。因此，区外企业为了实现出口退税、解决退税难题，往往采用“出口复进口”的方式，即所谓的货物“境外一日游”。

由于受产品内销的限制，保税区内许多企业也选择“境外一日游”来解决保税生产产品在国内销售的核销问题，因而使企业的效率降低、成本增加。

随着保税区政策优势的弱化，中国保税区需要进一步创新与转型，需要建设区港联动型的保税物流园区。

**二、区港联动是港口发展和转型的需要**

港口和保税区存在地理位置毗邻、功能优势互补的关系。一方面，保税区毗邻港口，需要港口发挥对外开放的门户作用，通过区港联动，为保税区发展物流产业和吸引外商投资提供基础设施的支撑；另一方面，港口需要依托保税区，享受保税区优惠政策，拓展新的港口功能，发展港口经济。

港口的发展离不开腹地经济的发展，反之，港口发展方式转变带来的服务质量和成本优势，也是决定区域竞争力的主要因素。对于港口而言，区港联动是港口转变发展方式的重要路径。

实现区港联动，保税区和港区之间开辟直通道，拓展了港区功能。海关通过区域化、网络化和电子化的通关管理，简化相关手续，满足企业对货物快速流通和海关有效监管的要求，吸引物流企业投资，从而推动保税区和港区物流的发展，在功能上实现“境内关外”的自由贸易功能，即“一线放开，二线管住，区内自由，入区退税”。

### 7.4.4 区港联动的内容

区港联动实现保税区与港口在六个主要方面的联动。

**一、规划建设联动**

保税区与港口协调规划建设，区港联动形成“前港后区”紧密联系的格局，体现出海关“一线放开、二线管住、贸易便利、流动自由”的监管特点。

**二、政策功能联动**

区港联动将保税区政策优势和港区区位优势相结合，有利于促进贸易便利化战略的实施，为进出口企业提供快捷有序的国际物流发展环境。

**三、经济利益联动**

区港联动的保税政策可以增强港口对国际大型船公司和国际贸易货主的吸引力，有利于吸引更多的国际与国内物流企业进入区内，区港之间这种相互创造需求的关系会使其经济利益连成一体。

### 四、服务营运联动

区港联动将使保税物流园区内的物流活动变成区内不同企业之间的分工，港口的运输功能和保税物流园区的转型、贸易等功能可以相互补充。在管理方面，保税物流园区将按照“管理与服务合一”的模式，提供海关、检验检疫、工商、税务和外汇等一站式服务和保税物流园区内营运操作服务的联动。

### 五、信息共享联动

保税物流园区依托电子口岸，可以实现生产营运、海关监管、政府政务以及电子商务的网络化、平台化运作，形成全程全网、全面链接及以信息管理为支撑的业务流程和监管流程。

### 六、资源统筹联动

通过信息流、资金流和商品流的辐射，联动各经济区域的物流网络，联动国际枢纽港和自由贸易区的物流节点，便于开展国际、国内中转和快速集拼业务。

## 练习题

1. 什么是保税区，其优势有哪些?
2. 保税区运作方式有哪几类?
3. 什么叫保税物流?
4. 保税区与港口有着怎样的关系?

第8章

# 现代港口物流管理信息系统

## 引导案例：马士基——港口堆场信息管理系统应用

全球最大的海运及综合物流公司——马士基集团，是较早应用信息手段进行货运信息及堆场集装箱信息管理的物流企业。早在20世纪90年代，马士基中国总部和位于国内各城市的分公司就已经开始使用堆场信息管理系统。在当时，这些系统无疑都是提升马士基竞争力的重要因素。但随着马士基在中国及亚太地区的业务不断发展，原有的堆场信息管理系统开始显得力不从心，已经无法适应新增业务带来的挑战。

因此，马士基的信息管理系统必须进行整合升级，否则业务和员工管理都将受到严重阻碍。尽管马士基的信息管理系统走在同行业前列，但由于所有系统都是分开独立建设，各系统间缺乏必要的协作和沟通，在业务量不断增大的今天，马士基不得不直面一系列重大障碍。

首先，原有的堆场信息管理系统、客户订箱系统及航班信息系统都是相对独立的。客户往往需要登录多个系统才能查询和预定当前可用空箱，船期（轮船班次）查询则需进入另外的系统。马士基港口堆场集装箱客户服务部门急需一个既能够进行集装箱堆场分配操作、处理客户日常订单，又能实时掌控堆场集装箱实际情况的整合系统。

其次，旧的信息系统不具备预测功能，无法预测未来几天乃至未来几周内的堆场存储情况，这就容易导致各堆场的分配不均衡，造成资源浪费或者某一时段个别堆场的可用存储量紧张，不易于管理集装箱和选择提箱堆场。

与此同时，由于马士基在各地区的堆场中存放三种不同来源的集装箱：马士基公司自己的集装箱，运抵马士基相关港口堆场属于其他公司的集装箱，以及马士基向其他公司租借使用的集装箱。对这三个来源的集装箱的利用率是不同的，而原有系统不能够自动生成推荐的港口堆场，无法合理利用这三类集装箱资源。

此外，随着不断增长的数据信息处理容量，以及业务处理对信息系统功能需求的不断增加，原有系统的功能已凸显陈旧，急需更新换代以适应公司的业务和管理需求。

为解决因信息管理手段带来的对业务的制约，马士基集团（香港）有限公司决定选择并委托一家专业的软件开发公司，重新规划、开发并实施一套新的港口堆场信息管理系统（Maersk Equipment Module System）。经过反复考察筛选，马士基最终选择已经有过成功合作经验的上海微创软件有限公司进行新系统的构建和实施。

在接到项目以后，微创对物流行业及马士基公司的业务现状以及各机构间的信息共享需求进行了深入调研和分析，并与最终用户进行了详尽的交流与沟通，提出新的管理系统应当体现出整合、简化操作、实时监控及智能查询的思路，得到了马士基公司的肯定。

在此思路下，微创基于 Internet 的 Web 应用模式，采用 B/S 结构和 ASP. NET 技术，并且使用微创的软件开发平台，为马士基开发出新的港口堆场信息管理系统，如图 8-1 所示。系统通过数据接口从现有的马士基其他系统中获取相关堆场各种集装箱的数量及存储状况数据，进行汇总计算出各堆场的实时集装箱状态数据（Depot Balance Stock）。此外，系统还可以根据系统预设的客户编号、轮船班次与各种集装箱的到港、离港预测等数据信息设定提取集装箱的计算规则。当用户登录系统选择相关订单后，系统可以通过预设的规则计算推荐最合理的提箱堆场分配建议。提箱单上整合了条形码打印的技术，使系统生成的单据可以直接用于各个堆场进行提箱确认。该系统的应用服务器端安装在马士基集团（香港）有限公司，采用区域控制的方法管理用户所在地的港口堆场信息，使系统可以不受地域限制，应用于马士基在香港、深圳及其他城市的多个港口。

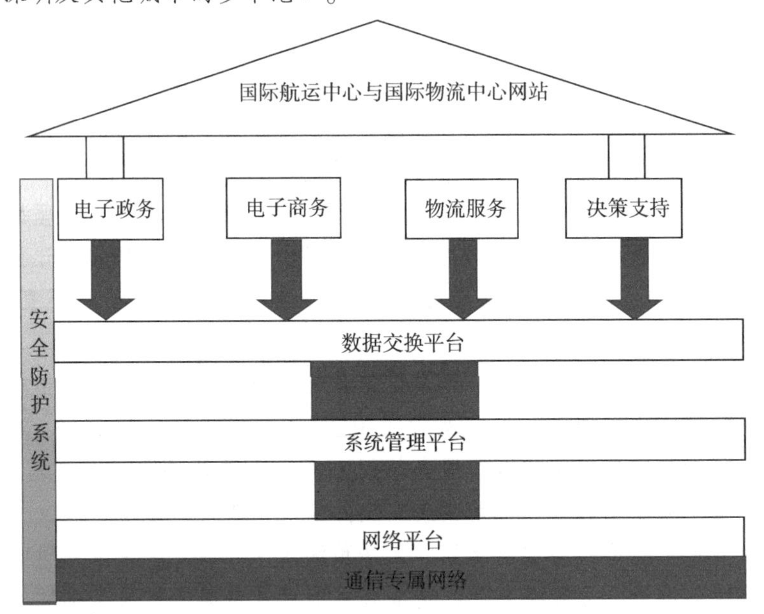


**图 8-1　马士基港口堆场信息管理系统**

**思考题：**马士基港口新的堆场信息管理系统应用给马士基集团带来巨大变革，对我国其他港口的现代化发展有何借鉴意义？

# 8.1　现代港口物流管理信息系统概述

## 8.1.1　现代港口物流管理信息系统含义

现代港口信息系统，是指对港内业务能全方位、整体性地支持，对港口伙伴群体能实现电子化、自动化信息交换的信息系统。伴随着信息与网络技术的飞速发展，现代社会已经进入了信息社会，人们的生活、工作、学习无不与信息技术产生了密切联系。随着信息技术的迅速发展，管理信息系统（MIS）也得到了迅猛发展。物流管理信息系统（Logistics Management Information System，LMIS）在物流领域中正逐步成为广大物流企业广泛应用的软件之一。LMIS 是应用于物流领域的计算机管理信息系统，是一个辅助管理人员进行管理和决策的人机系统，它综合应用了信息技术、网络技术、计算机技术、物流管理技术和决策技术。物流管理信息系统是一种人机交互系统，由人员、计算机软硬件、办公设备、网络通信设备及各种信息技术共同组成，其主要功能是进行物流信息的采集、存储、加工及传输等工作，并为物流管理者及相关组织管理人员提供必要的战略决策支持，从而达到优化战略、降低成本、提高效率和保证服务质量的目的。

## 8.1.2　现代港口物流管理信息系统特点

现代港口物流管理信息系统主要负责计划、组织、指挥、监督与调节的港口物流活动的信息化管理，具有六个显著特征。

### 一、以满足顾客需要为首要目标

现代港口物流管理以注重服务质量为生命。开发现代港口物流管理系统是实现物流企业完成物流整体规划、方案设计、信息搜寻、跟踪、反馈及满足客户个性化需求所必须达到的技术要求。

### 二、标准化管理

为实现港口物流企业管理的信息化和标准化，物流管理信息系统应具备可与公司内部其他系统相连接的性能，且系统不仅要在企业内部实现数据的整合和顺畅流通，还应具备与企业外部供应链各个环节进行数据交换的能力。同时，系统还需考虑与国际通行的标准接轨。

### 三、反应及时准确

物流管理信息系统必须能够及时快速地反馈正确的信息，以便于物流企业根据信息准确地下达工作指令并运行。

### 四、安全性要求高

企业内部网、因特网的连接和使用带来了大量的安全隐患。随着系统开发的不断深入，特别是网上支付的实现、电子单证的使用，安全性问题成为物流管理信息系统目前亟待解决的问题。

### 五、检测纠错能力

为保证数据的准确性和稳定性，系统应在各模块中设置一些检测小模块，对输入的数据进行检测，以便把一些无效的数据排除在外。

### 六、可扩展性和灵活性

物流信息系统应具备随企业发展而发展的能力。在建设物流信息系统时，应充分考虑企业未来的管理及业务发展的需求，以便在原有的系统基础上建立更高层次的管理模块。同时还要充分考虑系统的灵活性、适应性和可移植性。

## 8.1.3 现代港口物流管理系统构建目标

现代物流管理信息系统的设计是以计算机技术为支持，通过对物流配送的各环节进行有限的资源最优配置，即系统把实用性、准确性、安全性、开放性、高效性及可扩展性作为系统开发的总体目标。构建现代港口物流管理信息系统有五个目标。

### 一、实现对物流进行全过程的监控

港口物流企业应通过现代管理信息系统方便地跟踪产品流动的各个环节，通过各种信息技术快速准确地获得即时的信息，以便进行物流信息的分析和统计，做出新的业务策略。例如，各级使用人员能够方便地了解和跟踪每个物流动作状况；运输和配送调度人员随时可以掌握物料的配送状态和位置，及时对物料的配送进行相应管理；仓库管理员可以随时电子盘点出货物的存放位置和数量，对货物的仓储加工情况进行跟踪与监督；中层管理人员可以通过系统了解物流各个环节的实时状况，及时对物流运作过程中存在的问题进行干预和调整；高层管理人员则可以通过系统了解公司生产经营状态，掌握企业运行成本变化情况，为下一步决策提供依据，使整个物流运作透明化。

### 二、尽量减少库存，提高企业经营效率

港口物流企业应借助物流管理信息系统，不必再像以往那样为应付客户的突然需求而设立大量库存，从而降低库存的总体水平、增加企业的资金流量，实现降低成本的目标。

### 三、规范企业物流管理活动

物流已被视为企业的“第三利润源”，物流企业追求的全部物流环节的一体化管理，使各部门各负其责并密切协作，有效地支持公司的整体物流服务，特别是港口物流企业应快速与港口对接，达到服务规范有序，实现高效的管理。

### 四、建立综合物流配送信息查询平台

从配送的供应链结构来分析，货品的运输、仓储、配送的信息采集都要做到实时。信息流处理是其业务处理体系、营销体系和物流服务体系的纽带。

### 五、系统可扩展

系统的可扩展性包括两个层面：空间上的可扩展性和时间上的可扩展性。空间上的可扩展性是指系统能够实现不同地理位置上的规模拓展；时间上的可扩展性是指当用户需求、技术进步及企业组织结构随着时间的变化而变化时，系统能够对现有的某些功能模块进行改造

或增加某些功能模块，以适应新的变化。

总之，港口物流管理信息系统的最终目标是充分发挥信息系统的功能优势、提高港口物流企业的物流服务水平、降低物流的总成本，以最少的费用提供最好的物流服务，使企业获得真正的实效。

### 8.1.4　现代港口物流管理信息系统的信息技术基础

#### 一、条形码技术

条形码技术（Bar Code Technology，BCT）是一种自动识别技术，它是在计算机的应用实践中产生和发展起来的。条形码是将宽度不等的多个黑条和空白按照一定的编码规则排列，用以表达一组信息的图形标识符。物品的商品名称、生产日期、制造厂家、生产国、图书分类号、邮件起止地点、类别及日期等许多信息都可以由条形码来标示出来，因而广泛地应用在图书管理、邮政管理、商品流通及银行系统等许多领域。条形码技术利用黑白条纹对光的反射率不同，使扫描光线产生不同的反射接收效果，形成可以传输的电子信息。BCT是迄今为止最经济、实用的一种自动识别技术，具有五个优点。

（1）高可靠性。以出错率来衡量，键盘输入为三百分之一，光学字符识别技术为万分之一，而采用条形码技术则低于百万分之一。

（2）高效率。条形码的读取速度相当快，每秒大约40个字符。

（3）低成本。条形码技术设备投入相当少，只需要一小张贴纸，识别时也只需要构造简单的光学扫描仪，这样可以最大程度节约成本。

（4）易于制作和操作。条形码的编写很简单，有利于信息的标准化，使用方便。

（5）灵活实用。识别时可进行手工输入或采用自动化识别技术，有利于信息读取的自动化。

目前世界上常用的码制包括UPC条形码、EAN条形码、二五条形码及128条形码等多种条形码。其中EAN条形码是商品上最常使用的，也是我国采用的通用商品条形码。EAN条形码又分为EAN-13和EAN-8两种。EAN-13是EAN条形码的标准版，一般由前缀码、制造厂商代码、商品代码和校验码组成。其中，前缀码是用来标识国家或地区的代码，由国际物品编码协会赋码；制造厂商代码用来标识商品的制造厂商是哪一家，由各个国家或地区的物品编码组织赋码（我国制造厂商代码由国家物品编码中心统一分配、统一注册）；商品代码用来标识商品，由产品生产企业自己赋码，以保证该企业制造的不同商品编码都是唯一的；校验码负责校验前面12位代码的正误，只有1位。

条形码的识别需要扫描设备。扫描设备利用自身光源照射条形码，再利用光电转换器接受反射的光线，将反射光线的明暗转换成数字信号而后进行识别。常用的扫描设备有手持式扫描器、台式扫描器及激光快速扫描器等。放大倍率也影响着条形码的识别，需保证印刷精度以满足识别要求，否则将增大条形码识别难度和错误率。BCT的应用实现了采集数据快速准确，加速了物流信息化、标准化和自动化的进程。

#### 二、无线射频识别技术

无线射频识别技术（Radio Frequency Identification，RFID）是一种非接触式的自动识别技术，以无线信道作为传输媒体，利用射频信号的传输特性进行识别。

RFID 系统一般由电子标签和阅读器组成。电子标签是承载数据使用的，其种类很多，有需要电源的，也有不需要电源的，使用频率和封装形式也各不相同；阅读器又称为读出装置，可以通过天线无接触地从电子标签中读取和识别数据，将采集到的数据传回计算机控制中心进行处理。

RFID 系统的优点很多，主要包括不局限于视线、识别距离远、数据读写功能、数据存储功能、难以伪造并有一定智能性等。RFID 非常适合于物流系统的物料跟踪、运载工具和货架的识别，满足非接触式数据的采集和交换的需求，从而实现减少人工输入、提高管理效率的目的，进一步加速了国际物流信息化的进程。

### 三、电子数据交换技术

电子数据交换（Electronic Data Interchange，EDI）是指按照统一、公认的标准格式，将标准信息通过通信网络传输，在贸易伙伴的电子计算机系统之间进行数据交换和自动处理的技术。EDI 与普通电子邮件的区别在于它的信息交换是在两个或更多的企业或机构间进行。

使用 EDI 的主要优点有降低成本，降低了纸张文件的消费；方便高效，减少了许多重复劳动，提高工作效率；迅速准确，使得贸易双方能够以更迅速、有效的方式进行贸易，大大简化业务流程，使双方能充分利用各自的人力和物力资源；交流直接有效，可以进一步改善贸易双方的关系，有利于客户工厂、物流企业准确地进行决策分析，提高他们的竞争能力。EDI 的发展极大地促进了各行各业的发展，对物流业的促进作用尤为明显。例如，运输过程中，采用 EDI 能实现货运单证的电子数据传输，港口可以及时做好准备，充分利用运输设备、仓位，为客户提供更高层次和更快捷的服务；仓储时，可加速货物的提取及周转，减缓仓储空间紧张的矛盾，从而提高仓库利用率等。EDI 的使用进一步加速了物流信息化、标准化和网络化的进程。

### 四、地理信息系统

地理信息系统（Geographic Information System，GIS）的任务是对全球有关地理分布数据进行采集、存储、管理、运算、分析、显示和描述。GIS 的覆盖面广，研究内容丰富，可将不同区域的 GIS 组合起来形成范围更加广泛的综合系统。

相比传统地图系统，GIS 具有多维空间地理信息可视化、方便灵活的查询和信息交流、空间数据的分析和演算及信息叠加和融合等优点，可以通过数据的综合和分析实现地理空间过程演化的模拟和预测。

GIS 的强大功能在物流管理中得到了广泛应用，对促进物流管理起到了重要作用。例如通过 GIS 系统的空间数据运算能力，结合客户分布位置，配送网点位置和交通状况，可自动安排最优配送路线；利用 GIS 强大的地理数据功能，可提高物流分析技术等。GIS 的使用进一步加速了物流信息化、智能化和网络化的进程。

### 五、全球卫星定位系统

全球卫星定位系统（Global Positioning System，GPS）是美国研制的卫星导航与定位系统，具有海、陆、空全方位实时三维导航与定位能力。用户的 GPS 卫星信号接收机只需同时接收四颗以上卫星的信号，即可计算出用户的时间、位置和速度。

使用 GPS 的主要优势有：不受任何天气的影响；全球覆盖面广，覆盖率高达 98%；精度高，七维定时定点定速；速度快、效率高；系统应用广泛、功能多；可实现移动定位。

通过 GPS/GIS 系统的结合使用，能够对物流实体在时空上的位置进行准确定位，物流企业可以实现对在途运输车辆的跟踪和监控，实时得到车辆的在途位置和状况信息，并进行适时的导航，实现对车辆的动态调度，提高物流效率。GPS 的使用具有划时代的意义，进一步加速了物流信息化、智能化、自动化的进程，使港口和物流企业在服务上、管理上登上了新的台阶。

### 8.1.5　现代港口物流管理信息系统构建的模式

在设计港口物流管理信息系统时，首先应考虑该信息系统所采用的模式，然后考虑开发方法，进而确定开发环境，选用合适的开发工具。目前主流的信息系统平台的系统模式有两种客户机/服务器（Client/Server，C/S）模式与浏览器/服务器（Browser/Server，B/S）模式。

客户机/服务器模式中服务器通常采用高性能 PC、工作站或小型机，并采用大型数据库系统，如 Oracle、Sybase、Informix 或 SQL Server；客户端通常需要安装专用的客户端软件。C/S 模式的优点是客户端响应速度快，通常一些工作要在客户端 PC 上完成，服务器相对安全性高。

浏览器/服务器模式中服务器分为 Web 应用服务器和数据库服务器，数据库服务器上安装 Oracle、Sybase、Informix 或 SQL Server 等数据库；客户端通常不需要安装专用的客户端软件，只需要一个通用的浏览器（例如 IE），就可以实现客户端数据的应用。

**一、传统两层 C/S 结构的缺点**

传统两层 C/S 模式比较适合在规模小、用户较少的企业实行。除此之外，它只局限在局域网环境下运行，不支持 Internet。但是，随着企业的规模不断扩大、管理信息系统的功能不断增加，对信息管理的要求也越来越高，信息共享不再是一个企业内部的问题了，这种两层结构的应用模型已不能适应。它的主要缺点有：扩展性差；程序的升级维护难；客户端应用程序负载大；客户机管理数量、位置受限。传统的 C/S 模式已经不能满足企业的需要。

**二、三层 B/S 结构的特点**

三层 B/S 模式由浏览器、Web 应用服务器、数据库服务器三个层次组成。第一层为浏览器层，用于客户端，该层通过 IE 等 Web 浏览器实现物流信息的浏览和各种物流指令的下达；第二层为 Web 应用服务器层，其实现的是应用逻辑处理和信息表示，接受来自客户端的指令申请并进行处理，而后将处理结果返回给客户端；第三层为数据库管理层，对各种物流数据信息进行分布式集中管理，以实现物流数据信息的存储、查询与更新等操作功能。

### 三、系统采用 B/S 三层模式的优点

(1) 系统具有良好的灵活性和可扩展性。对于港口物流管理信息系统而言，其港口建设环境和应用条件经常变动，为了能使各个仓库和运输与配送中心达成良好的沟通，使用该模式可以灵活地在各地方、各部门运用系统完成数据更新和查询等工作。

(2) 系统具有良好的可共享性。物流系统面向各类用户，无论企业高管、财务人员、系统管理员、仓库管理员及运输与配送调度员都可以根据权限分配共用一个系统，良好的网络平台通过用户权限认证实现共享数据的匹配操作。

(3) 系统具有良好的安全性。在这种结构中，客户应用程序不能直接访问数据，Web 应用服务器不仅可控制哪些数据被改变和被访问，而且还可控制数据的改变和访问方式。

(4) 系统具有良好的重复可用性。系统将具有特定功能的企业逻辑程序代码进行封装。随着组件技术的发展，这种可重用的组件模式越来越为软件开发所接受。

(5) 系统具有良好的稳定性、延展性、执行效率及容错能力。

## 8.2 现代港口物流管理信息系统需求分析

### 8.2.1 系统的功能需求

现代物流管理信息系统的信息处理在服务器端，客户端只需运行统一的浏览器软件，整个供应链节点上的各个企业都能很方便地实时共享信息。现代港口物流管理系统工四个功能模块：决策管理模块、作业管理模块、客户管理模块和系统管理模块。现代港口管理信息系统基本架构如图 8-2 所示。

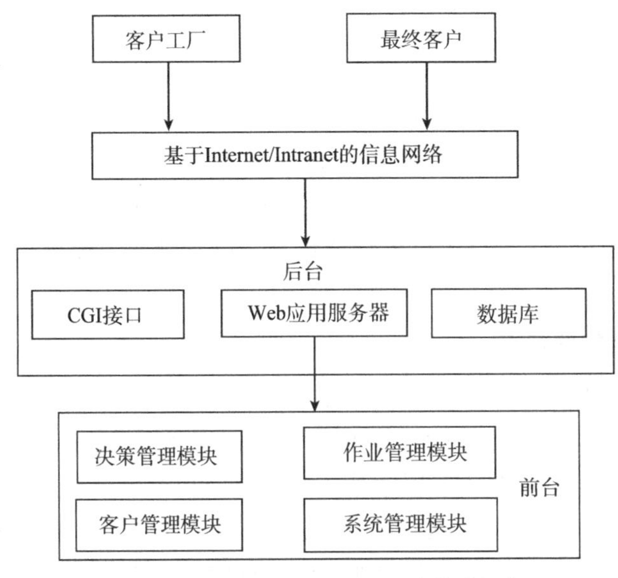


**图 8-2 现代港口管理信息系统基本架构**

### 8.2.2 系统各模块功能需求分析

根据实际需求，港口物流管理信息系统由决策管理模块、作业管理模块、客户管理模块和系统管理模块四个模块构成。其中决策管理模块包括决策分析、合同管理和计划管理子系统，作业管理模块包括货代管理、运输管理、仓储管理、配送管理和经营管理子系统，客户管理模块包括客户管理和客户服务子系统，系统管理模块包括基础设置和系统维护子系统。

**一、决策管理模块**

（1）决策分析子系统。该系统主要目的是供给公司高层或各部门主管领导分析决策使用，主要包括以下方面的业务：分析资源使用情况；分析各作业单元的阶段性作业情况；各种作业管理数据分析；定期进行物流分析及预测；回收款项业务完成情况及指标完成情况。

（2）合同管理子系统。该系统主要业务：各种物流服务解决方案的价格设置、修改和审核；各种物流服务解决方案的设置、修改、审核和查询；合同资料的录入、修改、审核和查询；订单的生成、修改、审核和查询。

（3）计划管理子系统。该系统主要业务：计划指标设置和计划分析。其中计划指标设置包括运输计划指标、仓储计划指标、配送计划指标、回收款项等计划指标的设置、修改、审核和分析统计；计划分析包括按客户分析、按区域分析、按产品分析、按时间段分析等。

**二、作业管理模块**

（1）货代管理子系统。货代主要负责代理有关货物运输、报关、仓储及装卸等事宜，前提是货主和货代签订有法律效应的委托书。对于货主来说，他是承运人；对于运输企业来说，他又是托运人。港口物流企业遇到国际贸易时，也会部分或全部承担货物代理责任，在港口物流管理信息系统中特别加入此项功能，是港口物流企业的实际需要。

（2）运输管理子系统。运输是物流的基本形态之一，港口物流更是如此。在现代的物流活动中，运输已不再是单一的、与其他业务分离的物流活动，而是构成供应链服务的中心环节。港口物流企业应借助港口特殊的地理环境发挥其运输优势，使货物能够迅速、准确、安全及经济地运输到仓储地点。这就要求港口物流企业准确掌握运输活动中发生的大量信息、具备满足企业种种条件要求的运输手段设施、提供货物运输及保管信息等多种运输服务等。同时，港口物流企业必须对自己的物流服务进行分析，尽量差异化，并降低成本，保持价格优势。

（3）仓储管理子系统。仓库是港口物流企业进行货物暂存的场所。绝大多数港口物流企业都是由单一的港口仓储企业发展而来的。仓储管理子系统还包括仓库管理、入库管理、出库管理和库存管理等子系统。港口物流企业独具特色的是库存管理模块，它不仅仅包括原有仓储管理的货品盘点、移库处理及损益处理等功能，还包括了具有港口特色的货物再加工、散货包装及整装拆箱等业务，而这些业务也都成了港口物流企业的增值服务。

（4）配送管理子系统。物流配送管理要实时与仓储管理、配送调度及配送监控进行数据交换，同时还要和客户工厂、最终客户等进行数据交换。基于以上分析，港口物流管理信息系统的配送管理子系统必须包括港口信息技术、完善的物流信息网络系统、综合物流配送信息查询平台、有效的物流在途跟踪系统、高效的数据管理及应用系统等条件的支持。

（5）经营管理子系统。港口物流管理信息系统的经营管理子系统包括各作业管理中使用的单证管理、财务结算、查询统计及报表输出等功能。

**三、客户管理模块**

港口物流管理信息系统的客户管理包括客户管理和客户服务两个子系统，而客户管理子系统中又有客户工厂和最终客户两种基本客户类型。

**四、系统管理模块**

港口物流管理信息系统的系统管理包括基础设置和系统维护两个子系统。基础设置包括用户的设置和管理、各种基础设施的设置和管理功能，系统维护包括系统日志、系统备份和还原功能。系统将用户分为四类。

（1）企业一般职员。此类用户主要是运输和配送调度员、仓库管理员、本公司货代或公司文员，这类用户是系统的主要用户，他们利用该管理信息系统对各个物流环节、日常工作分别进行管理，看似相互独立却又紧密联系。对执行相同功能的不同职员也可以进行分组管理。

（2）企业高级管理人员。此类用户主要负责对物流整体各环节业务进行监控和管理，特别涉及决策管理、经营管理等模块功能的使用。

（3）系统管理员。系统管理员主要负责维护登录系统的用户数据、分配用户权限、对数据库系统中各种业务资料数据和各种空间位置数据进行及时的维护与更新等。

（4）网页浏览者。港口物流管理信息系统是B/S模式下开发的软件，拥有Web应用服务器，支持网页浏览，对网页浏览者显示为介绍企业基本情况的网页。网页浏览者无权访问企业物流业务，所以支持网页浏览者匿名访问。

对应于以上四类用户，相应地对系统设置四类操作权限。

（1）企业一般职员权限：这类用户使用系统进行货代管理、运输管理、仓库管理及配送管理等作业管理，可修改业务相关数据，但是不具备新建用户、修改口令及分配用户权限等高级功能。

（2）企业高级管理人员权限：具有发布决策命令、直接干预财务结算过程等控制权限。

（3）系统管理员权限：具有系统统计查询，新建、删除、更新系统用户及分配用户操作权限等管理权限。

（4）网页浏览者权限：开通Web应用服务器的部分浏览功能，了解企业基本情况，可与企业进行在线互动。

### 8.2.3 基于现代港口物流管理信息系统的总体功能模块

现代港口物流管理信息系统跟踪港口物流企业从签订合同到集港、运输、仓储、配送及财务结算等的全部业务流程，系统总体功能层次图如图8-3所示。

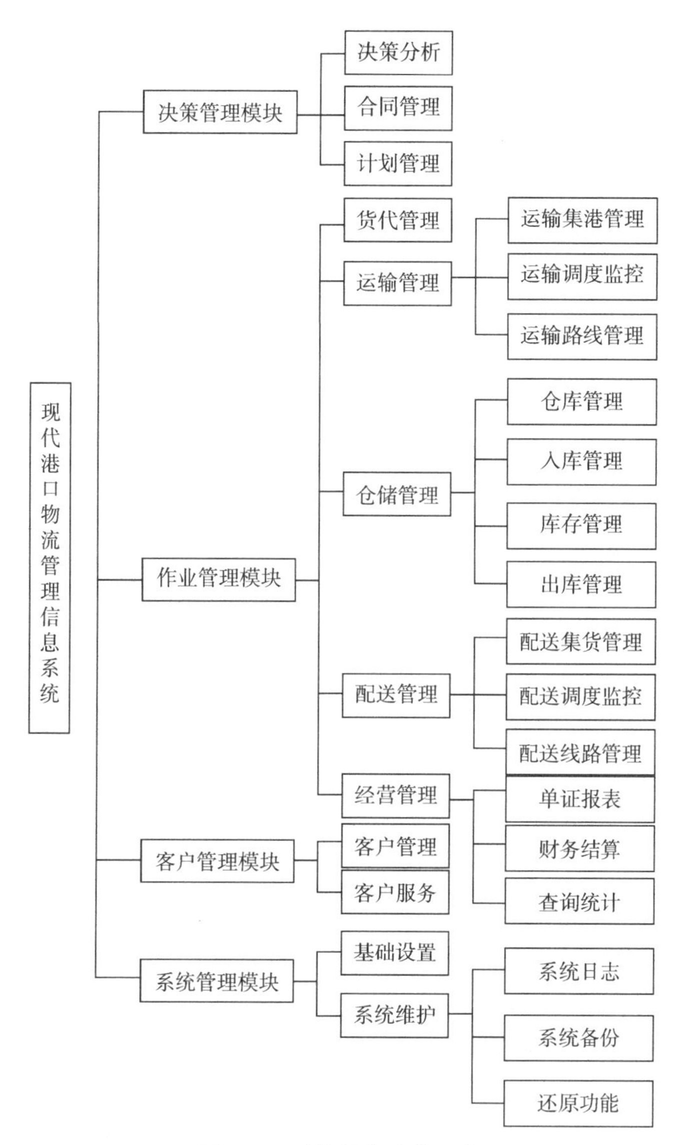


**图 8-3　系统总体功能层次**

图 8-3 综合反映企业日常生产经营活动、价值流转物流和资金流循环流动轨迹，累积企业物流管理决策所需要的管理和控制信息，全面提升企业管理水平。

## 8.3　现代港口物流管理系统数据流图

### 8.3.1　数据流图概述

数据流图（Data Flow Diagram，DFD）是一种用来表达数据在系统内部的逻辑流向和逻辑变换过程的图形，可以体现系统的逻辑功能，是结构化系统分析方法和软件模型的主要表达工具。数据流图有四个基本元素。

（1）外部实体（数据源或终点）是指系统以外的与系统有联系的人、事物、机构或部门及其他系统或设备，通常用一个正方形并在其左上角外边另加一个直角来表示。

（2）数据处理（加工）表示对数据的处理和加工活动，接收一定的数据输入，对其进行处理并产生输出，使数据发生改变，通常用一个圆角矩形表示。

（3）数据存储是数据的静态形式，用来表示任何存储设备对数据的存储。

（4）数据流表示数据的流向。数据流是数据在系统内传播的路径，是数据处理的数据来源和结果，可以通过数据流将某个数据处理连接到其他的数据处理，或连接到数据存储、外部实体，通常用空心箭头表示。

为准确描述数据流图，特对图形符号进行了标准定义，如表 8-1 所示。

**表 8-1　数据流图基本图形符号**

| 图形符号 | 说明 |
|---|---|
| 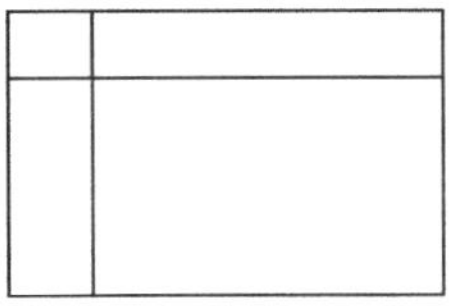 | 表示外部实体，如客户、海关等 |
| 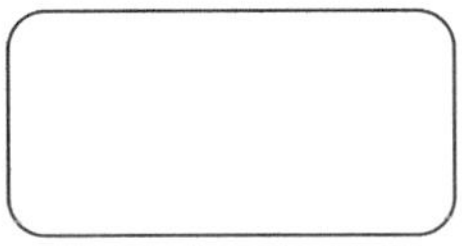 | 表示数据处理 |
| 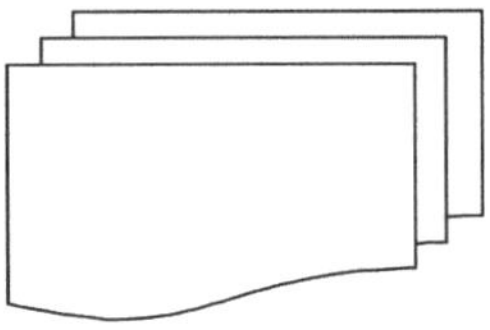 | 表示数据存储，如订单、各类单证 |
| 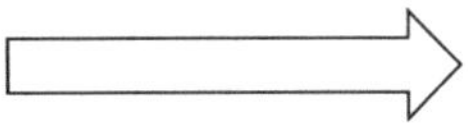 | 表示数据流 |

## 练习题

1. 现代港口物流信息系统的特点和目标是什么？
2. 现代港口物流信息系统的信息技术基础是什么？
3. 现代港口物流信息系统的构建模式是什么，分别有什么优缺点？
4. 现代港口物流信息系统的功能需求主要有哪些内容？
5. 数据流图的四个基本元素是什么？

# 第9章

# 现代港口物流系统与供应链

## 案例引导：基于供应链管理的煤炭港口发展新思路

煤炭供应链管理需要通过专业化的服务企业完成，这个服务企业既不是一个简单的流通商，也不是一个简单的加工商，而是一个供应链管理的综合服务商。

自从有了煤炭的需求，煤炭供应链就存在了。煤炭的消费拉动了煤炭产品由煤炭生产企业到煤炭消费企业，即商流带动了物流、信息流和资金流。“煤炭供应链”应该涵盖整个煤炭流通领域，也就是包括我们所说的铁路、公路运输，以及海运、库存、交易、加工、信息、资金等。

煤炭供应链管理研究的是由专业化的服务企业通过资源集结的方式，将煤炭供应链各个价值节点高效地连接起来，把煤炭供应链的上下游连接起来，通过物流、资金流、信息流和流通加工等服务，为消费者终端制定和组织实施个性化解决方案，也就是我们通常所讲的，把所需要的正确产品在正确的时间，按照正确的质量、数量要求和在正确的状态下，送到正确的需求地点，来实现煤炭供应链的价值最优、成本最低。

煤炭供应链管理的本质是什么？就是服务。煤炭供应链从最初的煤炭坑口，一直到电厂等煤炭需求终端，通过把煤炭资源运输到港口，再通过信息流、资金流和商流的推动，通过加工，配置成用户需要的标准化或个性化的需求产品，达到用户和设备性能匹配性、煤炭指标一致性、运输技术上的可靠性以及经济上的合理性，从而满足客户最终的要求。整个过程是一个供应链的管理过程，同时也是一个价值提升的过程，供应链管理的服务就在其中。

与之同步的是网络，供应链的网络大致分为三个部分，即社会网、物联网和信息网，所有企业均处于企业和产业的价值链上，每两个相邻企业都是供需的关系，横向看为同一节点的同类企业，彼此之间是相互补充、优势互补的。

港口物流实施煤炭供应链的管理，关键在于依托港口的中转功能，来提升综合服务的能力。因为在满足客户需求、在把煤炭最终转到客户手中之前，有许多服务工作单靠港口、煤炭企业或铁路运输都是不可能完成的。港口是一个重要的节点，吸引各类合作的单位、服务企业，共同集结资源来打造一个平台，提升港口综合服务能力。这样就和上、中、下游结合成了一个很好的供应网络，为所有的煤炭下游用户提供专业化、标准化和个性化的智能服务，来满足客户最终的需求。

港口服务中的这么多内容，最终要靠大家一起完成，但也要靠一个核心的企业来统筹。这个企业就是煤炭供应链管理服务商，也就是港口。

港口要实现煤炭供应链的管理，把服务搞上去，使价值得到充分的释放。为此，我们研究港区联动，即物流园区、港口和港口之间的联动，港口和铁路的联动等，从而综合取得供应链一体化效果。

**思考题：**根据本案例并结合本章的知识，煤炭港口供应链管理应主要抓好哪几方面的工作？

## 9.1 港口物流系统及其特征

### 9.1.1 港口物流系统

所谓“系统”是相对环境而言的，它要求把所研究的对象或过程理解和作为一个由各部分组成的相互联系、相互作用的有机整体。一般来说，系统可定义为极其复杂的研究对象，即内部相互作用和相互依赖的若干组成部分（常称为子系统）结合而成的具有特定功能的有机整体，而且这个整体本身往往又是它所从属的更大系统的组成部分。

所有的系统，无论大小、简单还是复杂，都具有四个条件：

(1) 系统整体由两个或两个以上的要素组成；

(2) 各要素间相互联系，使系统保持相对稳定；

(3) 系统是相对于环境而言的，环境的制约是系统形成和存在的条件；

(4) 有一定的结构保持着系统的有序性，使系统具有特定功能。

物流系统是指在一定的时间和空间里，由所需位移的物体与包装设备、搬运装卸设备、运输工具、仓储设施、人员和通讯联系等若干相互制约的动态要素构成的、具有特定功能的有机整体。物流系统的目的是实现物资的空间和时间效益，在保证社会再生产顺利进行的前提下，实现各种物流环节的合理衔接，并取得最佳的经济效益。

物流系统是由运输、储存、包装、装卸、搬运、配送、流通加工及信息处理等基本功能要素构成的各个基本环节所组成的。输送、储存、搬运、装卸、包装及物流情报等都是外部环境向系统提供的输入，系统对这些输入的内容进行处理转化，而后将其送至客户手中，就是全系统的输出，即物流服务。

港口物流系统是指由提供港口物流服务的码头设施、仓储设施、集疏运条件、运输车辆、搬运设备和工具、通信设施和网络、港口作业及管理人员、口岸配套服务设施体系和港口后方物流园区、基于供应链的港口物流系统规划研究中心、集疏运系统及其信息系统等相互影响、相互制约的若干动态要素组成的具有特定功能的有机整体。简单来说，港口物流系统是由港口物流基础设施、设备与工具、物流信息系统、集疏运系统、生产运作与管理及口岸服务支持系统等构成的动态的有机整体。

港口物流系统不是单一要素或少数几个要素所能构成，也不是在传统意义上所理解的港口设备、仓库和车辆等的简单相加，而是由相互作用、相互影响和产生共同效应的子系统在效能集成的基础上形成，是由一系列与之配合的子系统组成的完整系统。

### 一、临港产业系统

临港产业系统是现代港口物流系统的重要组成部分，主要由港口附近的物流增值服务企业、中介及配套的服务企业以及临港加工贸易企业等组成，是港口经济发展的切入点和潜在动力。

### 二、区位环境系统

区位环境系统由港口区位条件和自然地理条件组成，是自然、经济和社会等因素的总和。自然环境由港口自然地理因素决定的港口区位条件和自然条件组成，主要包括港口区位条件、港区陆域面积及岸线条件、港口锚地条件和气象、水文、地质、泥沙、潮汐等综合天然条件；经济环境是市场需求、技术发展、经济政策、经济体制、行业政策、产业链结构和经济周期等方面因素的总和；社会环境是文化环境、政治环境等方面因素的总和。

区位环境系统是港口物流系统运作的前提和基础，为港口物流系统的运作提供了基本的作业环境。

### 三、基础设施系统

基础设施系统由港口物流运作所必需的设施、装备组成，除了包括港口航道设施、码头及库场生产设施、辅助库场设施以及港口集疏运设施之外，还包括各类临港物流中心和物流园区等。

基础设施系统为港口物流的正常运作提供配套的技术装备和基础设施，是保障港口物流系统运作的基础条件。

### 四、物流运营系统

物流运营系统主要由港口物流的码头装卸、集疏港运输以及港口物流生产监控与调度等涉及港口物流运作的企业或部门组成。

物流运营系统是整个港口物流系统的核心，主要完成港口物流的计划、调度、控制和实施。它结合港口生产工艺特点和港口物流系统构成状况，通过综合运用现代信息技术和现代物流技术，优化港口物流业务操作流程，实现计算机辅助物流运营生产决策，是增强港口竞争力的核心资源。

### 五、物流信息系统

一个港口的现代化程度和发展水平的高低，在很大程度上取决于管理的信息化水平。世界各国都十分重视港口信息化的建设。作为国际物流链上重要的一环，港口的效率、服务水平及可靠性是非常关键的因素，信息与自动化技术不仅可以为港口物流过程提供良好的控制与管理，而且可以完善港口的功能，增强港口的综合竞争能力。

港口物流信息系统是现代港口物流管理的保障。港口物流信息系统是由覆盖或辐射港口物流系统，以及与港口物流系统运作相关部门或机构的信息支持系统组成的，是整个港口物流系统的“神经系统”。它利用现代信息技术和通信技术，保障港口物流运作相关部门或机构之间的有机联系，使得信息在港口物流各个环节交互和传递的畅通、高效、及时和准确，为港口的物流运作提供必要的信息支持。常用的物流信息系统有港口货运 EDI 系统、集装箱码头管理信息系统等。

许多港口已打造港口物流信息共享平台，即以港口为中心辐射区域内的物流企业，并为客户提供专业化的信息技术支持和服务，以协助建立高效的物流作业。港口物流信息平台主要包括数据交换系统、信息发布系统、电子商务系统、物流作业系统、辅助决策系统和安全管理系统等。

#### 六、集疏运系统

集疏运系统由与港口相衔接的水运航线、公路运输线和铁路运输线以及集疏运工具、装卸系统等构成，整体发挥着港口物流的集疏运作用，直接影响到港口物流体系的运作效率和效益水平，是增强港口辐射力和带动作用的关键环节。

#### 七、业务协调支持系统

业务协调支持系统也称港口物流管理系统，主要由政府监督协调部门、港口行政管理部门、海关联检部门和行业协会等组成。

业务协调支持系统是港口物流的业务纽带，主要负责港口物流系统运作的监督与协调、设备维护管理、后勤管理、市场信息管理以及人才培养等，为港口的发展创造良好的政策环境、市场环境以及人文环境等，通过政策引导、监督和人才支持等来保障港口物流系统的高效和畅通。

要实现港口物流系统的良好运行和发展，应考虑解决以下问题：一是在港口需求诱导和港口网扩张的同时，修正港口需求管理和港口行为，使之逐步向符合资源、环境的要求和方向转变；二是对港口资源、环境等现实的约束条件，采取经济、行政、法规等手段建立环境代价的修复与补偿机制，实现港口、环境和自然资源的互动；三是港口物流系统的供给应在满足近期需求的同时，考虑社会经济生态复合系统持续发展的整体和长期需要。

### 9.1.2 港口物流系统特征

港口物流系统除了具有一般系统的特征外，还具有五个特征。

#### 一、大量的货物集散性

港口作为供应链的起点和终点，是大量货物量的集结点。国际物流量的 90% 以上是由海运完成的。当需要对货物提供运输、仓储、加工、分拨、包装及信息等一系列增值服务即物流服务时，选择在港口这一货物集结点进行能取得最好的规模经济效益。

#### 二、明确的目的指向性

港口物流系统是为解决生产和消费空间（时间、性质）矛盾组合而成的，这是港口物流系统区别于其他经济系统的目标特征。它以满足客户需求为最终目的，以对港口相关的物流活动和物流信息进行有效的计划、组织、实施与控制为手段，从而实现货物在港的高效率、高效益的装卸、集疏和物流服务增值，因此具有明确的目的指向性。

**三、严格的时空序列性**

港口物流系统是由众多立体的子系统连接而成的、具有时间序列的整体系统。运输、装卸搬运、储存、包装、配送等环节都是由物流体、组织者、载体及线路和信息这些实体要素结合成具有特定功能的立体子系统，这些立体的子系统又按照不同具体需要连接成先后有序的整体系统。这一特征要求港口物流管理要特别强化空间布局和时间序列观念。

**四、动态的开放性**

港口物流系统不仅在内部有复杂的结构，而且和外部环境有着广泛而紧密的联系。构成系统的要素及其结构都受国民经济发展状况、科学技术水平、生产力布局、商流等因素的影响，并不断地根据外部环境的变化调整自己的要素组合和结构，通过自我调控实现从无序向新的有序的转换，求得和外部环境相适应。

**五．港口物流系统一体化**

物流系统一体化是以物流系统为核心的由生产企业经由物流企业、销售企业直至消费者的整个供应链的整体化和系统化。它标志着物流业发展到了一个高级、成熟的阶段。其目的是利用物流管理，使产品在有效的供应链内迅速移动，参与的各方企业都能获益，使整个社会获得明显的经济效益。

## 9.2　港口物流系统一体化

### 9.2.1　港口物流系统一体化的内容

**一、港口物流资源的一体化**

物流运作资源可以分为运输资源与仓储资源，并有其特有的整合方式。在一个物流系统中，这些资源都必须纳入一个系统中进行一体化设计和操作，通过不同环节物流作业的无缝连接，以最小的资源成本支出获取物流作业效率的最大化。

**二、交通基础设施一体化**

港口物流系统一体化的前提是交通设施一体化的建设。因为方便快捷、统一的交通网络体系建设，是确保港口物流系统一体化发展的重要前提和支撑。沿海港口地区由公路、水运、铁路、航空及管道等多种运输方式共同发展的综合运输体系所形成的交通网络，是物流总量快速持续增长的基础保证。但是由于缺乏站在区域全局高度的统筹规划，目前许多沿海港口地区的综合交通网络存在不少问题，区域内港口、高速、铁路和机场的衔接不畅，交通基础设施在行政区划之间存在无序竞争等，大大增加了港口物流企业的物流成本。在这种情况下，就有必要实现港口城市区域内基础交通的战略合作，进行交通一体化建设。

**三、港口物流信息一体化**

港口物流信息一体化是港口物流系统一体化的基础。物流资源的一体化运作离不开信息系统的支持。整个公司必须把掌握的所有运输资源、仓储资源及其他资源全都置于公司的信息网络系统之中，以使这些资源在物流企业内部变成运作支持系统。这些资源所有人各不相同，空间上分布很广，但都成为物流企业的后备资源。当然，这样的资源运作系统是动态的，需不断更新、完善。港口物流企业要提供一体化的物流服务，其物流信息系统就要与供应链上所有环节信息系统的数据共享，物流业务的运作就要涉及与众多部门如银行、税务、保险、海关、检验检疫、交通、交管及外贸等的协调。因此，港口物流一体化的进一步发展离不开港口物流信息化的建设。

### 9.2.2　港口物流系统一体化的相关理论

#### 一、复杂系统理论

复杂系统理论是系统科学中的一个前沿方向，是复杂性科学的主要研究任务。复杂系统理论注重运用还原论和整体论相结合的方法进行系统分析，这与传统还原论方法是不同的。复杂系统是一个非线性系统，不能根据某些局部特性抽象或形式地描述整个系统的特性，其内部关联复杂、具有大量交互成分，总体行为具有不确定性。复杂系统由大量具有适应性和主动性的个体组成，这些个体不断积累经验，靠不断变换它们的行为规则来适应环境。复杂系统中，每个特定的适应性个体所处环境的主要部分，都由其他适应性个体组成。每个主体在适应性上所做的努力就是要去适应别的适应性主体。

港口物流复杂系统的最终目标是满足客户需求，是综合物流服务链中的重要环节，为了达到在港货物高效率集疏、装卸和物流服务增值的目标，其对相关物流活动和物流信息进行有效的计划、实施与控制。港口物流复杂系统是物流、商流、信息流、资金流和人才流的集成，不只是港口装卸系统的延伸，而且是各项物流活动的集成，包括流通加工、仓储、运输、装卸、搬运和信息处理等。

物流运营子系统是保证整个系统高效率、高效益运作的关键因素，是港口物流复杂系统的核心，其他各子系统也相互联系、相互制约，不是孤立存在的。各子系统间的关系具体如下：自然地理子系统是前提，其对港口物流复杂系统的运营有制约作用；基础设施子系统是物质基础，为港口物流运营子系统的正常运行提供硬件环境；相关产业子系统是运用现代物流理念实现服务范围延伸、服务功能扩展的结果，体现了港口由传统运输中转节点向综合物流服务链的转变；物流信息子系统负责整个港口复杂系统中的信息收集、传递、处理和加工工作，保证系统的高效运作；协调支持子系统扮演着软环境的角色，主要负责政策引导、人才支持和管理监督工作。

#### 二、协同理论

协同理论是耗散结构理论的发展，它指出系统自组织现象从无序到有序转变，关键因素在系统内部，在于各子系统在一定条件下相互作用所造成的协同现象。协同理论分析系统演化的内在原因，对系统自发产生一定有序结构的过程进行研究，认为许多要素的协同作用超出单独要素的作用之和。

基于协同理论，假设港口群中各节点企业为达到有序状态而相互协作，因需求是影响港口物流系统演化的直接因素，各种资源会在需求出现时以节点企业合作的形式围绕需求组织起来，从而达到有序状态。这时港口物流系统的各节点企业拥有资源的种类和数量不同，会导致合作方式的差异，从而导致各种资源在企业间再分配方式的不同。

在港口物流系统管理中，协同是指在同一时空里，港口各节点企业为实现整体目标，同心协力、相互依存、共同工作和共同发展，是港口物流管理中最高级别的协作。港口协同管理目标是通过资源有效利用实现低浪费和高成就，追求效率和效果，是通过与其他港口合作使活动完成的更有效的过程。

三、博弈论

博弈论研究的是决策主体行为发生直接相互作用时的决策，并探讨这种决策的均衡问题。博弈行为的结果是互相依赖的，其主体是理性行为者，某个主体的回报依赖于其他主体的行为。

企业间博弈强调制定战略时要考虑对手的可能反应，对竞争对手的行动进行研究，并根据对手的反应或可能反应调整自己的战略行动，以达到领先于对手的目标。具体地说，它是研究决策主体的行为发生相互作用时的决策以及这种决策的均衡问题。在博弈模型中，根据全体局中人的支付总和是否为零，分为零和博弈与非零和博弈。如果在任一局势中，全体局中人的支付总和为零，则称该博弈为零和博弈，否则，称其为非零和博弈。根据局中人是否一体化，博弈还可分为一体化博弈与非一体化博弈。这两者的区别主要在于当博弈各方的行为相互作用时，各方能否达成一个一体化的协议。如果两个寡头企业之间达成了一个具有约束力的协议，联合最大化垄断利润，并且各自按这个协议生产，就是一体化博弈，否则，就是非一体化博弈。非一体化博弈强调的是个人理性、个人最优决策，其结果可能是有效的，也可能是无效的；一体化博弈强调的是团体理性，是效率、公正及公平，往往会产生 1+1>2 的效果。非零和博弈和一体化博弈的理论，给企业经营者以重大的启示，他们出于增加竞争优势、实现双赢的目的，从零和博弈转向寻求非零和博弈与战略联盟；通过有效磋商，协调彼此的资源，达成共同认可的有约束力的协议；通过各种不同的纽带组建企业联盟，分享联盟带来的收益，使个体理性与团体理性达到一致，希望在日趋激烈的竞争中，共同提高彼此的竞争力或分享市场份额。

### 9.2.3　港口物流一体化的类型

一、港口物流横向一体化

港口物流横向一体化指彼此相关的企业或经济单位为了共同的利益而自愿建立起来的一种比较稳定的经济关系，根据联合的紧密程度不同，可分为协作、集中和合并三种类型。

港口的横向一体化表现为网络带内部拥有共同经济腹地的港口之间的合作，也表现为港口货运有关的港口间的合作，亦是大型枢纽港的合并策略。港口作为全球供应链的重要环节，必须利用资本和技术手段在国际范围内实行合作发展，相互之间资源共享、优势互补，减少管理和技术开发成本。

（一）港口的横向整合实现形式

1. 松散联盟型整合

松散联盟型整合主要是实现港口间价格联盟，协调规划，共享港口航道、引航等公共服务和设施，以及共同研究开辟航班航线等。可根据产业的布局、都市圈、港口区位和运输特点等，以主枢纽港为龙头，由政府引导港口形成一个或多个联盟。获得成功运作的经验后，可逐步向紧密型联盟过渡。

2．资产纽带型整合

资产纽带型整合指在市场经济的前提下，在政府的引导下，各港口根据经营和运输货种的特色，通过资产或资本运作来实现港口的整合。比如对于同一区域两个竞争相当激烈的港口，在各级政府的引导推动下，两个港口（或两个码头）可以通过建立合资公司等形式实现资产重组和整合，实现有序竞争，从而提高整体竞争力。

3．跨江联动整合

跨江联动整合主要是指在各级政府的引导推动下，通过跨江联动开发来实现港口资源整合，最终以联动建设基础设施为基础，以联动开发产业园区为载体，带动临港产业的联动发展的新的开发模式，从而实现港口的互动协调发展。

4．运输系统型整合

运输系统型整合指根据港口主要货种存在多程运输的特点，港口主管部门通过整体布局的规划，来实现运输系统的整合。

**（二）实施港口物流横向一体化整合的措施**

1．合作为主，差异化发展

在港口物流市场中港口企业处于卖方，在市场竞争中必须遏止买方的优势，才能避免由于恶性竞争而给卖方带来的损失。各港口只有认识到这一点，才能积极主动地进行合作，并保持合作的持久、稳定和有效性。港口之间进行横向合作的难点在于不同港口对客户和货源的争夺，因此要求各港口在思想上达成共识，错开对同一目标的争夺，功能交错，相互补充，这是避免港口之间恶性竞争的有效途径。对港口而言，由于资源条件、港口腹地经济状况、产业布局和经济增长模式等不可能完全相同，因此，每一港口都可以打造自己的特色，发展自己的核心竞争力，提供具有不同特色的港口服务和物流服务。港口之间错开对同一物流链的争夺，从而可减小各港口之间的矛盾，也可提高对有限资源的利用效率。

2．合并和兼并

通过资产重组使合作伙伴合二为一，是横向一体化发展的最高形式，如新加坡港务集团与大连港的合作、上海港与武汉港的合作等。随着全球供应链的进一步发展，港口业兼并浪潮将愈演愈烈。

3．扩展港口横向合作的内容

港口可以通过共同投资建设航道、锚地等可以共同使用的设施，提高等级，扩大港口群的服务范围。如港口各种可以在港口之间移动的机械设备，也可以实现统一调配，提高这些设备的利用率。将各港口的库场子系统和集疏运子系统进行整合，可以克服由于土地资源和集疏运通道紧张所造成的瓶颈，为港口发展提供广阔的空间。通过对各港口信息系统的整合，可以实现信息共享，这是港口生产资源得到有效整合的重要基础，也是现代化港口生产的必然要求。

## 二、港口物流纵向一体化

港口物流纵向一体化指企业将生产与原料供应，或者生产与产品销售联合在一起的战略形式，也就是将经营领域向深度发展的战略。纵向一体化包括前向一体化和后向一体化。前向一体化战略是企业自行对本公司产品做进一步深加工，或对本公司资源进行综合利用，或公司建立自己的销售组织来销售本公司的产品或服务；后向一体化则是企业自己供应生产现有产品或服务所需要的全部或部分原材料或半成品。

### （一）港口物流纵向一体化优势

1. 经济性

采取纵向一体化战略后，企业将外部市场活动内部化，可获得内部控制和协调的经济性、信息的经济性、节约交易成本的经济性和稳定关系的经济性。

2. 有助于开拓技术

纵向一体化提供了进一步熟悉上游或下游经营相关技术的机会，这种技术信息对基础经营技术的开拓与发展非常重要。

3. 确保供给和需求

纵向一体化能够确保企业在产品供应紧缺时得到充足的产品供应，或在总需求很低时能有一个畅通的产品输出渠道。纵向一体化能减少上下游企业随意中止交易的不确定性。当然，在交易的过程中，内部转让价格必须与市场接轨。

4. 削弱供应商或顾客的议价能力

如果一个企业在与其供应商或顾客做生意时，供应商和顾客有较强的价格谈判能力，且他的投资收益超过了资本的机会成本，那么，即使对其不会带来其他的益处，也值得企业去做。因为一体化会削弱对手的价格谈判能力，这不仅会降低采购成本（后向一体化）或者提高价格（前向一体化），还可以通过减少谈判的投入而提高效益。

5. 提高差异化能力

纵向一体化可以通过在管理层控制的范围内提供一系列额外价值，来增加本企业区别于其他企业的差异化能力（保持核心能力）。

### （二）港口的纵向整合实现形式

港口的纵向一体化整合就是指港口与物流供应链中前后向利益主体之间的整合，表现为强化港口主营业务的纵向协调与延伸，港口应顺应物流一体化的发展趋势，不断提升服务水平、丰富服务功能。

1. 虚拟整合形式

（1）信息一体化：建立统一的信息平台，为港口物流上下游企业如码头公司、船公司、海关、货运公司、装卸公司及堆场提供港口货运情况的第一手资料。国际上较为普及的做法是运用集装箱运输的 EDI 系统，以电子报关和电子审单为基础，代理、港口、码头、理货、货代、集疏运场站、货主及与上述运输业相关的政府监管部门和银行保险实现电子数据交换，提供高效、便利、快捷、准确及经济的信息服务。

（2）契约合作形式：协作企业间没有资产产权联结关系，仅以合作契约为基础组成企业联盟。以港口管理部门为核心，以合作契约形式联合港口上下游企业，共享客户，分享合作利润。

2. 产权整合形式

主导港口企业通过购买、兼并实现对相关利益主体的控股、参股，组建一体化的经营实体，称之为港口企业产权一体化的整合。港口企业实行产权一体化整合后，可以对原有的港口的资源、业务及人员等进行重组，实现各港口的合理分工和错位发展，以形成区域内一定程度上的垄断来获取竞争优势。

# 9.3 港口物流供应链管理

## 9.3.1 港口物流供应链及其特征

港口物流供应链是指以港口企业为供应链核心平台，通过某种适宜的机制和结构，将其上下游的生产商、供应商、服务商（包括装卸、加工、运输、仓储、报关、配送，甚至金融、商业服务等企业）和客户（包括货主和船公司）等各种节点及链段结合成一个有机整体，并把正确数量的商品在正确的时间配送到正确的地点，实现整个供应链成本最低的功能性网络，如图 9-1 所示。

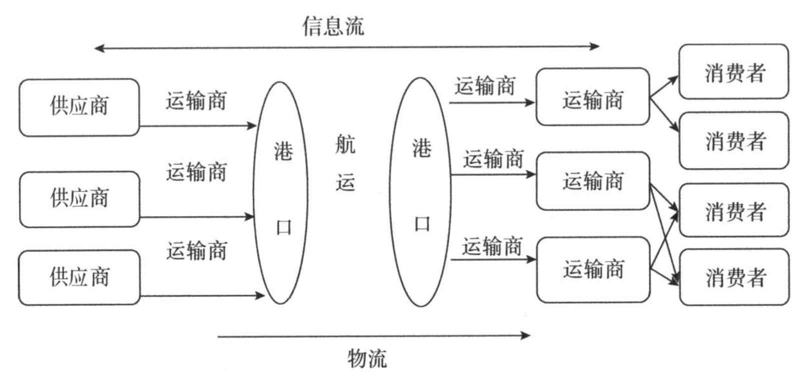


**图 9-1 港口物流供应链的功能性网络**

港口物流供应链要求港口企业将提供产品或运输服务的供货商及用户纳入管理范围，并作为物流管理的一项中心内容；要求港口企业对从原材料到用户的每个过程进行物流管理；要求港口企业利用自身条件建立、发展与供货商及用户的合作关系，形成联合力量，赢得竞争优势。

港口物流供应链具有三个特征。

### 一、协调性和整合性

港口物流供应链本身就是一个整体合作、协调一致的系统，多个合作者一环一环连接在一起，为了共同的目的或目标，协调动作、紧密配合。

### 二、选择性和动态性

港口物流供应链中的企业是在众多企业中筛选出的合作伙伴，其合作关系是动态调整的，因为港口物流供应链需要随目标的转变而转变、随服务方式的变化而变化，随时处在动态调整过程中。

### 三、复杂性和虚拟性

港口物流供应链是跨国、跨地区、跨行业的企业组合。合作伙伴的物流基础设施、物流管理水平及技术能力等存在差异，港口物流供应链操作又必须保证其目的的准确性、行动的快速反应性和服务的高质量，这使港口物流供应链呈现复杂性。虚拟性主要表现在它是一个协作组织，而非一个实体性的集团企业或托拉斯企业，各企业以协作的方式组合在一起，依靠信息网络的支撑和相互信任的关系，为了共同利益强强联合、优势互补、协调运转。当然，为了保持港口物流供应链的高度竞争力，这种连接必须是优势企业之间的连接，所以组织内的吐故纳新、优胜劣汰是不可避免的。港口物流供应链犹如一个虚拟的强势企业群体，在不断的优化组合中得到延续和发展。

## 9.3.2　港口物流供应链的作用

### 一、信息共享

根据内容、目标和功能，信息共享可划分为三个层次：战略信息层、管理信息层和作业信息层。信息的共享是供应链正常运转的基本保证。

### 二、资源整合

在战略层面上，港口物流供应链的资源整合就是通过组织协调，把合作伙伴整合成一个为客户服务的系统，取得 1+1>2 的效果。在战术层面上，港口物流供应链的资源整合就是优化配置的决策，即根据港口物流供应链合作伙伴的发展战略和市场需求对有关资源进行重新配置，以凸显港口物流供应链的核心竞争力，并寻求资源配置与客户需求的最佳结合点，其目的在于通过组织制度安排和管理运作协调来增强港口物流供应链的竞争优势、提高客户服务水平。资源整合的方式主要有三种：技术联合、功能联合和产品联合。技术联合是指使整个港口物流供应链的技术系统达到最优；功能联合是指使港口物流供应链上下游企业的现有业务功能互相匹配；产品联合是指把相关物流产品的功能与技术融合在一起，缩短运输时间，降低运输成本，增加用户满意度。

### 三、效率和效益最大化

港口物流供应链使各个局部链节紧密结合在一起，可减少局部生产要素的不合理配置，调动其潜质，使潜能得到最优发挥，从而实现营运效率的最大化。此种效率的最大化，必然使投资和营运成本相对降至最低，从而实现效益的最大化，有效增强港口物流供应链的整体竞争实力。

## 9.3.3　港口物流供应链管理原理与机制

港口物流供应链管理是对港口物流供应链中的商流、物流、信息流及资金流等进行计划、组织、协调与控制。根据这一定义，可以绘制如图 9-2 所示的港口物流供应链管理矩阵。

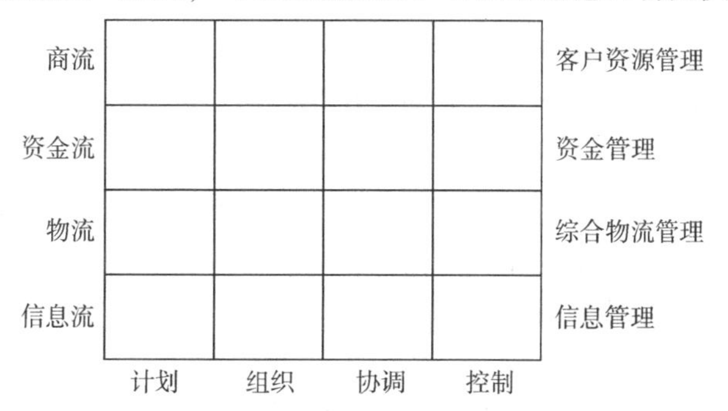


**图 9-2　港口物流供应链管理矩阵**

由图9-2可见，对商流、资金流、物流和信息流的管理，需通过客户资源管理系统、资金管理系统、综合物流管理系统和信息管理系统来实现。同时，从该图可以充分地理解，为什么可以借助第三方物流进行供应链管理。

港口物流供应链通过合作机制、决策机制、激励机制和自律机制等，达到满足货主需求和增加货源等功能目标，从而实现港口物流供应链管理的最终目标——增强港口物流供应链的整体竞争力，创造最佳经济效益和环境效益。

## 9.3.4 港口物流供应链的构建

### 一、构建目标

港口物流供应链的构建目标如下。

#### （一）高效精简

结构简洁是构建港口物流供应链的重要原则。为使港口物流供应链能灵活快速地响应市场，港口物流供应链的每个节点都应该是精简的和具有活力的。例如，在选择港口集疏运企业时就应以少而精为原则，通过与少量运输企业建立战略伙伴关系，减少运输等待时间，实现运输环节的无缝衔接。

#### （二）反应敏捷

进入21世纪，港口物流的市场环境发生了巨大变化，尤其是信息技术的不断进步和经济全球化的发展，使得以客户为中心的港口物流管理面临更为复杂的竞争环境和更为强劲的竞争对手。港口之间的竞争由简单的服务质量、服务性能竞争转向供应链竞争。同时，影响港口生存发展的共性问题如竞争环境、客户需求等因素也变化迅速。因此，港口物流供应链的构建应满足供应链反应敏捷的要求。

要使港口物流供应链面对市场竞争反应敏捷，必须增强港口物流供应链对于不断变化的客户需求的适应能力，以动态联盟的快速重构为基本着眼点，以网络技术为依托，实现供应链企业间的合作和优势互补，在强调从整个供应链的角度综合考虑问题的同时，注重速度和质量，以实现利益各方的“共赢”。

#### （三）结构柔性

柔性组织结构是相对于传统的刚性组织结构而言的。它适应现代市场需求，结构简洁、反应灵敏，能适应现代化生产组织的需要。港口物流供应链的柔性组织结构具有两大特点：一是组织结构模块化，柔性组织结构是按功能划分的模块化组织结构，组织结构之间有标准化的接口，一个组织结构可以便捷地与其他模块化组织结构进行合并重组；二是组织结构具有动态组织特征，在垂直方向上允许各个部门具有一定的自主权，在水平方向上允许不同部门之间的相互协作，在对角方向上允许信息和任务在不同级别间进行流动和分配。不但新的组织单元可以很容易地加入，而且结构内的组织单元可以被别的组织单元取代，它们在组织结构内的权限和职责也可以很方便地被修改。

#### （四）智能化

美国斯坦福大学商学院教授李效良认为，“世界级水准的供应链管理应该有三层含义：迅捷、灵活和协作。市场的不确定性要求迅捷，产品和技术周期缩短要求灵活，垂直联合和业务外包要求协作。”为了迅捷、灵活和协作，港口物流供应链的智能化是其构建的必然要求。通过智能化的供应链，合作伙伴能保持供求之间的紧密衔接，更迅速地对市场变化做出反应，提高港口物流供应链的整体效率。智能化的供应链要求以信息共享为基础，以最佳方式为客户开发最佳产品，最大限度地提高客户满意度，实现潜在价值最大化。

## 二、构建要求

港口物流供应链的构建是一项系统工程，它涉及不同企业组织间的集成与信息传递和交换。建立港口物流供应链的目的是达到对港口物流供应链的集成管理，实现港口物流供应链的协同运作。港口物流供应链的构建应满足五方面的要求：

（1）构建过程迅速、高效；

（2）单个企业可以挂靠在不同的港口物流供应链；

（3）港口物流供应链的体系结构具有分布式、可伸缩的特点；

（4）要解决异构系统间的通信交互问题；

（5）成员企业内部控制机制和成员企业之间的交互操作要得到有效协调。

## 三、构建步骤

港口物流供应链中的核心企业（一般指港口企业）可以借助互联网构建实现上述要求的港口物流供应链，其基本步骤如图 9-3 所示。其中，协同物流过程由若干物流活动组成，第一个活动由港口物流供应链核心企业（港口企业）下达指令触发，其余活动在满足活动间逻辑关系的前提下由前驱活动触发执行，活动的执行结果由后继活动在交接时进行评估。

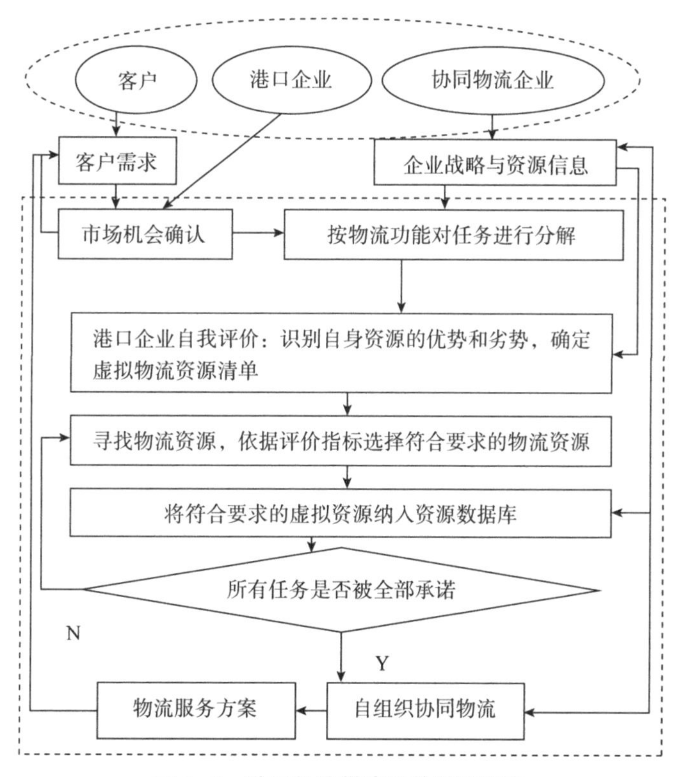


**图 9-3　港口物流供应链的创建过程**

由于有明确的责任划分区域，后续物流活动会自觉地对前驱活动进行监督，最后由客户在接收时对物流服务进行总体的监督和评价，从而形成跨越各项活动的监督流。在这个监督流中，每个环节的监督情况都能通过信息系统反馈给港口物流供应链的核心企业即港口企业。港口企业根据这些情况，在需要时给予指导和支持，或处理一些突发事件等。由协同物流企业的失误而造成的损失，协同物流企业应当协议赔偿。在业务发生较大变动时，核心企业应提前与协同物流企业进行沟通，说明情况，以便做出相应的调整和安排。同时，协同物流企业也可以对核心企业的运作协调、业务配合以及自身的业务环节履行情况等提出建议，也可以定期请客户对服务质量的完成情况提出建议和批评。这样的信息沟通和反馈机制，可以帮助各企业共同完善物流服务、提高服务水平。

## 练习题

1. 什么是港口物流，港口物流有何特征？

2. 如何理解港口物流系统一体化？港口物流横向一体化和港口物流纵向一体化的基本内涵、实现形式是什么？

3. 如何构建港口物流供应链？

# 第10章

# 空港物流管理

## 引导案例：UPS航空货运

UPS公司已经有一百余年的历史，成立于美国华盛顿。最初的时候，UPS与国内一些快递企业类似，规模并不大。UPS的创始人Jim Casey和Claude Ryan在借到100美金后，在一个不大的城市里面，骑着自行车开始了自己的事业。

1988年，UPS与中国的大型公司进行合作，在中国组建了自己的办事处；2005年，在中国加入WTO之后快递市场正式对外开放，外资企业纷纷进入中国开展国际快递业务，UPS也随之开始在中国区全面运营；2008年，UPS成为北京奥运会的物流与快递赞助商。随后，UPS在中国市场有两个重大的投入，一个是投资建设上海国际转运中心，另一个是投资建设深圳亚太转运中心，这两个转运中心都已先后投入运营。并且，上海国际转运中心的业务已经覆盖了中国的主要地区。

2014年，UPS已发展成为一个拥有430亿美元资产的全球性大公司，其商标也成为世界最知名的商标之一。UPS不仅是世界上最大的快递承运商与包裹递送公司，也是专业的运输、物流、资本与电子商务服务的提供者。在全球航空货运中，UPS占有国际速递市场的15%的份额，在全美的进出口航空货运中，UPS更是占到了约70%的份额。UPS在全球有425 300名员工，自有飞机269架，租用飞机305架，在美国国内起降机场385个、海外466个，美国国内航线927条、国际航线873条；拥有各式车辆14万多辆，每日递送1 550万件包裹与文件，每日在全美空运210万件包裹与文件，在国际递送200万件包裹与文件，服务区域包括200多个国家和地区，每日服务的客户数有790万（180万取件，610万递送），2008年总递送量达39亿件，全球服务网点包括UPS商店约4 200个，营业店约1 500个，服务中心约1 000个，授权服务点约17 000个，投递箱约40 000个；2014年营业额达到488亿美元，比2000年增加一倍以上。

UPS在全球约150个机场提供直接的机场对机场货物运输服务。作为全球最大的货运专营公司，UPS航空货运还提供多种业务，如可以提供几乎所有种类货物的航运服务，包括易腐品到飞机发动机的运输，这些服务具有快捷、可靠及机场对机场的优点。UPS是整个北美最早通过新噪声规定审核的航空公司，目前公司共运营着超过300架飞机。

UPS航空公司在一年的时间内就形成了所有必要的技术与支持系统。UPS航空公司的特色就是拥有一些世界上最先进的信息系统，比如能为航班的计划、调度与装载处理提供信息计算机化运作监控、计划与调度系统（COMPASS），该系统可以用来安排提前多达6年的最佳航班时间表。

由于全球市场中各行各业进行着日益激烈的竞争，于是UPS就承担起帮助提供递送和信息服务的角色来加速国际运输并简化管理海外业务的过程。例如，有了UPS全球信息网络和UPS警报系统，美国和许多其他国家的海关人员能知道仍在途中将要入关的货件。并且，在很多情况下，包裹在到达时间已获得通关授权。另一项UPS的特色服务是合并通关，允许国际货件由海关成批合并、通关，然后发送给单个收件人。UPS客户可以从多种国际服务中挑选，包括两日国际特快、三到五日加速服务和昼夜快送服务。并且，UPS国际客户服务代表一天24小时帮助追踪全球的货件并确认递送。

**思考题：**UPS航空货运主要依靠什么取得快速的发展?

## 10.1 空港物流概述

### 10.1.1 空港物流的概念

空港物流是现代物流的重要组成部分，其安全、快捷及优质的服务符合现代物流服务的基本要求。空港物流虽起步较晚，但发展迅速，是世界现代经济领域公认的重要、高端产业。目前我国许多地方已经逐渐认识到空港物流理念在提高机场竞争力方面所起的重大作用，并开始按照现代物流重要节点的建设要求对航空港进行设计建设。

空港物流，也称航空物流，是以航空运输为主要运输形式，借以现代信息技术，连接供给主体和需求主体，使原材料、产成品从起点至终点及相关信息有效流动的全过程。它将运输、仓储、装卸、加工、整理、配送及信息等方面进行有机结合，形成完整的供应链，为用户提供多功能、一体化综合性服务。

### 10.1.2 我国空港物流的发展现状

#### 一、空港物流总量增长趋缓

受欧债危机以及国际经济不景气的影响，2011年和2012年中国航空货运量均有小幅下降，2011—2015年期间总体呈现出“缓中趋稳、稳中有增”的趋势。交通运输部《2015年交通运输行业发展统计公报》显示，2015年全国民航完成货邮运输量625.3万吨，货邮周转量每千米207.27亿吨，分别比上年增长5.3%和10.9%。2015年全国民航运输机场货邮吞吐量较上年增长3.9%，共计完成1 409.4万吨。

**二、基础设施建设加快，枢纽机场作用日益显现**

近年来，民航局和各级政府进一步加快航空物流基础设施建设，中国机场数量不断增加，机场规模不断扩张。2010年，机场系统完成固定资产投资总额441.5亿元。2013年，机场系统完成的固定资产投资总额达到507.5亿元。截至2015年，我国大陆共有民用航空机场210个，其中定期航班通航机场206个，定期航班通航城市204个。机场货邮吞吐量逐步集中于少数机场，上海、北京和广州三大城市机场的枢纽作用已日益显现。2015年，共有51个机场的年货邮吞吐量达万吨以上，其货邮吞吐量与全国机场货邮吞吐量相比，占比达到98.4%，北京、上海和广州机场的货邮吞吐量占比达到50.9%。其中，上海浦东国际机场的货邮吞吐量位居全球第三位。

**三、航空货运企业物流化转型加快**

近年来，国内航空货运企业纷纷推出了各自物流化转型战略。国航货运最早推出国际化的综合运输解决方案；中航货运是国内最早明确提出“天地合一”战略的航空公司，强调除了发展空中优势之外，还将加强“长三角”区域地面转运以及高附加值运输业务等；南航货运于2010年11月正式加入天合货运联盟，为其在国际航空物流市场的发展提供平台支持，国内则与圆通速递及顺丰速递达到战略合作协议，启动国内航空物流化转型的步伐；海航通过大新华物流整合货运资源，推进其物流化转型的超级X计划。总之，国内航空货运企业均开始了航空物流化转型战略。2013年，东航物流创造性地提出了“快递+电商+贸易”的转型思路。首先，东航与淘宝、天猫等电商企业开展物流合作，进一步拓展快递市场；其次，东航物流借助“东航产地直达”电商平台，主打“产地采集、航空快运、自营配送和实时信息跟踪”的全产业链运作特色，这一互相促进、互为带动的全产业链运作模式，为东航物流转型成为综合服务集成商提供了新途径。

**四、东部沿海地区产业转移助推航空物流重心向中西部转移**

随着西部大开发战略的逐步推进以及东部地区产业结构的转型升级，大量制造型企业由东南沿海转移到中西部地区，空港物流重心也随之向中西部地区倾斜。自2011年开始，航空货运出现了中西部地区机场增速快于东部地区机场的发展势头。以郑州为例，富士康落户郑州后，2014年郑州机场完成货邮吞吐量37万吨，同比增长44.9%，机场货邮吞吐量排名由2012年的第15位为跃至第8位，增速更是名列前茅。2015年3月，四川机场集团投资2 000万元建设的成都双流机场货运航空公司转运中心开始投入使用，已经吸引了一批如顺丰等实力企业进驻，顺丰物流将其西部航空枢纽转运中心选择在双流机场，将进一步提升成都作为西部航空物流枢纽的影响力。

### 10.1.3 空港物流的发展趋势

随着一体化经济的推进和专业化分工的不断深入，世界各国对物流的需求将大幅度增加，随着我国经济的快速发展和产业结构的调整，运输结构也发生了显著的变化，整个运输量中价值高、体积小、重量轻的商品不断增加。此外，企业对物流服务中的时间、速度及服务质量等提出了更高的要求。因此，空港物流这个现代经济的标志性产业顺势主导了物流领域的新航向。

航空货物运输服务的质量和效率是空港物流从业者工作的重心所在，提高服务质量和运输效率是市场竞争取得成功的关键。未来空港物流会继续朝着三个方向发展。

**一、综合服务功能进一步拓展完善**

传统的空港物流业务活动仅仅表现为货物的点对点运输以及货物的中转功能。随着国际多联式的发展与综合运输链复杂性的增加，空港作为全球综合运输网络的节点，正朝着全方位提供增值服务的方向不断完善，企业提供综合物流服务以提高联运效率，增强其作为综合运输节点的功能，成为连续不断运输链中的综合物流重心；同时，空港物流又不断增加商务中心功能，为客户提供方便的运输、商业和金融服务，成为商品流、资金流、技术流、信息流与人才流的汇集中心。

**二、更加倾向于为科技产品和国际贸易提供服务**

空港以其天然的国际货物集散地优势，有利于实现国家之间不同的生产要素的最佳结合。针对空港物流的发展，空港也将逐渐成为全球高科技产业的制造中心。这是因为高科技产品制造要求“按需生产”，需要全球采购、全球分销，而且交货期短，只有依靠空港物流的分拨、集散等服务能力，才能保证业务运输的快速顺畅。

**三、继续推进信息化建设**

科技的发展和应用可以推动产业的跨越式发展，物联网信息技术作为新一代技术革命的关键因素，不但可以逐步解决中国空港物流中的信息孤岛现象，还可以实现与现代商业模式的并轨。随着物联网技术的成熟，航空物联网技术将在空港物流领域取得突破性应用。2014 年，海南航空与清华信息科学与技术国家实验室合作建成国家航空运输物联网应用示范工程，利用物联网技术提升航空运输服务品质，示范工程覆盖了海航集团旗下的五家机场和海航集团旗下的海航、天航、首航等所有航线。在空港物流管理的应用中，引入物联网与 RFID 技术，可以自动识别目标对象（货物）并获取相关数据，逐步实现物流过程的透明化、清晰化管理；通过物联网与 RFID 技术，可以有效地实现机场货站信息与货运代理人、航空公司信息的对接和共享，并实现整个航空物流信息的开放性整合；物联网可以促进物流作业方式向自动化或半自动化的转变，从而提高整体物流运作效率。未来，我国将会继续推进信息化建设，通过现代信息技术手段推进空港物流的进一步发展。

### 10.1.4　空港物流的特点

**一、园区化发展**

空港物流是在航空货运的基础上升级发展而来的，从单一的航空货舱功能逐渐向综合服务功能转变，向具有现代物流特点和现代供应链优势的空港物流园区方向发展。自从 2000 年天津空港物流园区获准建立以来，十几年间，我国涌现出了一大批具有现代特色的空港物流园区，其中北京首都机场物流园区、上海浦东国际机场物流园区及广州新白云机场物流园区成为国内空港物流发展的三个代表。

空港物流园区是以现代空港物流为基础，依托航空港，以航空及机场地面配套物流设施为核心，以运输服务作为手段，为多家航空公司、航空货运代理及综合物流企业提供公共物流设施、物流信息服务及综合物流服务的场所。从服务内容上看，空港物流园区一般提供货物运输、生产加工、综合商务及配套服务等。

### 二、集群化发展

空港物流的发展及空港物流园区的形成，使得空港区域拥有了强大的辐射力，吸引相关产业在空港附近集中，从而形成了服务于空港物流的产业集群和相对完整的产业链。而空港物流在这一产业链中因其稀缺性和重要性而居于领导地位，起着凝聚、黏合的作用。空港物流产业链的形成一方面是空港物流园区的层级发展，不仅大力发展物流核心业务以达到商品流通的快速实现，而且也努力满足消费者和园区流通主体的各种需求，帮助服务对象在通关、包装、加工、信息支持、商务谈判及政策引导等方面提供服务，实现空港物流的增值服务和支持功能。

空港物流产业链的形成的集聚，还包括围绕空港发展起来的相关产业。由于空港物流具有明显的优势，非常适合具有高新技术、现代服务业及高端商贸流通业的发展，因而诸如汽车、航空、高端电子、精密仪器、生态农业、生物工程及商务等行业能够依托空港而在周边发展起来；再加上政府对空港周边的产业政策和税收优惠，空港周边往往会形成相关产业园区，共同构成空港物流产业链。如北京空港物流园区周边形成了空港工业区、林河工业开发区、现代汽车城、会展中心及绿色建材等产业园区，吸引了数十家世界五百强企业，形成了中国北京微电子生产基地；广州新白云机场周边则形成了包含临空产业、现代制造业、生物制药和航空工业的高新科技物流产业基地。

### 三、区域化发展

我国地域辽阔，人流、商流及物流的区域差异性大，而空港物流依托着各地的空港，因而具有明显的区域化发展趋势。区域经济发展水平较高则会产生更高的物流需求水平，从而扩大空港物流业的规模。例如，经济外向度高的东南沿海地区往往是空港物流快速发展的区域。在这些区域内的物流业，如快递业、货运代理业、第三方物流、交通运输业、配送与包装服务业等都较为完善，这些支撑产业都为空港物流发展打下了坚实基础，有助于其良性发展。

## 10. 1. 5　世界主要空港物流经验借鉴

目前世界上比较知名的空港物流基地有美国孟菲斯国际机场、新加坡樟宜国际机场及香港国际机场等，他们的管理经验值得学习，如表 10-1 所示。

孟菲斯国际机场是北美最重要的货运枢纽，1973 年联邦快递（FedEx）在这里开始了创业之旅。目前，联邦快递、联合包裹及西北航空都将孟菲斯国际机场作为货运枢纽，使其拥有超强的航空快递运输能力。良好的货运条件使孟菲斯国际机场乃至孟菲斯市成为众多企业入驻的首选，带动了机场周边其他产业的发展，如国际物流、纺织、钢琴、汽车及货车零部件生产、健康保健和医疗设备以及生物医药科技等。

樟宜国际机场航空货运中心的最大特色在于其地处自由贸易区，24 小时不间断运作，空港物流各公司不用报关即可在机场方便地移动、组合、存储和重新包装货物。只有当货物离开航空货运中心时，才需要通过设在自由贸易区出口的海关和进行安全检查。这大大促进了新加坡航空货运的中转业务，大量在亚洲、美洲和大洋洲之间的货物选择在新加坡进行中转。另外，樟宜国际机场的航空货运设施由新加坡民航局拥有和管理，但该局并未垄断空港物流服务，而是向国际著名的物流公司开放出租设施，引入大量的物流服务提供商的参与竞争，提高服务效率与质量。

香港国际机场被誉为全球最繁忙的航空货运中心，是亚洲重要的区域货运中转枢纽，曾被评为“最杰出货运机场”。香港国际机场由政府拥有和经营，管理局以专营权或特许经营方式把空港物流设施授予第三方服务商经营。这样的机场物流运作模式独特而高效，既引入合理竞争又形成规模效益，促进香港的空港物流的服务水平不断提升。

**表 10-1　世界主要空港物流经验特色**

| 物流空港名 | 特色 |
| --- | --- |
| 美国孟菲斯国际机场 | 1. 水陆空立体物流交通网，多式联运<br>2. 众多大型第三方物流企业云集<br>3. 坚实的物流基础设施，完善的空港物流供应链及产业链<br>4. 全球最大航空货运枢纽，具备“航空城”条件 |
| 新加坡樟宜国际机场 | 1. 设立货运自由贸易区，开放航权，简化通关<br>2. 世界货运中转枢纽<br>3. 特许经营，引入竞争，提升服务质量 |
| 中国香港国际机场 | 1. 构建机场信息管理平台，提升物流管理效率<br>2. 拥有“珠三角”广阔的经济腹地，是区域货物专业中心<br>3. 发展商贸业及会展业 |

## 10.2　航空货运

航空货物运输是指一地的货物通过航空器运往另外一地的运输，这种运输包括市区与机场的地面运输。

国内航空货运的经营范围为国内定期航班和不定期航班的航空货物、邮件的运输，其形式包括普通货物运输、急件运输、特种货物运输、包机包舱运输及货主押运等。

### 10.2.1　航空运输的优缺点

我国空港物流与现代物流的其他方式如海洋运输、铁路运输及公路运输等相比，虽起步较晚，但近年来取得了快速的发展，逐步形成了以上海、北京及广州为中心，以各航空城市为节点的大型空港物流网络，特别受到现代企业管理者的青睐，这与其自身显而易见的优点密切相关。随着综合物流成本意识的增强，货主已经意识到航空运输能带来的经济效用。比如，航空运输的高速性使得长距离的物品运送可以在短时间内完成，因而可以降低库存，库存投资和保管费用也可以相应节约，提高资本的周转速度。在物品性能和式样变化越来越快的今天，为了适应市场的快速变化、把握商机，需要利用航空运输完成物品的迅速补给，特别是对于季节性强、销售期比较短的物品。其次，由于国际市场竞争激烈，市场行情瞬息万变，为了在国际贸易中能及时地把握时机、争取最好的利润，时间因素往往至关重要。所以在国际贸易中，航空运输经常作为贸易竞争的手段而被普遍采用。值得一提的是，由于航空运输安全性好，因此可以简化运输包装，节省包装材料、劳力和时间。对于小批量物品而言，航空运费以千克为计算单位，轻泡物每6~7立方米折合1吨，而海运费用是1立方米折合1吨，所以对于少量货物采用空运反而有利。此外，航空运输过程中的震动、冲击很小，温度、湿度等条件适宜，加之运输过程中货物不会与外界接触，因此发生货损、货差事故的可能性大大减小。

另一方面，航空运输也有缺点和劣势，主要表现在航空货运的运输费用较其他运输方式更高、飞机舱容有限、飞机飞行安全容易受恶劣天气影响，以及地面处理时间相对较长等。航空运输的优缺点如表10-2所示。

**表10-2　航空运输的优缺点**

| | 优点 | 缺点 |
|---|---|---|
| 航空运输 | 1. 运输及时性强<br>2. 空间跨度大<br>3. 降低库存水平<br>4. 商品鲜活度高<br>5. 节省包装费用<br>6. 减少货损和货差事故 | 1. 运输费用高<br>2. 载量有限<br>3. 飞行安全易受恶劣天气影响<br>4. 地面处理时间相对较长 |

总的来说，随着新兴技术得到更为广泛的应用，管理者更重视运输的及时性、可靠性和科学管理性，除了航空物流公司不断对空中设备改进更新之外，地面的空港物流机械和物流管理也得到很大的发展。航空运输和空港物流在现代国际化供应链体系中将发挥越来越显著的作用。

### 10.2.2　航空运输的经营方式

航空运输的经营方式主要有班机运输、包机运输、集中托运和航空快递业务。

#### 一、班机运输

班机指在固定航线上飞行的航班。它具有固定开航时间、航线和停靠航站。班机运输通常为客货混合型飞机，货舱容量较小，难以满足大批量的货物运输，运价较高，但由于航期固定，有利于客户安排鲜活商品或急需商品的运送。

#### 二、包机运输

当货物批量较大，班机方式不能满足运输要求时，一般会采用包机运输，分为整机包机和部分包机两种。

整机包机指航空公司或包机代理公司，按照与租机人双方约定的条件和费率，将整架飞机租给包机人，从一个或几个航空站装运货物至指定目的地的运输方式。它适合运送大宗货物，一般来讲运费比班机运输运费低，对空放里程按运价的70%收取航空费。

部分包机运输指由几家航空货运代理公司联合包租一架飞机，或者由航空公司把一架飞机的舱位分别租给几家航空货运代理公司。它适合不足整机的货物，运费较班机低，但运送时间比班机长。

#### 三、集中托运

集中托运指航空货运代理公司把若干批单独发运的货物组成一整批向航空公司托运，填写一份总运单，发运到同一地点，由航空货运代理公司委托当地的货运代理办理收货、报关、分拨等业务。集中托运的货物较多，支付的运费较低，因此在国际航空运输中使用较为普遍。集中托运是航空货运代理中的重要业务之一。

**四、航空快递业务**

航空快递业务由专门经营航空快递业务的公司与航空公司合作，向货主提供快递投递服务。具体做法为：公司派专人从发货处提取货物后，以最快的方式将货物运往机场，装上最近的航班，随即电告收货代理航班号、货名及收货人，以备接货；航班抵达目的港后，由专人接机提货，办妥手续后直接送达收货人。这种方式称为“桌至桌运输”，是一种最为快捷的运输方式，特别适用于传送各种急需物品和文件资料。

## 10.2.3 航空运输的货运程序

**一、航空货运出港程序**

航空货运出港操作程序是指自托运人将物品交给航空公司，直到物品装上飞机的整个操作流程，如图 10-1 所示。

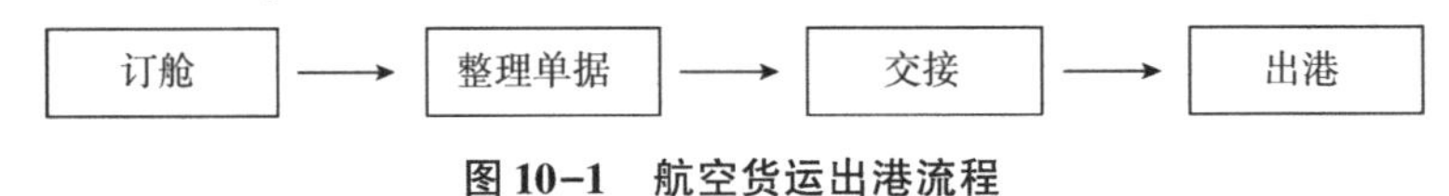


**图 10-1 航空货运出港流程**

**（一）订舱**

订舱是托运人或其代理人向航空公司申请并预订舱位，航空公司签发舱位确认书，同时给予装货集装器领取凭证（如需要），以表示舱位定妥。此时需要填写订舱单（Cargo Booking Advance ，CBA）以便航空公司的吨控与配载部门掌握情况。

**（二）整理单据**

整理单据是将有关出运物品的单据进行核对检查并处理，以保证正确交接和出港。需整理的单据包括已入库的大货的单据、现场收运的物品的单据和中转的散货的单据。

**（三）交接**

交接是指物品过磅、入库和将随机单据等交给航空公司。交货之前必须做出标签，清点和核对物品，填制交接清单。大宗货和集中托运货以整板、整箱称重交接；零散小货按票称重，计件交接。航空公司审单验货后，再交接清单签收，将物品存入出港仓库。

**（四）出港**

出港是按计划将所配载的物品装上飞机并制作相应单据，待飞机起飞后将单据传输出去的作业。

**二、航空货运进港程序**

航空货运进港操作程序是指从飞机到达目的地机场，承运人把货物卸下飞机直到交给收件人的物流、信息流的实现和控制管理的全过程。具体的航空货运进港业务流程包括进港航班预报、单据处理、发到货通知及交接四个步骤，如图 10-2 所示。

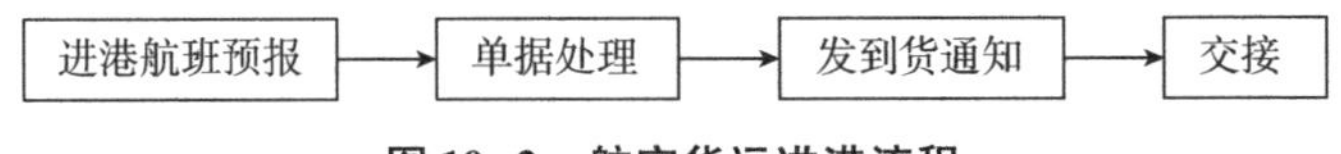


**图 10-2 航空货运进港流程**

**（一）进港航班预报**

航空公司以当日航班进港预报为依据，在航班预报单中逐项填写航班号、机号及预计到达时间，同时还应了解到达航班的货物装机情况及特殊货物的处理情况。

（二）单据处理

在每份货运单的正本上加盖或书写到达航班的航班号和日期；认真审核货运单，注意运单上所列目的港、代理公司、品名和运输保管注意事项；核对运单和舱单，若舱单上有分批货，则应把分批货的总件数标在运单号之后，并注明分批标志；把舱单上列出的特种货物、联程货物圈出；根据分单情况在整理出的舱单上表明每票运单的去向；核对运单份数与舱单份数是否一致，做好多单、少单记录，将多单运单号码加在舱单上，多单运单交查询部门；打印航班交接单。

（三）发到货通知

尽早、尽快、妥当地通知货主到货情况。

（四）交接

将有关单据转交收货人，并将卸机后存入仓库的物品交付收货人。

### 10.2.4 货物收运

货物收运的一般流程如下：（托运人）填写托运书→（承运人）核查证件→检查包装→货物安全检查→重量核准→尺寸检查→托运书检查→填制货运单→制作、贴挂标签→收款→交接货物、货运单→编制销售日报。

（一）货物收运的一般规定

(1) 承运人应当根据运输能力，按货物的性质和急缓程度，有计划地收运货物。

(2) 批量大和有特定条件及时间要求的联程货物，必须事先安排好联程中转舱位后方可收运货物。

(3) 遇有特殊情况，如政府法令、自然灾害、停航或者货物严重积压时，承运人可暂停收运货物。

(4) 凡是国家法律、法规和有关规定禁止运输的物品，承运人可以拒绝收运；凡是限制运输的以及需要向公安、检疫等政府有关部门办理手续的货物，托运人应提供有效证明。

(5) 货物不致危害飞机、人员及财产的安全，不致烦扰旅客。

(6) 收运货物时，应当检查托运人的有效身份证件。有效身份证件是指托运人或收货人托运、提取货物时必须出示的由政府主管部门规定的证明其身份的有效证件，如居民身份证、军官证、警官证、文职干部证、护照、机动车驾驶证及户口簿等。

(7) 应当检查托运人托运货物的包装。不符合航空运输要求的货物包装，需经托运人改善包装后方可办理收运。承运人对托运人货物的内包装是否符合要求，不承担检查责任。

(8) 对收运的货物应当进行安全检查。对收运后24小时内装机运输的货物，一律实行人工检查或者通过安检仪器检测。

（二）货物收运的限制

(1) 禁止运输物品的限制。禁止运输物品是指政府法令禁止运输的物品。例如，我国政府命令禁止运输的菌种包括鼠疫毒菌、霍乱毒菌、马脑脊髓炎病毒和鹦鹉病病毒等。

(2) 限制运输物品的限制。限制运输物品是指政府法令规定只有符合条件才能准许运输的物品。包括珍贵文物，鸦片、海洛因及吗啡等烟草毒品，罂粟壳，麻醉药品，金属砂矿类，炸药类，粮食，木材，濒危动、植物，政府限制运输的其他物品。

（3）货物性质的限制。例如活体动物等。

（4）运输条件的限制。例如低温冷藏货物等。

（5）运输时限的要求。例如紧急航材等。

（6）货物的尺寸限制。最小体积：一般货物的体积长、宽、高合计不得少于40厘米，最小的一边不得少于5厘米；宽体飞机载运的货物，每件货物重量一般不超过250千克，体积一般不超过100厘米×100厘米×140厘米；非宽体飞机载运的货物，每件货物重量一般不超过80千克，体积一般不超过40厘米×60厘米×100厘米。在收运一件货物之前，应确定货物的尺寸是否适合运输路线所涉及的机型和装卸、仓储的设施设备。

（7）货物的重量限制

凡托运人托运的货物单件重量或体积超过限定时，称为超限货物。

**（三）货物包装**

（1）货物包装要求坚固、完好及轻便。在一般运输过程中能防止包装破裂、内件漏出散失；不因垛码、摩擦、震荡或因气压、气温变化而引起货物损坏或变质，损伤人员或污染飞机、设备及其他物品。

（2）包装的形状除应适合货物的性质、状态和重量外，还要便于搬运、装卸和堆放，便于计算数量；包装外部不能有突出的棱角及钉、钩、刺等；包装要清洁、干燥、没有异味、油腻和污染。

（3）在特定条件下承运的货物，如动物、鲜活易腐货物等，其包装应符合特别规定的包装要求。

（4）凡用密封舱运送的货物，不得带有碎屑、草末等材料做包装（如稻草袋、草绳等），包装内的衬垫材料（如谷糠、木屑及纸屑等）不得外漏。

（5）对包装不符合要求的货物，应要求托运人改进后重新包装后方可收运。下述包装任何情况下都不能收运：包装严重变形或已破损，捆扎材料断裂或松动，包装内货物晃动或有破碎声音，包装上有渗漏或浸湿痕迹，袋装货缝口松散，有气味散出等。

（6）对液体、粉状及易碎等货物的包装有特殊要求，需按要求进行包装后方可收运。

### 10.2.5 航空运费计算

计算航空运费时，从计费重量、货物运价种类和货物运费三方面进行考虑。

**一、计费重量**

由于航空运输受到仓容和载重量的限制，承运人为了保证自身的经济利益，在计算每一笔航空货物运费时，会按实际重量和体积重量两者之中较高的一进行个计算，也就是在货物体积小、重量大的情况下，以实际毛重作为计费重量，即采用从高计费原则。如果一批托运货物中有重量货也有轻泡货，则以整批货物进行计算，计费重量是按货物的毛重和总体积重量两者之中较高的一个。

**二、货物运价种类**

货物运价是根据运输货物的重量、距离和种类等因素制定的单位重量货物运输价格，是出发站机场到目的站机场之间的航空货物运输费率，不包括机场于市区、同一城市两个机场之间的地面运输费及其他费用。除另有规定外，急件货物和特种货物运价按普通货物运价的150%计算。国内运输货物公布运价种类如下：

（1）M：最低运费，即该航线的最低运费标准。在计收运费时，如低于此标准，必须提高至此运费。每张货运单的最低航空运费为人民币30元。

（2）N：45千克以下普通货物运价，即该航线的基础运价。

（3）Q：45千克以上普通货物运价。以*N*运价为基础，根据不同重量等级（通常为45千克，100千克和300千克）制定的普通货物运价。

（4）C：指定商品运价。针对特殊品名的货物，在一定重量等级上制定的较优惠运价。

（5）S：等级货物运价。该航线的基础运价（N）或最低运费（M）附加得到的运价，适用于急件或特种货物。

运价使用顺序如下。

（1）公布直达货物运价优先于分段相加组成的运价。

（2）指定商品运价优先于等级货物运价和普通货物运价。

（3）等级货物运价优先于普通货物运价。

运价以“角”为单位，角以下四舍五入。一件货物包装内有不同运价的货物，则整件包装的货物均按较高的运价计收运费。

**三、货物运费**

货物运费的一般计算规则为：货物运费=适用运价×计费重量

（1）计费重量通常为货物毛重和体积重量较高者。但如果使用了较高重量等级的较低运价，计费重量应为此较高重量。

（2）计算货物运费时，应当将根据实际重量、体积重量和较高重量分界点分别计得的运费相比，取其低者。

（3）两点之间若无公布直达运价，可以分段相加组合新的运价（此运价仍被视为公布运价）。此时，应当根据地理位置、行政区划或经济发展水平下选择多个同时连接上述两点的机场作为运价组合点，并将根据全部运价组合点组成的运价进行比较，取其最低者作为此两点之间的新运价，而无须考虑货物的实际运输路线。

填制货运单后，如遇运价调整，运费多不退、少不补。托运人如有异议，可将货物退运，按新运价重新托运。

运费和其他费用以始发地所在国货币支付。货物运费除托运人与承运人有协议者外，应支付现金或支票，由托运人在托运货物时，或者由收货人在提取货物前付清。发生在货物运输过程中或目的站与运输有关的费用由收货人在提取货物前付清。

托运人除支付必须支付的费用外，还应保证支付因收货人原因可能使承运人蒙受的损失。承运人有权扣压未付清上述费用的货物，并可以拍卖处理，用部分或全部拍卖收入支付由此产生的相关费用，但是，此种拍卖不能免除付款不足的责任。无论货物是否损失或者是否运抵运输合同指定的目的站，托运人或收货人应支付因承运该货物而产生的所有费用。托运人或收货人拒绝支付全部或部分费用时，承运人可以拒绝运输或拒绝交付货物。

我国货物运费中的其他杂费包括如下项目。

（1）退运手续费。每张国内航空货运单的退运手续费为 20 元。

（2）地面运输费。地面运输费是指使用车辆在机场和市区货运处之间运送货物的费用，国内运输每千克收取人民币 0. 20 元，轻泡货物按计费重量收取地面运输费。每张国内货运单最低地面运输费为人民币 5. 00 元。对机场与市区路程较远的到达站，可商请当地工商、税务等部门核准收取地面运输费的标准。

### 四、声明价值附加费与保险费

#### （一）声明价值附加费

（1）在国内运输中，托运人托运货物，毛重每千克在人民币 20 元以上的，托运人在托运货物时，可向承运人或其代理人声明货物的价值，该价值称为供运输用的声明价值，亦为承运人应负赔偿责任的限额。承运人或其代理人根据所声明的价值向托运人收取费用，该费用称为货物声明价值附加费。

（2）每张国内货运单的声明价值一般不超过人民币 50 万元。

（3）已办理托运手续的货物要求变更时，声明价值附加费不退。

（4）声明价值是对一张货运单的整批货物而言，不可办理一张货运单的部分货物或者两种单位价值不同货物的声明价值（特殊情况除外，如包机包舱运输）。

（5）声明价值适用于货物的毛重，但不包括航空公司的集装设备等。

（6）声明价值附加费的计算方法：声明价值附加费＝［声明价值－（实际重量×20 元/千克）］×5‰

**例：**上海至北京的一批货物，声明价值为 10 万元，货物的毛重为 50 千克，体积为 100 厘米×60 厘米×20 厘米，共 3 件，此批货物是否可以办理声明价值，附加费是多少？

**解：**A. 这里使用的重量应是货物的毛重，而不是计费重量。

B. 100 000 元/50 千克＝2 000 元/千克

C. 声明价值附加费＝（100 000－50×20）×5‰＝495. 0 元

**答：**应收取 495 元人民币作为声明价值附加费。

#### （二）保险费

货物航空运输险是承运人受保险公司的委托而代理销售的，没有强制性。货物的保险费率由保险公司根据货物的易损程度确定。

### 练习题

1. 空港物流的特点和发展趋势是什么？

2. 航空货运的进出港程序是怎么样的？

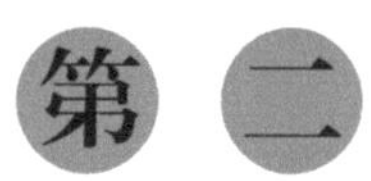

# 第二篇

## 实训项目篇

# 第 11 章

# 报关业务实训项目

**【教学目的与学习目标】**

本实训项目的教学目的，是使学生在学习相关物流基础课程的基础上，以报关业务为主导，以通关为线索，了解报关业务的一般知识，掌握其工作原理、流程、应用方法。使学生对港口物流中的通关技术有全面、系统的了解和掌握，为学习有关专业课程以及进行专业实践打下必要的基础。本课程的基本目标是培养学生的综合素质，帮助他们掌握以下知识和技能。

(1) 掌握报关的流程及技巧。

(2) 掌握一般进出口货物的报关流程及相关问题的解决方法。

(3) 掌握报关单证的使用及填制方法。

(4) 具有运用专业知识、行业法规，以及查阅手册和其他技术资料的能力。

(5) 掌握现代实验研究的方法及实验技能。

(6) 了解现代港口系统中创造性思维的特点及创新工作的基本思路和方法。

## 11.1 随附单证准备

**【实训要点】**

1. 掌握国家对进出口货物管制的基本原理及分类管制要求。
2. 学习常见进出口报关随附单证的种类与申办程序。

准备申报单证是报关员开始进行申报工作的第一步，也是整个报关工作的关键。申报单证可以分为主要单证（报关单）和随附单证两大类，其中随附单证包括基本单证、特殊单证和预备单证。基本单证是指与货物出口直接相关的货运单据和商业单据，主要包括出口装货单据、商业发票及装箱单等。特殊单证是指国家有关法律规定实行特殊管制的证件，主要包括配额许可证管理证件（如配额证明）和其他各类特殊管理证件（如商品检验、动植物检疫等证件）。

## 一、对外贸易管制原理

### （一）对外贸易管制的目的及特点

1. 目的

保护和发展本国经济；推行本国外交政策；行使国家职能。

2. 特点

对外政策的体现；因时间、形势变化而变化；以进口管制为重点。

3. 分类

按管理目的分为进口贸易管制和出口贸易管制；按管制手段分为关税措施和非关税措施；按管制对象分为货物贸易管制、技术进出口贸易管制和国际服务贸易管制。

### （二）外贸管制的实现

（1）各部委核发许可证、海关据此审定进出境的合法性（单证货三相符）。

（2）报关是确认货物合法性的先决条件（不报关不能确认是否合法）。

### （三）我国外贸管制基本框架与法律体系

外贸管制是一种综合管理，由海关监管制度、关税制度、外贸资格管理制度、进出口许可制度、检验检疫制度、收付汇制度及贸易救济制度等构成，《对外贸易法》是外贸管制法律体系中的核心。

外贸管制是一种国家管制，适用法规不包括地方性法规、规章和条例，只限于宪法、法律、国家部门规章、国家行政法规以及相关的国际条约。

## 二、我国货物、技术进出口许可管理制度

进出口许可制度是非关税措施，管理范围包括禁止进出口技术和货物、限制进出口技术和货物、自由进出口技术及实行自动许可管理的货物，其中货物、技术进出口许可（管理制度）是我国进出口许可管理制度主体。

### （一）禁止进出口管理：实行目录管理

1. 禁止进口货物管理

（1）目录管理：《中国禁止进口货物目录》。

（2）国家法律法规明令禁止进口的商品，如病源、菌种、毒种、疫区动植物及其产品、动物尸体、土壤，动植物疫区的动植物、动植物产品等，违反“一个中国”原则的货物及包装，以氯氟烃物质为制冷剂、发泡剂的家电或家电用压缩机等。

（3）其他禁止进口货物：以 CFC-12 为制冷工质的汽车及汽车空调器、空调压缩机，右置方向盘的汽车，旧服装，血液制品，氯酸钾、硝酸铵等。

2. 禁止进口技术管理

目录管理：《中国禁止进口限制进口技术目录》。

3. 禁止出口货物管理

（1）目录管理：《中国禁止进口货物目录》，如四氯化碳、虎骨、犀牛角、麝香、固沙

用发菜、麻黄草、木炭、天然砂、硅砂及石英砂等。

（2）国家法律法规明令禁止出口的商品，如重要价值或濒危的野生动植物、野生红豆杉，劳改产品，原料血浆，以氯氟烃物质为制冷剂、发泡剂的家电或家电用压缩机等。

4. 禁止出口技术管理

目录管理：《中国禁止出口限制出口技术目录》。

#### （二）限制进出口管理

1. 限制进口货物管理

（1）管理方式：目录管理下的许可证和关税配额管理。

（2）许可证管理：非数量限制管理方式。包括进口许可证、濒危物种进口、可利用废物进口、进口药品、音像制品、黄金及制品等管理，各种许可证签发机构不同。

（3）关税配额管理：一种相对数量的限制，限额内外实行差别税率。如小麦，关税额内外税差达6倍。

2. 限制进口技术管理

（1）管理方式：目录管理下的许可证管理。

（2）程序：订立合同前递交“技术进口申请”，外贸部门核发“技术进口许可意向书”，合同后申请，核发《技术进口许可证》。

3. 限制出口货物管理

（1）管理方式：数量限制（配额招标管理和配额许可证管理）、其他限制（许可证管理）。

（2）许可证管理：非数量限制方式，包括出口许可证、濒危物种、敏感物项、军品等直接签发许可证管理，相关许可证件由不同相关部门签发。

（3）数量限制的货物管理方式包括配额许可证管理，即直接分配，凭获得的配额证明，到商务部门换发出口许可证（有确定总量）；配额招标管理，即根据招标原则，对中标者发放配额证明，然后到商务部换领出口许可证（有确定总量）。

4. 限制出口技术管理

目录管理下的许可证管理：《两用物项和技术许可证目录》《中国禁止出口限制出口技术目录》。

#### （三）自由进出口管理

除禁限管制的商品、技术外，都属自由进出口管理商品。但基于监测需要，对部分货物实行目录管理下的进出口自动许可管理，对技术进出口则实行合同登记管理。

### 三、其他贸易管制制度

#### （一）对外贸易经营者管理制度

（1）我国对外贸资格认定实行备案登记制，鼓励外贸企业代理进出口。

（2）我国对部分进出口商品实施管理，只能由授权企业经营，部分货物可由非授权企业经营。

（3）管理货物和授权企业实行目录管理，货物目录和企业目录由商务部动态发布。

（二）出入境检验检疫制度

（1）主管部门为国家质量监督检验检疫总局，通过颁布《法检目录》实施目录管理。对于法检商品实施强制性检验检疫，对于目录外商品实施抽检。出入境检验检疫制度包括进出口商检、动检及国境卫生监督制度三部分。

（2）商检分为法定检验、合同检验、公正鉴定和委托检验。商检标准依据国家强制性标准或合同约定标准。

（3）动植物检疫包括进境、出境、过境、携带和邮寄、生产加工、存放的动植物及其产品等。动植物检疫管理方式包括注册登记、疫情调查、监测和防疫指导。

（4）国境卫生监督包括进出境检疫、国境传染病检测及进出境卫生监督。

（三）进出口货物收付汇管理制度

（1）主管部门为外汇管理局（简称外管局），外汇管理的主要形式为通过核销单实行外汇核销。

（2）出口收汇管理：外汇管理局发出核销单，发货人或货代填写，报关时海关签注，外管部门凭核销单和报关单核销联等进行收汇核销。目的是防止截留外汇，提高收汇率。

（3）进口付汇管理：进口前向付汇行申请核销单，进口报关时海关签注，进口人凭核销单与报关单付汇证明联核销。目的是防止付汇不进口的逃汇行为。

（四）对外贸易救济措施

1. 反倾销措施

（1）临时反倾销措施（初步认定存在倾销倾向并调查结束前实施）：提供现金保证金、保函或者其他形式的担保；征收临时反倾销税（商务部建议、税则委员会决定、商务部公告，海关执行）。

（2）最终反倾销措施：征收反倾销税（程序同临时反倾销税）。

2. 反补贴措施

（1）临时反补贴措施（初裁补贴成立即实施）：以担保形式（包括：现金或者保函）征收临时反补贴税（程序同临时反倾销税）。

（2）最终反补贴措施（终裁补贴成立起实施，终裁前要磋商）：征收反补贴税（程序同临时反倾销税）。

3. 保障措施

（1）临时保障措施：提高关税。可不经磋商即实施，如事后调查不能确认对国内产业形成损害或损害威胁，应退还所征税。

（2）最终保障措施：提高关税、纯粹数量限制等形式。

反倾销、反补贴措施用以针对价格歧视的不公平贸易行为，保障措施用以针对进口激增的情况。

**四、我国贸易管制主要管理措施及报关规范**

本节所涉及证件、证明等，系官方证明文件，功能是佐证货物乃合法进、出口，因此具有法律效用。持证人不得改证、转让、买卖或伪造相关证件、证明，发生错证要交回换发。

（一）进、出口许可管理：目录管理

1. 主管部门

商务部。许可证局及商务部驻各地特派员办事处、各省直辖市自治区及计划单列市的商务厅（局）、外经贸委（厅、局）为发证机构。

2. 目录名称

略。

3. 证书名称

进口许可证、出口许可证。

4. 适用范围

（1）进口许可证

消耗臭氧层物质：三氯氟甲烷，二氯二氟甲烷。

重点旧机电：旧矽鼓、旧化工机械、旧工程机械、旧农业机械、旧纺织机械、旧印刷机械、旧船舶等。

（2）出口许可证

玉米、小麦、棉花、煤炭、原油、成品油（许可证局签发）。

大米、玉米粉、大米粉、小麦粉、锯材等（特派员办事处发证）。

钼、锌及锌合金、消耗臭氧层物质、石蜡（地方发证机构发证）。

对港澳台天然砂出口实行出口许可证管理，对其他地区禁止出口（不含标准砂，其出口实行出口许可证管理）。

5. 证书效期

进口许可证1年，跨年度使用不得超过3月31日；出口许可证效期6个月，不得跨年度使用。

6. 证书特点

“一证一关”“一批一证”和“非一批一证”。

7. 指定报关口岸

（1）锑及其制品：黄埔、北海、天津。

（2）轻烧镁、重烧镁：大连、青岛、青岛、天津、长春、满洲里（大连特办发证）。

（3）甘草：天津、上海、大连。

甘草制品：天津、上海。

（4）蚕丝类货物：上海、广州、深圳、成都、重庆、青岛、天津、大连、昆明、梧州、杭州。

（5）加工贸易锯材：大连、绥芬河（黑龙江指定出口口岸）；满洲里、二合浩特、大连、天津、青岛（内蒙古指定）；阿拉山口、天津、上海（新疆指定）；福州、厦门、莆田、漳州（福建指定）。

8. 大宗、散装货物

短溢装数量不得超过5%；原油、成品油装短溢装限额为3%；“非一批一证”的大宗散装货物，逐批据实核减，最后一批允许短溢装为剩余部分的允许上限（3%或5%）。

### （二）自动进口许可证管理：目录管理

1. 主管部门

商务部。许可证局及商务部驻各地特派员办事处、各省直辖市自治区及计划单列市的商务厅（局）、外经贸委（厅、局）、地方机电办为发证机构。

2. 目录名称

《自动许可管理货物目录》，分一般商品、机电产品（包括旧机电产品）、重要工业品三个目录分别管理。

3. 证书名称

《自动进口许可证》。

4. 适用范围

（1）肉鸡、植物油、烟草、天然气、煤、原油、成品油。

（2）天然橡胶、二醋酸纤维丝束、化肥。

（3）铜、铜精矿；铁矿石、钢材；铝土矿、氧化铝、废铝。

（4）废钢、废纸。

但下列贸易可免《自动进口许可证》：

（1）加工贸易项下复出口的料件（原油、成品油必需，战略物资，不能免）；

（2）进入保税区、加工区、保税仓库、保税物流中心等的货物（但进口许可证不免）；

（3）外商投资额内生产自用或者作为投资进口的（但旧机电产品不可免）；

（4）每批≤5 000 元人民币的进口货样广告品、试验品；

（5）暂时进口的海关监管货物。

5. 证书特点

“一批一证”和“非一批一证”（可使用 6 次）。

6. 证书效期

6 个月，仅公历年度使用。

7. 大宗、散装货物

散装货物短溢装 5% 免证验放，原油、成品油、化肥、钢材四种大宗、散装短溢装限额为 3%；“非一批一证”的大宗、散装货物，逐批据实核减，最后一批允许短溢装为剩余部分的允许上限（3% 或 5%）。

### （三）两用物项和技术进出口许可证管理：目录管理

1. 主管部门

商务部。商务部许可证局和各省级商务主管部门具体发证。

2. 目录名称

《两用物项和技术进出口许可证管理目录》。

3. 证书名称

《两用物项和技术进出口许可证》。

4. 证书效期

不超过 1 年，可延长至次年 3 月底。

5. 证书特点

“一证一关”，进口有“一批一证”和“非一批一证”两种，出口只有“一批一证”一种。

6. 海关

海关有对进出口涉嫌产品、设备、技术等提出质疑，进出口单位必须负有举证义务（说明自己的货物不属于，甚至从商务主管部门拿到不属于的证明）。

**（四）进口废物管理：分类、目录管理**

1. 主管部门

国家生态环境部。

2. 目录名称

废物分为禁止进口的不能用作原料的固体废物，限制进口可用作原料的固体废物，自动进口许可类可用作原料的固体废物。国家生态环境部会同商务部颁布《限制进口类可用作原料的废物目录》、《自动进口许可管理类可用作原料的废物目录》，没有列两个目录的废物禁止进口。对目录内可用作原料的废物由国家生态环境部核发《进口废物批准证书》。

3. 废物进口程序

先申领《进口废物批准证书》，在签订合同进口；到货后报检；合格持《进口废物批准证书》和《入境货物通关单》报关；不合格，出具检验证书，并以检验证书副本形式通知海关和当地环保部门，由二者依法处理。

4. 证书特点

“非一批一证”。

5. 不能转关（废纸除外），只能在口岸申报进境。

**（五）进口关税配额管理：执行无歧视性原则，实行全球配额**

1. 关税配额管理下的农产品

（1）管理范围：小麦、大米、玉米、棉花（发改委）、食糖、羊毛及毛条（商务部）。

（2）管理部门：商务部及发改委主管签发农产品进口关税配额证。

（3）管理证书：农产品进口关税配额证。

（4）贸易管理范围：所有贸易方式，尤其值得注意的是加工贸易项下。保税仓库、保税区、加工区与境外之间的农产品往来，不用提供关税配额证，但与境内区外其他地区的往来需要提供关税配额证。

（5）农产品关税配额证特点：“非一批一证”；有效期1年，可延长至次年2月底。

2. 关税配额管理下的工业品

（1）管理范围：尿素、磷酸氢二铵；含氮、磷、钾三种肥效元素的矿物肥；含氮、磷、钾三种肥效元素的化学肥。

（2）管理部门：商务部。

（3）管理证书：化肥进口关税配额证。

3. 关税配额证

关税配额证每年10月15—30日申请，根据以往进口实绩、生产能力等指标进行分配。

（六）濒危物种进出口管理：目录管理

1. 管理目录

《进出口野生动植物种商品目录》。

2. 主管机构

濒危物种进出口管理办公室及其指定机构。

3. 管理证书

公约证明、非公约证明、非物种证明之一。

4. 《非公约证明》

（1）商品管理范围：目录中属于我国自主规定管理的野生动植物及其产品。

（2）贸易管理范围：所有贸易方式，尤其值得注意的是加工贸易项目。

（3）《非公约证明》特点："一批一证"。

5. 《公约证明》

（1）商品管理范围：列入目录并属于《国际公约》成员应保护的野生动植物及其产品。

（2）贸易管理范围：所有贸易方式，尤其值得注意的是加工贸易项目。

（3）《公约证明》特点："一批一证"。

6. 《非物种证明》

（1）商品管理范围：未列入《野生动植物种目录》及《国际公约》。

（2）《非物种证明》特点：当年使用证（注明的关区内使用）、一次性使用证。

（七）进出口药品管理：分类、目录管理

1. 主管部门

国家食品药品监督管理局。

2. 品种

分为进出口麻醉药品、进出口精神药品以及进口一般药品；国家食品药品监督管理局会同商务部制定《进口药品目录》《生物制品目录》《精神药品目录》《麻醉药品目录》四目录。

3. 《精神药品进/出口准许证》

（1）管理商品范围：精神药品标准品及对照品，如咖啡因、去氧麻黄碱。

（2）《精神药品进/出口准许证》贸易管理范围：所有贸易方式，尤其值得注意的是加工贸易项目。

（3）《精神药品准许证》特点："一批一证""一证一关"。

4. 《麻醉药品进/出口准许证》

（1）管理商品范围：麻醉药品，如：包括鸦片、可卡因、大麻、合成麻醉药类、易成瘾的药品（药用原植物及制剂）等。

（2）贸易管理范围：所有贸易方式，尤其值得注意的是加工贸易项目。

（3）《麻醉药品准许证》特点："一批一证""一证一关"。

5. 《进口药品通关单》

（1）管理商品范围：《进口药品目录》和《生物制品目录》所列药品、首次在我国境内销售的药品。

（2）贸易管理范围：所有贸易方式，尤其值得注意的是加工贸易项目。

6.《进口药品通关单》特点

“一批一证”“一证一关”。

7. 一般药品的出口暂无特殊管理要求

**（八）纺织品出口临时管理**

1. 主管部门

商务部。许可证局具体负责发证管理工作。各省、自治区、直辖市、计划单列市、新疆建设兵团、哈尔滨、长春、沈阳、南京、武汉、广州、西安、成都负责当地发证工作。

2. 证书名称

对输往欧盟的纺织品实施“出口许可证管理”，输美纺织品实行“出口配额管理”。此外别的国家无须领证。

3. 适用贸易方式

一切贸易监管方式，如一般贸易、易货贸易、来料加工、进料加工、补偿贸易等。

4. 证书效期

输往美国的临时出口许可证为 6 个月，公历年度有效；输往欧洲国家的纺织品出口许可证有效期为 45 天。

5. 证书特点

均“一批一证”“一证一关”。

6. 证书例外

每批不超过 50 件的样品可以免领纺织品临时出口许可证。

**（九）出入境检验检疫：实行目录管理**

1. 主管部门

国家质量监督检验检疫局。

2. 证书名称

《出/入境通关单》。

3. 证书适用范围

（1）入境通关单：《法检目录》的商品；外商投资财产价值鉴定；可用作原料的废物；旧机电产品；货物短少、残损或其他质量问题项下的赔付货物；捐赠的医疗器械。

（2）出境通关单：《法检目录》的商品；出口纺织品标志；对外经援物资；人道主义救助物资。

4. 证书特点

“一批一证”。

**（十）黄金制品进出口管理：实行目录管理**

1. 管理机关

中国人民银行总行（央行）。

2. 目录名称

《黄金及其制品进出口管理商品目录》，几乎包括了金合金、金的化合物、（半）制品等。

3. 证书名称

《黄金及其制品进出口准许证》。

4. 证书适用

特殊监管区之间以及其与境外之间的进出黄金及其制品免证，但与区外境内之间的往来黄金必须提供准许证书。

**（十一）音像制品进口管理：国营贸易**

1. 主管部门

国家文化和旅游部。

2. 证书名称

《进口音像制品批准单》。

3. 管理特点

图书馆、音像资料馆、科研机构、学校进口供教研用，须委托进口。

**（十二）有毒化学品管理：目录管理**

1. 主管部门

国家生态环境部。

2. 目录名称

《中国禁止或严格限制的有毒化学品名录》。

3. 证书名称

《有毒化学品环境管理放行通知单》。

**（十三）农药进出口管理：目录管理**

1. 主管部门

国家农业部。

2. 目录名称

《农药名录》。

3. 证书名称

《农药登记证明》。

4. 管理例外

以工业原料为名进出口农药，提交《非农药登记管理证明》。

5. 证书特点

“一批一证”。

**（十四）兽药进口管理：目录管理**

1. 主管部门

国家农业部。

2. 目录名称

《进口兽药管理名录》。

3. 证书名称

《进口兽药通关单》。

## 11.2　申报

**【实训要点】**

1. 深入了解报关员、报关单位、海关三者之间的关系。

2. 掌握申报的关键点：申报的时间、地点、方式。

一般进出口货物报关程序由四个环节构成：进出口申报、配合查验、缴纳税费、提取或转运货物。

### 一、一般进出口货物报关特征和流程

#### （一）进出口申报

1. 申报地点

进口货物的收货人或其代理人应当在货物的进境地向海关申报；出口货物的发货人或其代理人应当在货物的出境地向海关申请。

当进出口货物申请办理转关运输手续时，进口货物的收货人或其代理人应当在设有海关的货物指运地申报，出口货物的发货人或其代理人应当在设有海关的货物启运地申报。经电缆、管道或其他特殊方式进出境的货物，进出口货物的收发货人或其代理人应当按照海关的规定定期向指定的海关申报以保税、展览及其他特殊使用目的等方式进境后，因故改变性质，或者改变使用目的转为实际进口的货物，进口货物的收货人或其代理人应当向货物的主管海关申报。

2. 申报期限

进口货物的申报期限为自装运货物的运输工具申报进境之日起14日内。申报期限的最后1天是法定节假日或休息日的，顺延至法定节假日或休息日后的第1个工作日。

出口货物的申报期限为货物运抵海关监管区后，装货的24小时以前。

进口货物的收货人未按规定期限向海关申报的，由海关按《海关法》的规定征收滞报金。

进口货物自装载货物的运输工具申报进境之日起超过3个月仍未向海关申报的，货物由海关按照《海关法》的规定提取变卖处理。对属于不宜长期保存的货物，海关可以根据实际情况提前处理。

3. 申报单证

基本单证：基本单证是指进出口货物的货运单据和商业单据，主要有进口提货单据、出口装货单据、商业发票、装箱单等。

特殊单证：特殊单证主要是指进出口许可证件、国家外经贸主管部门的批准文件、加工贸易登记手册、减免税证明、外汇收付汇核销单证、担保文书等。

预备单证：预备单证主要是指贸易合同、原产地证明书、进出口企业的有关证明文件等。

报关单：报关单是由报关员按照海关规定格式填制的申报单。报关单是主要单证，而基

本单证、特殊单证、预备单证（需要时提交）是随附单证。

准备申报单证的基本原则是：基本单证、特殊单证、预备单证必须齐全、有效、合法，报关单填制必须真实、准确、完整。

4. 申报前看货取样

我国海关法规定，进口货物的收货人可以在申报前向海关要求查看货物或者提取货样。

5. 申报方式

进出口货物的收、发货人或其代理人按先后顺序，先以电子数据报关单形式向海关申报，后提交纸质报关单。在某些边远地区，海关没有配备电子通关系统的，进出口货物的收、发货人或其代理人可以单独以纸质报告单形式向海关申报。在实行无纸通关项目的海关，进出口货物的收、发货人或其代理人也可以单独以电子数据报关单形式向海关申报。

6. 电子报关

终端录入方式，委托 EDI 方式，自行 EDI 方式，网上申报方式。

7. 提交报关单及随附单证

进出口货物的收、发货人或其代理人完成电子申报后，在计算机上打印纸质报告单，随附必需的申报单证，提交给指定的海关，由海关审核，确定是否进行查验，并开具税费缴纳书。

在采用电子和打印纸质报告单申报的情况下，海关接受申报的时间以海关接受电子数据报关单申报的时间为准。

8. 修改申报内容或撤销申报

海关接受申报以后，报关单及随附单证的内容不得修改，申报也不得撤销。但是有以下正当理由的，经海关同意，可以修改申报内容或者撤销申报后重新申报：

（1）由于计算机技术等方面的原因导致电子数据的错误；

（2）海关放行出口货物后，由于配载、装运等原因造成原申报货物部分或全部退关时；

（3）报关员或者专业预录入企业人员在计算机操作或书写上的失误造成非涉及国家贸易管制政策、税费征收、海关统计指标等内容的差错；

（4）海关在商品归类、商品估价后认为需修改申报内容的。

由于进出口货物的收、发货人或其代理人的申报错误构成违反海关法的，海关可以对进出口货物的收、发货人或其代理人进行处罚。对其中违反海关监管规定的，进出口货物的收、发货人或其代理人接受海关处罚后，可以申请修改申报内容或者撤销申报后重新申报。对其中构成走私，海关作出没收货物处罚的，不允许修改申报内容或者撤销申报后重新申报。

## 11.3 查验

**【实训要点】**

1. 了解海关查验的原则。

2. 了解海关查验的关键点：查验的时间、地点、内容、方式。

## 一、查验

查验，又称检查，是海关常用词汇。查验是以经过审核的单证为依据，对货主申报的内容进行直接实际的核实和查对，除有特殊规定准予免验者外，进出境货物的运输工具均应接受海关的查验，它为打击走私违法及为征税、统计提供实际监管依据等方面有着重要的作用。查验是国家赋予海关的一种依法行政的权力，也是通关过程中必不可少的重要环节。

海关实施查验可以是彻底查验，也可以是抽查。查验操作可以分为人工查验和设备查验。海关可以根据货物情况以及实际执法需要，确定具体的查验方式。人工查验包括外形查验、开箱查验。外形查验是指对外部特征明显、易于判断基本属性的货物的包装、运输标志和外观等状况进行验核；开箱查验是指将货物从集装箱、货柜、车箱等箱体中取出并拆除外包装后对货物实际状况进行验核。

## 二、海关查验

海关查验是指海关根据《海关法》中确定的进出境货物的性质、价格、数量、原产地、货物状况等是否与报关单上已申报的内容相符，对货物进行实际检查的行政执法行为。

海关通过查验，核实有无伪报、瞒报、申报不实等走私、违规行为，同时也为海关的征税、统计、后继管理提供可靠的资料。

海关查验时，进出口货物的收、发货人或其代理人应当到场。

### 1. 查验地点

查验一般在海关监管区内进行。对进出口大宗散货、危险品、鲜活商品、拖驳运输的货物，经货物的收、发货人或其代理人申请，海关也可同意在装卸作业的现场进行查验。在特殊情况下，经货物的收、发货人或其代理人申请，海关可派员到海关监管区以外的地方查验货物。

### 2. 查验时间

当海关决定查验时，即将查验的决定以书面通知的形式通知进出口货物的收、发货人或其代理人，约定查验的时间。查验时间一般约定在海关正常工作时间内。但是在一些进出口业务繁忙的口岸，海关也可应进出口货物的收、发货人或其代理人的要求，在海关正常工作时间以外安排查验作业。

### 3. 查验方式

海关查验的方式一般分为三种。

（1）彻底查验，即对货物逐件开箱、开包查验。对货物的品名、规格、数量、重量、原产地、货物状况等逐一与申报的数据进行详细核对。

（2）抽查，即按一定的比例，对货物有选择的开箱、开包查验。

（3）外形查验，即对货物的包装等进行核查、核验。

海关认为必要时，可以依法对已经完成查验的货物进行复验，即第二次查验。海关复验时，进出口货物的收、发货人或其代理人仍然应当到场。

### 4. 径行开验

径行开验是指海关在进出口货物的收、发货人或其代理人不在场的情况下，自行开拆货物进行查验。海关行使径行开验的权力时，应当通知货物存放场所的管理人员或其他见证人到场，并由其在海关的查验记录上签字。

5. 查验通知

进出口货物的收、发货人或其代理人接到海关的查验通知后，应当向海关的查验部门办理确定查验的具体地点和具体时间的手续。

6. 配合查验

海关查验货物时，进出口货物的收、发货人或其代理人应当到场，配合海关查验，并负责搬移货物、开拆或重封货物的包装。

配合是指收发货人或其代理人陪同查验的报关员应当了解和熟悉所申报货物的情况，并回答海关的询问，提供海关查验货物时所需要的单证或其他资料。

7. 确认查验结果

查验完毕后，海关实施查验的关员应当填写《海关进出境货物查验记录单》一式两份。配合海关查验的报关员应当注意阅读查验记录是否如实反映查验情况。特别注意以下情况的记录是否符合实际：

（1）开箱的具体情况；

（2）货物残损情况及造成残损的原因；

（3）提取货样的情况；

（4）查验结论。

收发货人或其代理人需配合查验的报关员审阅查验记录准确清楚的，并签字确认。

海关在查验中如需要提取货样进行检验化验或鉴定的，应当向进出口货物的收、发货人或其代理人开具《取样清单》，并履行相应手续。

8. 货物损坏赔偿

在查验过程中，或者证实海关在径行查验过程中，因为海关关员的责任造成被查验货物损坏的，进口货物的收货人、出口货物的发货人或其代理人可以要求海关赔偿。海关赔偿的范围仅限于在实施查验过程中，由于海关关员的责任造成被查验货物损坏的直接经济损失。直接经济损失的金额根据被损坏货物及其部件的受损程度确定，或者根据修理费确定。

以下情况不属于海关赔偿范围：

（1）进出口货物的收发货人或其代理人搬移、开拆、重封包装或保管不善造成的损失；

（2）易腐、易失效货物在海关正常工作程序所需时间内（含扣留或代管期间）所发生的变质或失效；

（3）海关正常查验时产生的不可避免的磨损；

（4）在海关查验之前已发生的损坏和海关查验之后发生的损坏；

（5）由于不可抗拒的原因造成货物的损坏、损失。

进出口货物的收发货人或其代理人在海关查验时对货物是否受损坏未提出异议，事后发现货物有损坏的，海关不负赔偿的责任。

9. 申请海关赔偿的程序

（1）被查货物损坏的认定：当证实由于海关关员的责任造成被查货物损坏时，配合查验的报关员应当要求海关出具由海关查验关员和配合查验的报关员双方签字的《海关查验货物、物品损坏报告书》，这是海关赔偿的主要依据。

海关径行查验造成货物损坏的，在场的货物存放场所的保管人员或者其他见证人应当与海关查验关员共同在《海关查验货物、物品损坏报告书》上签字。

（2）被查货物损坏的赔偿：进出口货物的收、发货人或其代理人收到《海关查验货物、物品损坏报告书》后，可与海关共同协商确定货物受损程度。如有必要，可凭公证机构出具的鉴定证明来确定货物受损程度。

货物受损程度确定以后，以海关审查确定的完税价格为基数，确定实际的赔偿金额。如商定以修理费用来计算赔偿金的，则按被损货物的实际修理费用确定赔偿金额。赔偿金额一律以人民币结算。

进出口货物的收、发货人或其代理人对赔偿金额有异议时，可向法院起诉，由法院裁定或判决赔偿金额。

赔偿金额确定以后，海关向进出口货物的收、发货人或其代理人发出《海关损坏货物、物品赔偿通知书》。自收到通知书之日起 3 个月内凭通知书向海关领取赔偿。逾期要求赔偿的，海关不予受理。

## 11.4　征税

**【学习要点】**

1. 了解税费的分类及各种税费的计算方法。
2. 了解不同的征税方式。

### 一、缴纳税费

缴纳税费是指进出口货物收发货人或其代理人接到海关发出的税费缴纳通知后，以支票、本票、汇票、现金的形式，向海关指定的银行办理税费款项的缴纳手续，由银行将税费款项缴入海关专门账户的工作程序。

进出口税费是指在进出口环节中由海关依法征收的关税、增值税、消费税、船舶吨税以及滞纳金和滞报金等税费。依法征收税费是海关的基本任务之一。

### 二、缴纳税费的方式

1. 凭缴款书和收费票据缴纳税费。
2. 网上缴税和付费。

## 11.5　放行

**【学习要点】**

1. 掌握放行结关的种类和方法。
2. 保税货物、特定减免税货物、暂准进出境货物结关特点。

## 一、海关放行

1. 海关放行的含义

海关放行是指海关接受进出口货物的申报、审核电子数据报关单和纸质报关单及随附单证、查验货物、征收税费或接受担保以后，对进出口货物作出结束海关进出境现场监管决定，允许进出口货物离开海关监管现场。

2. 结关的含义

结关是“办结海关手续”的简称，是指进出口货物的收、发货人或其代理人向海关办理完进出口货物通关的所有手续，履行了法律规定的与进出口有关的义务，有关货物一旦办结海关手续，海关就不再进行监管。

3. 海关放行的形式

海关在进口货物提货凭证或者出口货物装货凭证上签盖“海关放行章”，进出口货物的收、发货人或其代理人签收进口提货凭证和出口装货凭证，凭证提取进口货物或将出口货物装运到运输工具上离境。

在试行“无纸通关”申报方式的海关，海关作出放行决定时，通过计算机将“海关放行”报文发送给进出口货物的收、发货人或其代理人和海关监管货物保管人。进出口货物的收、发货人或其代理人从计算机上自行打印海关通知放行的凭证，凭证提取进口货物或将出口货物装运到运输工具上离境。

4. 海关放行和结关

对于一般进出口货物，放行时进出口货物的收、发货人或其代理人已经办理了所有申报、纳税手续，因此，海关放行即等于结关。但是对于保税货物、特定减免税货物、暂准进口货物等，海关在一定期限内还需进行后继管理，因为该类货物的收、发货人或其代理人并未办结海关手续，所以此时海关对于该类货物的放行不等于结关。

## 二、一般进出口货物的海关放行

海关征收了全额的税费，审核了相关的进、出口许可证件以后，按规定签印放行。这时，进出口货物收、发货人或其代理人才能办理提取进口货物或者装运出口货物的手续。对一般进出口货物来说，海关放行即意味着海关手续已经全部办结，货物可以在关境内自由流通或运往境外。

提取货物是指进口货物的收货人或其代理人，在办理了进口申报、配合查验、缴纳税费等手续，海关决定放行后，持凭海关加盖“放行章”的进口提货凭证（在无纸通关方式中，也可持凭海关通过计算机发送的放行通知书）提取进口货物的工作程序。

装运货物是指出口货物的发货人或其代理人，在办理了出口申报、配合查验、缴纳税费等手续，海关决定放行后，持凭海关加盖“放行章”的出口装货凭证（在无纸通关方式中，也可持凭海关通过计算机发送的放行通知书）通知港区、机场、车站及其他有关单位装运出口货物的工作程序。

## 三、其他货物的海关放行

后继阶段是指根据海关对保税加工货物、特定减免税货物、暂准进出口货物等的监管要求，进出口货物收、发货人或其代理人在货物进出境储存、加工、装配、使用后，在规定的期限内，按照规定的要求，向海关办理上述进口货物核销、销案、申请解除监管的手续的过程。

1. 保税加工货物

进出口货物收、发货人或其代理人应当在规定的时间内办理保税加工货物登记手册的核销、银行担保金台账的销账等手续。

2. 特定减免税货物

进出口货物收、发货人或其代理人应当在海关监管期满，或者在海关监管期内经海关批准出售、转让、退运、放弃特定减免税货物后，向海关申请办理解除海关监管的手续。

3. 暂准进出口货物

进出口货物收、发货人或其代理人应当在暂准进出境期限内，或者在经海关批准延长暂准进出境期限到期后，向海关申请办理复运出境或进境、正式进出口销案等手续。

# 第12章

# 报检业务实训项目

**【教学目的与学习目标】**

本实训项目的教学目的，是使学生在学习相关物流基础课程及报关实务的基础上，了解报检业务的一般知识，掌握其工作原理、流程、应用方法，使学生对港口物流中报检技术有一个全面、系统的了解和掌握。本课程的基本目标是培养学生的综合素质，让他们掌握以下知识和技能。

(1) 掌握出境报检基本工作内容和方法。

(2) 掌握入境报检基本工作内容和方法。

## 12.1 出境报检业务

**【实训要点】**

1. 了解出境货物报检的范围，分类。

2. 了解出境货物报检的关键点：出境货物查验的时间、地点、单据、工作程序。

### 一、出境货物报检的范围

1. 法定检验检疫

(1) 列入《出入境检验检疫机构实施检验检疫的进出境商品目录》货物。

(2) 其他法律、行政法规规定需经检验检疫机构检验检疫出证的货物。

(3) 对外贸易合同约定由检验检疫机构检验检疫的货物。

(4) 有关国际条约规定须经检验检疫机构检验检疫的货物。

(5) 装运出境易腐易变食品、冷冻品的船舱、集装箱等运载工具的适载检验。

(6) 出境危险货物包装容器的性能检验和使用鉴定。

（7）装载动植物、动植物产品和其他检疫物的装载容器、包装物的检疫。

2. 对外贸易合同约定须凭检验检疫机构签发的证书进行交接、结算的出境货物

3. 有关国际条约规定必须经检验检疫的出境货物

4. 输入国家或地区所规定须凭检验检疫机构出具证书方准入境的货物

## 二、出境货物报检的分类

出境货物报检可分为出境货物一般报检、出境货物换证报检、出境货物预检报检。

### （一）出境货物一般报检

出境货物一般报检是指法定检验检疫出境货物的货主或其代理人，持有关证单向产地检验检疫机构申请检验检疫以取得出境放行证明及其他单证的报检。

在当地海关报关出境的一般报检货物，经报关地检验检疫机构检验检疫合格后签发“出境货物通关单”，货主或其代理人凭通关单向海关报关。在异地报关的，有产地检验检疫机构签发《出境货物通关单》或《换证凭条》，货主或其代理人凭通关单《换证凭条》向报关地的检验检疫机构申请换发“出境货物通关单”。

### （二）出境货物换证报检

出境货物换证报检是指经产地检验检疫机构检验检疫合格的法定检验检疫出境货物的货主或其代理人，持产地检验检疫机构签发《出境货物换证凭单》或“换证凭条”向报关地检验检疫机构申请换发《出境货物通关单》的报检。

对于出境换证报检的货物，报关地检验检疫机构按照国家规定的抽查比例进行查验。

### （三）出境货物预检报检

（1）出境货物预检报检是指货主或其代理人持有关单证向产地检验检疫机构对暂时还不能出口的货物预先实施检验检疫的报检。合格的，签发标明“预检”字样的《出境货物换证凭单》，正式出口，可凭此证申请办理换证放行手续。

（2）申请出境预检报检的货物是经常出口的、非易腐烂变质、非易燃易爆的商品。

## 三、出境货物报检时间、地点

1. 报检时间

出境货物最迟应于报关或出境装运前10天向检验检疫机构申请报检；出境动物应在出境前60天预报，隔离前7天报检；出入境的运输工具应在出境前向口岸检验检疫机构报检或申报。

2. 报检地点

出境货物应在货物所在地检验检疫机构办理报检。对有内地运往口岸分批、并批的货物，应在产地办理预检，合格后，方可运往口岸办理出境货物的查验换证手续。

对由内地运往口岸后，由于改变国别或地区有不同检疫要求的、超过检验检疫有效期的、批次混乱货证不符的，或经口岸查验不合格的，须在口岸重新报检。

## 四、出境货物报检应提供的单据

（1）出境货物报检时，应填写《出境货物报检单》，并提供外贸合同、销售确认书或定单；信用证、有关函电；生产经营部门出具的厂检结果单原件；检验检疫机构签发的《出

境货物运输包装性能检验结果单》正本。

（2）凭样品成交的，须提供样品。

（3）经预检的货物，在向检验检疫机构办理换证放行手续时，应提供该检验检疫机构签发的《出境货物换证凭单》（正本）。

（4）产地与报关地不一致的出境货物，在向报关地检验检疫机构申请《出境货物通关单》时，应提交产地检验检疫机构签发的《出境货物换证凭单》（正本）。

（5）按照国家法律、行政法规的规定实行卫生注册和质量许可的出境货物，必须提供经检验检疫机构批准的注册编号或许可证编号。

（6）出口危险货物时，必须提供《出境货物运输包装性能检验结果单》正本和《出境危险货物运输包装使用鉴定结果单》（正本）。

（7）出境特殊物品的，根据法律法规规定应提供有关审批文件。

**五、出境货物报检单的填制要求**

报检单位须加盖报检单位印章，并准确填写本单位在检验检疫机构备案或注册登记的代码。所列各项内容必须完整、准确、清晰、不得涂改。

（1）编号：电子报检受理后自动生成，在受理回执中自动反馈。

（2）报检单位：填写报检单位的全称。

（3）报检单位登记号：填写报检单位在检验检疫机构备案或注册登记的代码。

（4）联系人：填写报检人员姓名。

（5）电话：填写报检人员的联系电话。

（6）报检日期：检验检疫机构实际受理报检的日期，由检验检疫机构受理报检人员填写。

（7）发货人：根据不同情况填写，预检报检的，可填写生产单位。出口报检的，应填写外贸合同中的卖方或信用证受益人。

（8）收货人：按外贸合同、信用证中所列买方名称填写。

（9）货物名称：按外贸合同、信用证上所列名称及规格填写。

（10）H. S 编码：填写本批货物的商品编码。以当年海关公布的商品税则编码分类为准。

（11）产地：指货物的生产（加工）地，填写省、市、县名。

（12）数/重量：按实际申请检验检疫数/重量填写。重量还应填写毛/净重。

（13）货物总值：填写本批货物的总值及币种，应与外贸合同、发票上所列的货物总值一致。

（14）包装种类及数量：填写本批货物实际运输包装的种类及数量，应注明包装的材质。

（15）运输工具名称号码：填写装运本批货物的运输工具的名称和号码。

（16）合同号：填写对外贸易合同、订单的号码。

（17）信用证号：填写本批货物对应的信用证编号。

（18）贸易方式：填写本批货物进口的贸易方式，根据实际情况选填写一般贸易、来料加工、进料加工、易货贸易、补偿贸易、边境贸易、无偿援助、外商投资、对外承包工程进出口货物、出口加工区进出境货物、出口加工区进出区货物、退运货物、过境货物、保税区进出境仓储、转口货物、保税区进出区货物、暂时进出口货物、暂时进出口留购货物、展览品、样品、其他非贸易性物品、其他贸易性货物等。

（19）货物存放地点：填写本批货物存放的具体地点。

（20）发货日期：填写出口装运日期，预检报检可不填。

（21）输往国家和地区：外贸合同中买方（进口方）所在国家和地区，或合同注明的最终输往国家和地区。

（22）许可证/审批号：对已实施许可/审批制度管理的货物，报检时填写质量许可证编号或审批单编号。

（23）生产单位注册号：指生产、加工本批货物的单位在检验检疫机构注册登记编号。

（24）启运地：填写装运本批货物离境的交通工具的启运口岸/城市地区名称。

（25）到达口岸：本批货物最终抵达目的地停靠口岸名称。

（26）集装箱规格、数量及号码：货物若以集装箱运输应填写集装箱的规格、数量及号码。

（27）合同订立的特殊条款以及其他要求：填写在外贸合同中特别订立的有关质量、卫生等条款或报检单位对本批货物检验检疫的特别要求。

（28）标记及号码：货物的标记号码，应与合同、发票等有关外贸单据保持一致；若没有标记号码则填“N/M”。

（29）用途：填写本批货物的用途，根据实际情况选填。

（30）随附单据：按实际向检验检疫机构提供的单据，在对应的“□”上打“√”或补填。

（31）需要证单名称：根据所需由检验检疫机构出具的证单，在对应的“□”上打“√”或补填，并注明所需证单的正副本数量。

（32）报检人郑重声明：报检人员必须亲笔签名。

（33）检验检疫费：由检验检疫机构计费人员填写。

（34）领取证单：报检人在领取证单时填写领证日期并签名。

### 六、出境货物的检验检疫工作程序

与入境货物检验检疫工作程序不同，出境货物的检验检疫一般是报检后，先检验检疫，后通关放行。

法定检验检疫的出境货物，在报关时必须提供出入境检验检疫机构签发的《出境货物通关单》，海关凭报关地出入境检验检疫机构出具的《出境货物通关单》验放。对产地和报关地相一致的出境货物，经检验检疫合格的，出具《出境货物通关单》。对产地和报关地不一致的出境货物，出具《出境货物换证凭单》，由报关地检验检疫机构换发《出境货物通关单》。出境货物经检验检疫不合格的出具《出境货物不合格通知单》。

## 12.2 入境报检业务

【实训要点】

1. 了解入境货物报检的范围，分类。

2. 了解入境货物报检的关键点：出境货物查验的时间、地点、单据、工作程序。

### 一、出入境检验检疫

出入境检验检疫是指检验检疫部门和检验检疫机构依照法律、行政法规和国际惯例等的要求，对出入境的货物、交通运输工具、人员等进行检验检疫、认证及签发官方检验检疫证明等监督管理工作。我国的出入境检验检疫主要由进出口商品检验、进出境动植物检疫和国境卫生检疫以及与之相关联和配套的其他业务和行政职能有机组成。

出入境检验检疫对保证国民经济的发展，消除国际贸易中的技术壁垒，保护人体健康、保护消费者的利益和贯彻中国的对外交往，都有非常重要的作用。

### 二、入境货物报检

#### （一）入境货物报检范围

1. 法律、行政法规规定必须由检验检疫机构施检的范围

（1）列入《出入境检验检疫机构实施检验检疫的进出境商品目录》货物。我国出入境检验检疫制度实行目录管理，即国家根据对外贸易需要，公布并调整《出入境检验检疫机构实施检验检疫的进出境商品目录》，目录所列的商品称为法定检验商品，即国家规定实施强制性检验的进出境商品。

（2）进境旧机电、入境废物。

（3）集装箱。

（4）入境、过境的动植物及其产品、以及其他检疫物。

（5）进境动植物性质包装物铺垫材料。

（6）来自动植物区的运输工具，装载动植物、产品及其他检疫物的运输工具。

（7）进境拆解的废旧船舶。

（8）可能传播传染病的行李、邮包、货物等。

（9）旅客携带物（如微生物、骨灰、血液制品等）和伴侣动物。

（10）国际邮寄物。

（11）法律、行政法规规定需经检验检疫机构实施检验检疫的其他应检对象。

2. 输入国要求必须凭检验检疫证书入境的货物

3. 国际条约规定必须检验检疫的货物

4. 外贸合同中约定必须凭检验检疫机构证书办理交接、结算的货物

### 三、入境货物报检的分类

入境报检主要有三种方式：进境一般报检、进境流向报检和进境异地施检报检。

1. 进境一般报检

法定检验检疫入境货物的货主或其代理人，持有关单证向卸货口岸检验检疫机构申请取得《入境货物通关单》并对货物进行检验检疫的报检。

进境一般报检、《入境货物通关单》的签发和对货物的检验检疫都由口岸检验检疫机构完成，货主或其代理人在办理完通关手续后，应主动与货物目的地检验检疫机构联系，落实检验检疫工作。

2. 进境流向报检

进境流向报检亦称口岸清关转异地进行检验检疫的报检，指法定入境检验检疫货物的收货人或其代理人持有关证单在卸货口岸向口岸检验检疫机构报检，获取《入境货物通关单》并通关后由进境口岸检验检疫机构进行必要的检疫处理，货物调往目的地后再由目的地检验检疫机构进行检验检疫监管。

一般报检与流向报检的区别就在于，申请进境流向报检货物的通关地与目的地属于不同辖区。

3. 进境异地施检报检

进境异地施检报检是指已在口岸完成进境流向报检，货物到达目的地后，该批进境货物的货主或其代理在规定的时间内，向目的地检验检疫机构申请进行检验检疫的报检。

因进境流向报检只在口岸对装运货物的运输工具和外包装进行了必要的检疫处理，并未对整批货物进行检验检疫，所以只有当实施检验检疫的机构对货物实施了具体的检验、检疫后，货主才能获得相应的准许进口货物销售使用的合法凭证，也就是《入境货物检验检疫证明》，这样也就完成了进境货物的检验检疫工作。

**四、入境货物报检的时限**

（1）申请货物品质检验和鉴定的，一般应在索赔有效期前不少于 20 天内报检。

（2）输入微生物、人体组织、生物制品、血液及其制品或种畜、禽及其精液、胚胎、受精卵的，在入境前 30 天报检。

（3）输入其他动物的在进境前 15 天报检。

（4）输入植物、种子、种苗及其他繁殖材料的，在进境前 7 天报检。

**五、入境报检地点**

（1）审批、许可证等有关政府批文中规定了检验检疫地点的，在规定的地点报检。

（2）大宗散装商品、易腐烂变质商品、可用作原料的固体废物以及在卸货时已发生残损、重数量短缺的商品，必须在卸货口岸检验检疫机构报检。

（3）需结合安装调试进行检验的成套设备、机电仪器产品以及在口岸开件后难以恢复包装的货物，应在收货人所在地检验检疫机构报检并接受检验。

（4）输入动植物、动植物产品和其他检疫物的，应向入境口岸检验检疫机构报检，并由口岸检验检疫机构实施检疫。入境后需办理转关手续的检疫物，应向入境口岸检验检疫机构申报，除活动物和来自动植物疫情流行国家或地区的检疫物须由进境口岸检疫外，其他均应及时到指运地检验检疫机构报检，并实施检疫。

（5）其他入境货物，应在入境前或入境时向报关地检验检疫机构报检。

**六、入境货物报检应提供的单据**

申请入境货物报检时，应填写《入境货物报检单》并提供合同、发票、提单等有关单证。同时，还应根据检验检疫的要求提供其他特殊证单。例如，入境的动植物及其产品，在提供贸易合同、发票、产地证书的同时，还必须提供输出国家或地区官方的检疫证书；需办理入境检疫审批手续的，还应提供入境动植物检疫许可证；报检入境废物时，还应提供国家环保部门签发的《进口废物批准证书》和经认可的检验机构签发的装运前检验合格证书等。

报检单是由进口商或其代理人（专业报检机构）按照海关规定的格式和要求，根据进口货物的实际情况填写，用于向进口地海关进行申报的文件。进口报检单只有经过海关签章放行后，进口商才能够提取货物，同时，进口报检单还是进口商向国外支付货款时需要使用的重要凭证。

**七、入境货物报检单填制要求**

（1）编号：由检验检疫机构报检受理人员填写，前6位为检验检疫局机关代码，第7位为报检类别代码，第8、9位为年代码，第10至15位为流水号。

（2）报检单位登记号：报检单位在检验检疫机构登记的号码。

（3）联系人：报检人员姓名。电话：报检人员的联系电话。

（4）报检日期：检验检疫机构实际受理报检的日期。

（5）收货人：外贸合同中的收货人。应中英文对照填写。

（6）发货人：外贸合同中的发货人。

（7）货物名称（中/外文）：进口货物的品名，应与进口合同、发票名称一致，如为废旧物应注明。

（8）H. S编码：进口货物的商品编码。以当年海关公布的商品税则编码分类为准。

（9）产地：该进口货物的原产国家或地区。

（10）数/重量：以商品编码分类中标准数/重量为准。应注明数/重量单位。

（11）货物总值：入境货物的总值及币种，应与合同、发票或报关单上所列的货物总值一致。

（12）包装种类及数量：货物实际运输包装的种类及数量。

（13）运输工具名称号码：运输工具的名称和号码。

（14）合同号：对外贸易合同、订单或形式发票的号码。

（15）贸易方式：该批货物进口的贸易方式。

（16）贸易国别（地区）：进口货物的贸易国别。

（17）提单/运单号：货物海运提单号或空运单号，有二程提单的应同时填写。

（18）到货日期：进口货物到达口岸的日期。

（19）启运口岸：货物的启运口岸。

（20）入境口岸：货物的入境口岸。

（21）卸毕日期：货物在口岸的卸毕日期。

（22）启运口岸：货物的启运口岸。

（23）入境口岸：货物的入境口岸。

（24）索赔有效期：对外贸易合同中约定的索赔期限。

（25）经停口岸：货物在运输中曾经停靠的外国口岸。

（26）目的地：货物的境内目的地。

（27）集装箱规格、数量及号码：货物若以集装箱运输应填写集装箱的规格，数量及号码。

（28）合同的特殊条款以及其他要求：在合同中订立的有关检验检疫的特殊条款及其他要求应填入此栏。

（29）存放地点：货物存放的地点。

（30）用途：本批货物的用途。

（31）随附单据：在随附单据的种类前打“√”或补填。

（32）号码：货物的标记号码，应与合同、发票等有关外贸单据保持一致，若没有标记号码则填“N/M”。

（33）外商投资财产：由检验检疫机构报检受理人员填写。

（34）签名：由持有报检员证的报检人员手签。

（35）检验检疫费：由检验检疫机构计费人员核定费用后填写。

（36）领取证单：报检人在领取检验检疫机构出具的有关检验检疫证单时填写领证日期和领证人姓名。

## 八、入境货物的检验检疫工作程序

以法定检验检疫货物为例，入境货物的检验检疫工作程序为先报检，后先放行通关，再进行检验检疫。

（1）法定检验检疫入境货物的货主或其代理人首先向卸货口岸或到达站的出入境检验检疫机构申请报检。

（2）检验检疫机构受理报检，转施检部门签署意见，计收费。

（3）对来自疫区的、可能传播传染病、动植物疫情的入境货物交通工具或运输包装实施必要的检疫、消毒、卫生除害处理后，签发《入境货物通关单》（入境废物、活动物等除外）供报检人办理海关的通关手续。

（4）货物通关后，入境货物的货主或其代理人需在检验检疫机构规定的时间和地点到指定的检验检疫机构联系对货物实施检验检疫。

（5）经检验检疫合格的入境货物签发《入境货物检验检疫证明》放行，经检验检疫不合格的货物签发检验检疫处理通知书，需要索赔的签发检验检疫证书。

# 第13章

# 港口集装箱业务实训项目

**【教学目的与学习目标】**

本实训项目的教学目的与学习目标是使学生在学习相关物流基础课程、报关实务及报检实务的基础上，以集装箱运输为主导，以进出口为线索，了解集装箱运输的一般知识，掌握其工作原理、流程、应用方法。使学生对港口物流中集装箱业务有一个全面、系统的了解和掌握。为学习有关专业课程及进行专业实践打下必要的基础。本课程的基本目标是培养学生的综合素质，让他们掌握以下知识和技能。

(1) 掌握集装箱进出口单证的种类和使用方法。

(2) 通过老师提供的单证样本认知单证。

(3) 掌握集装箱进口业务的主要地点和单证。

(4) 掌握集装箱进口业务的主要流程。

(5) 具有运用专业知识、行业法规，以及查阅手册和其他技术资料的能力。

## 13.1 港口集装箱单证

**【实训要点】**

1. 掌握集装箱进出口单证的种类和使用方法。
2. 通过老师提供的单证样本认知单证。

### 一、进出口主要货运单证

1. 订舱单

订舱单是承运人或其代理人在接受发货人或货物托运人订舱时，根据发货人的口头或书面申请货物托运的情况，据以安排集装箱货物运输而制订的单证。该单证一经承运人确认，便作为承、托双方订舱的凭证。

2. 装箱单

装箱单是详细记载集装箱和货物名称、数量等内容的单据，每个载货的集装箱都要制作这样的单据，它是根据已装进集装箱内的货物制作的。不论是由货主装箱还是由集装箱货运站负责装箱，装箱单是详细记载每个集装箱内所装货物情况的唯一单据。

所以，在以集装箱为单位进行运输时，装箱单是一张极其重要的单据。装箱单的主要作用有：

（1）在装货地点作为向海关申报货物出口的代用单据；

（2）作为发货人、集装箱货运站与集装箱码头堆场之间货物的交接单；

（3）作为向承运人通知集装箱内所装货物的明细表；

（4）在进口国家、途经国家作为办理保税运输手续的单据之一；

（5）单据上所记载的货物与集装箱的总重量是计算船舶吃水差、稳性的基本数据。

因此，装箱单内容记载准确与否，对保证集装箱货物的安全运输有着密切的关系。

3. 设备交接单

设备交接单是集装箱所有人或租用人委托集装箱装卸区、中转站或内陆站与货方之间交接集装箱及承运设备的凭证。设备交接单由承运人或其代理人签发给货方，据以向装卸区、中转站或内陆站领取或送还重箱或轻箱。设备交接单第一张背面印有交接使用条款，主要内容是集装箱及设备在货方使用期中产生的费用，以及遇有设备及所装货物发生损坏、灭失的责任划分和对第三者发生损害赔偿的承担。设备交接一般在装卸区、中转站或内陆站的门口办理。设备包括集装箱、底盘车、台车及电动机等。设备交接单分“出门”和“进门”两种。

4. 场站收据

场站收据是由承运人发出的证明已收到托运货物并开始对货物负责的凭证。与传统件杂货运输所使用的托运单证比较，场站收据是一份综合性的单证，它把货物托运单（订舱单）、装货单（关单）、大副收据、理货单、配舱回单、运费通知等单证汇在了一起，这对提高集装箱货物托运的效率有很大的意义。

场站收据一般是在托运人口头或书面订舱，与船方或船代达成了货物运输的协议且船代确认订舱后，由船代交托运人或货代填制的。场站收据在码头堆场、集装箱货运站或内陆货站收到整箱货或拼箱货后签发生效。托运人或其代理人可凭场站收据，向船代换取已装船或代装船提单。

场站收据的作用如下：

（1）船方或船代确认订舱，并在场站收据上加盖有报关资格的单证章后，将场站收据交给托运人或其代理人，意味着运输合同开始生效；

（2）场站收据是出口货物报关的凭证之一；

（3）场站收据是承运人已收到托运货物并开始对其负责的证明；

（4）场站收据是换取海运提单或联运提单的凭证；

（5）场站收据是船公司、港口组织装卸、理货和配载的凭证；

（6）场站收据是运费结算的依据；

（7）如信用证中有规定，可作为向银行结汇的单证。

场站收据是集装箱运输专用的出口单证，不同的港口、货运站使用情况也不一样，其联数有十联、十二联、七联不等。这里以十联格式为例，说明场站收据的组成情况：第一联，货方留底；第二联，集装箱货物托运单（船代留底）；第三、四联，运费通知单（1）、运费通知单（2）；第五联，装货单场站收据副本（关单）；第六联，场站收据副本（大副联）；第七联，场站收据（正本）；第八联，货代留底；第九、十联，配舱回单（1）、配舱回单（2）。

场站收据流转的过程及程序为：

（1）托运人（或货代）填制后，留下货方留底联（第一联），将第二至十联送船代（签单）编号；

（2）船代编号后，留下第二至四联，并在第五联上加盖确认订舱及报关章，然后将第五至十联退给货代，货代留下第八联并把第九、十联送给托运人做配舱回单；

（3）第五至七联作报关使用；

（4）海关审核认可后，在第五联装货单上加盖放行章；

（5）货代负责将箱号、封志号、件数等内容填入第五至七联，并将集装箱货物与这些联在规定的时间送到堆场；

（6）场站业务员在集装箱货物进场、验收完毕后，在第五至七联上填入实收箱数、进场完毕日期，并签收和加盖场站公章。第六联由场站留底，第七联送理货员，理货员在装船时将该联交大副，并将经双方签字的第七联即场站收据正本返回货代。

在场站收据的流转过程中，应注意以下八个事项：

（1）托运人或货代的出口货物，一般要求在装箱前 24 小时内向海关申报，海关在场站收据上加盖放行章后方可装箱。如在海关盖章放行前装箱或先进入堆场的集装箱，必须经海关同意，并在装箱前 24 小时内将海关盖章的场站收据送交收货的场站业务员。

（2）场站收据中出口重箱的箱号，允许装箱后由货代或装箱单位正确填写，海关验放时允许无箱号，进场完毕时必须填写所有箱号、封志号和箱数。

（3）托运人和货代对场站收据内容的变更，必须及时通知有关各方，并在 24 小时内出具书面通知，办理变更手续。

（4）各承运人委托场站签发场站收据必须有书面协议。

（5）场站业务员签发的场站收据必须验看是否有海关放行章，没有海关放行章不得安排所载明的集装箱装船。

（6）采用 CY（Container Yard）交接条款，货主对箱内货物的准确性负责；采用 CFS（Container Freight Station）交接条款，装箱单位对货物负责。拼箱货物以箱为单位签发场站收据。

（7）外轮理货人员应根据交接条款，在承运人指定的场站和船边理箱，并在有关单证上加批注，提供理货报告和理箱单。

（8）货代、船代应正确完整地填写和核对场站收据的各个项目。

### 二、进出口货物海关申报单

国际上有许多国家修改了本国海关法令规章和手续，以适应集装箱成组化运输的现实需要，也有不少国家共同缔结了关于集装箱货物运输的海关公约。在这些规章和公约中，海关手续被简化到最低限度，集装箱货物只要在启运国内陆地点经海关检验后，并在箱子加注海关封志就可以一直运到进口国家最终交货地点，由目的地海关检验放行。在运输过程中所经国家的海关仅对集装箱进行记录，不检查箱子内货物的实际情况。

我国海关对进出口集装箱及所装货物的规定：凡进口的集装箱货物直接运往内地设有海关的地点，则由口岸货运代理向海关申请办理转运（转点）手续，口岸海关将有关申报单证转交承运人负责带交内陆地海关，由内陆地海关查验放行；凡出口的集装箱货物，如果是在内地设有海关地点装箱的，则由当地发货人或货运代理向海关申报，由海关将有关申报单证转交承运人负责带给出境地海关凭以监督装船。

进出口货物海关申报单的主要内容：

（1）发货人的名称和地址；

（2）收货人的名称和地址；

（3）交货人地点、装货地点；

（4）途经中转地点；

（5）运输方式；

（6）装箱日期，箱量、填表日期、份数；

（7）单证申报人名称、地址；

（8）有关货物情况（货名、件数、标志、种类、包装、货运单位）；

（9）海关、单证申请人签署；

（10）有关备注、附件说明。

## 13.2　港口集装箱进口业务流程

**【实训要点】**

1. 掌握集装箱进口业务的主要地点和单证。

2. 掌握集装箱进口业务的主要流程。

1. 接到客户的全套单据后，要查清该进口货物属于哪家船公司承运、哪家作为船舶代理、在哪儿可以换到供通关用的提货单（全套单据包括带背书的正本提单或电放副本、装箱单、发票、合同）

此流程有三个注意事项：

（1）提前与船公司或船舶代理部门联系，确定船到港时间、地点，如需转船应确认二程船名；

（2）提前与船公司或船舶代理部门确认换单费、押箱费、换单的时间；

（3）提前联系好场站确认好提箱费、掏箱费、装车费、回空费。

2. 凭带背书的正本提单（如是电报放货，可带电报放货的传真件与保函）去船公司或船舶代理部门换取提货单和设备交接单

此流程有五个注意事项：

（1）背书有两种形式，如果提单上收货人栏显示“TO ORDER”则由“SHIPPER”背书，如果收货人栏显示其真正的收货人，则需收货人背书；

（2）保函是由进口方出具给船舶代理的一份请求放货的书面证明。保函内容包括进口港、目的港、船名、航次、提单号、件重尺及进口方签章；

（3）换单时应仔细核对提单或电放副本与提货单上的集装箱箱号及封号是否一致；

（4）提货单共分五联，白色提货联、蓝色费用账单、红色费用账单、绿色交货记录、浅绿色交货记录；

（5）设备交接单是集装箱进出场站时，用箱人、运箱人与管箱人或其代理人之间交接集装箱及其他机械设备的凭证，并兼具管箱人发放集装箱凭证的功能。当集装箱或机械设备在集装箱码头堆场或货运站借出或回收时，由码头堆场或货运站制作设备交接单，经双方签字后，作为两者之间设备交接的凭证。设备交接单分进场和出场两种，交接手续均在码头堆场大门口办理。出码头堆场时，码头堆场工作人员与用箱人、运箱人就设备交接单上的以下主要内容共同进行审核：用箱人名称和地址，出堆场时间与目的，集装箱箱号、规格、封志号及是空箱还是重箱，有关机械设备的情况，正常还是异常等。进码头堆场时，码头堆场的工作人员与用箱人、运箱人就设备交接单上的下列内容共同进行审核：集装箱、机械设备归还日期、具体时间及归还时的外表状况，集装箱、机械设备归还人的名称与地址，进堆场的目的，整箱货交箱货主的名称和地址，拟装船的船次、航线、卸箱港等。

3. 用换来的提货单联并附上报关单据前去报关

报关单据：提货单联海关放行后，在白联上加盖放行章，发还给进口方作为提货的凭证。正本箱单、正本发票、合同、进口报关单一式两份、正本报关委托协议书、海关监管条件所涉及的各类证件。

此流程有三个注意事项：

（1）接到客户全套单据后，应确认货物的商品编码，然后查阅海关税则，确认进口税率，确认货物需要什么监管条件，如需做各种检验，则应在报关前向有关机构报验。报验所需单据有报验申请单、正本箱单发票、合同、进口报关单（两份）；

（2）换单时应催促船舶代理部门及时给海关传舱单，如有问题应与海关舱单室取得联系，确认舱单是否转到海关；

（3）当海关要求开箱查验货物时，应提前与场站取得联系，将所查箱子调至海关指定的场站（事先应与场站确认好调箱费、掏箱费）。

4. 若是法检商品应办理验货手续

如需商检，则要在报关前，拿进口商检申请单（带公章）和两份报关单办理登记手续，并在报关单上盖商检登记在案章以便通关，验货手续在最终目的地办理。

如需动植检，也要在报关前拿箱单、发票、合同、报关单去代报验机构申请报验，在报关单上盖放行章以便通关，验货手续可在通关后堆场进行。

5. 海关通关放行后应去三检大厅办理三检

向大厅内的代理报验机构提供箱单、发票、合同报关单，由他们代理报验。报验后，可在大厅内统一窗口交费，并在白色提货单上盖三检放行章。

6. 三检手续办理后，去港池大厅交港杂费

港杂费用结清后，港方将提货联退给提货人供提货用。

7. 所有提货手续办妥后，可通知事先联系好的堆场提货

此流程有三个注意事项：

（1）首先应与港池调度室取得联系安排计划；

（2）根据提箱的多少与堆场联系足够的车辆尽可能按港方要求时间内提清，以免产生转栈堆存费用；

（3）提箱过程中应与堆场有关人员共同检查箱体是否有重大残破，如有，要求港方在设备交接单上签残；

8. 重箱由堆场提到场地后，应在免费期内及时掏箱以免产生滞箱

9. 货物提清后，从场站取回设备交接单证明箱体无残损，去船方或船舶代理部门取回押箱费

## 13.3　港口集装箱出口业务流程

**【实训要点】**

1. 掌握集装箱出口业务的主要地点和单证。

2. 掌握集装箱出口业务的主要流程。

（1）请发货人提供详细出口资料（若是拖装，报关资料可由拖车捎带；若是场装，报关资料由发货人提供）。

（2）根据发货人要求，选择价格低廉、服务好的船公司，并确认运价，停靠码头及班船。

（3）打印托运单，第一联传客户确认运价、船期。

（4）托运单第二至八联到外代排载，外代留下第二联（有时会留下第三联）并在除第六联附页上盖章（第七联有时不盖章），若需要船公司确认运费的，应提供运费确认书。

（5）提供第六联附页、第五联及提箱申请书（淡红色）到外代箱管科办理提箱申请，外代留下提箱申请书和第五联，并在第六联附页上盖章，提供设备交接单。

（6）提供第六联附页、设备交接单、提箱申请书（白色）、铅封、装箱单（不一定需要）到车队，并得知箱号。

（7）若为拖装，进场章在码头盖（第六、七、八联）；若为场装，进场章在堆场盖。

（8）提供第六、七、八联和装箱单（五份）到外代盖申报章。

（9）提供第六、七、八联到报关行报关（合同、委托书、发票、清单、出口核销书及许可证）。

（10）报关后送第六、七、八联到外代配载室，拿回第八联。

（11）待船舶开航后，提供第八联、单证费发票、海运费发票（预付）到外代换取提单。

（12）在报关后一至二个星期内到报关行领取退税核销单。

（13）通知托运人来领取核销单，并结清费用。

# 第14章

# 船舶理货业务实训项目

【教学目的与学习目标】

本实训项目的教学目的与学习目标是使学生在学习相关物流基础课程、报关实务及报检实务的基础上，以集装箱运输为线索，以船舶理货为主导，了解船舶理货的一般知识，掌握其工作原理、流程、应用方法。使学生对港口物流中船舶理货有一个全面、系统的了解和掌握。为学习有关专业课程以及进行专业实践打下必要的基础。本课程的基本目标是培养学生的综合素质，让他们掌握以下知识和技能。

（1）掌握件杂货的理货业务范围。

（2）掌握件杂货的理货工作程序、理货方法、理货过程中一些问题的处理。

（3）掌握集装箱船的理货程序。

（4）掌握集装箱的装箱、拆箱理货操作。

（5）具有运用专业知识、行业法规，以及查阅手册和其他技术资料的能力。

（6）掌握理货单证的制单要求。

（7）掌握主要的理货单证。

## 14.1 件杂货船理货业务

【实训要点】

1. 掌握件杂货的理货业务范围。
2. 掌握件杂货的理货工作程序、理货方法、理货过程中一些问题的处理。

### 一、必须熟知海运地理方面的常识

（1）了解国际主要海运航线。

（2）了解世界主要港口。

（3）熟悉我国外贸主要海运航线及主要港口。

（4）重点掌握本企业所在港口的港口情况及航线开辟情况。

## 二、要了解海运货物的分类及特点

### （一）按货物的装运形态分类

（1）件杂货：通常是一种按计件形式装运和交接的货物。

①包装货物。

②裸装货物：如钢板、钢材等。

③成组化货物：如集装箱货物。

（2）散装货物：包括干质散装货和液体散装货。

①干质散装货：一般是指没有包装就投入运输的块、粒、粉状的干散货，如各种矿石、煤炭、不加包装的粮谷等。

②液体散装货：如石油及其制品、植物油、化学品等。金属桶或塑料桶装运的流质货物及半流质如肠衣等也都属于此类。

### （二）按货物的性质分类

（1）普通货物：包括清洁货物、液体货物和粗劣货物三类。

①清洁货物：是指清洁、干燥的货物，也可叫精细货物。如在运输保管中不能混入杂质或被玷污的棉纺织品；供人食用的食品、茶叶；易损坏破碎的陶瓷器、玻璃制品等，还有各种日用工业品等。

②液体货物：是盛装于桶、瓶、坛内的流质或半流质货物，如油类、酒类、普通饮料等。

③粗劣货物：是指油污、水湿、扬尘和散发异味等特性的货物，如生皮、骨粉、鱼粉、烟叶、水泥、炭黑、颜料等。

（2）特殊货物：共有五大类。

①危险货物：是指具有燃烧、爆炸、毒害、腐蚀和放射线、污染等性质，在运输过程中能引起人身伤亡、财产毁损，需要按照有关危险货物运输规则的规定进行运输的货物。

②易腐性冷藏货物：是指常温条件下易腐烂变质或需按指定的某种低温条件运输的货物。

③贵重货物：是指价值昂贵的货物，如金、银、古董、艺术品、精密仪器等。

④活体动物：是指具有正常生命活动、在运输中需要特别照顾的动物和植物。

⑤长大笨重货物：单件货物体积过大或过长，重量超过一定界限的货物。

我国港航计费规定，每件超过 5 吨为重件；长度超过 12 米为长大件。在国际贸易运输中，有时也可根据船舶、码头的起吊能力作为划分重大件货物的标准，如卸货港码头上无起吊设备，而船舶吊杆的安全负荷为 8 吨，那么重量超过 8 吨的货物就是重件货物。

### （三）按货物的重量和体积比率划分

（1）重量货物：又称重货，是指重量 1 吨而体积小于 1 立方米的货物。

（2）轻泡货物：又称体积货物、尺码货物或轻货，是指重量 1 吨而体积大于 1 立方米的货物。

## 14.2　集装箱船理货业务

**【实训要点】**

1. 掌握集装箱船的理货程序。
2. 掌握集装箱的装箱、拆箱理货操作。

### 一、出口货运的业务流程

在国际贸易中，买卖双方的贸易合同一经订立，就要按照合同组织国际货运。国际集装箱运输是一个有机的系统，在这个系统中除集装箱码头外，还有船公司、船代、货代、外理、集装箱货运站、口岸监管部门及银行、保险公司等，只有各方共同参与和配合，才能保证出口货运工作的顺利开展。下面以“CY—CY”条款为例，简要介绍集装箱出口货运业务流程。

1. 订舱托运

按照贸易合同要求，如是 CFR、CIF 或 CPT、CIP 条款，应由发货人负责订舱托运。发货人按照合同规定的交货期，根据集装箱班轮公司公布的船期表，选择合适的船名航次，向船公司或船代订舱托运。集装箱班轮运输订舱的单证是场站收据，一式十联，故俗称“十联单”。场站收据的第一联为集装箱货物托运单，由货主自行填制或委托货代填制后提交船公司或船代订舱，后者审核无误后，在第一联、第二联（船代留底联）和第五联（装货单）加盖公章以确认订舱。

2. 投保

在 CIF 或 CIP 条款下，由发货人根据确认的订舱单向保险公司投保，支付保险费。

3. 申请空箱

目前集装箱的箱主绝大多数为船东箱，因此发货人在完成订舱托运后，通常要向船公司或船代申请空箱，以装箱出运，船公司或船代根据订舱资料，签发集装箱空箱发放凭证交发货人。

4. 装箱

发货人提运空箱至装箱点，负责装箱、填制装箱单，并在海关监管下施封。

5. 重箱进场

通常在装船前 3 天，发货人负责将出口重箱送入集装箱码头。

6. 出口报验、报关

目前我国实行的是先备货、后报关制度，发货人装箱后才能报关，在报关前还应先报验。通关后，海关在装货单上加盖海关放行章，准于出口装运。

7. 装船理箱

集装箱码头在收到发货人加盖海关放行章的装货单后，在第七联（场站收据正本）上签章后交还发货人，根据集装箱船配载图组织实施装船工作。装船时，由外轮理货公司代表承运人理箱并与码头在船边进行集装箱交接。

8. 签发提单

出口重箱装船开航后，发货人凭码头签发的场站收据正本向船公司或船代换取提单，后者审核无误、结清运费和其他费用后，收下场站收据正本，签发提单交发货人。

9. 结汇

发货人凭提单和其他货运单证向议付行结汇，收取货款。

## 二、集装箱码头的出口业务

### （一）出口准备工作

为使集装箱码头出口业务有条不紊地进行，集装箱码头在出口前要进行大量细致的准备工作，主要有出口货运资料预到和编制出口作业计划两大部分。

1. 出口货运资料预到

通常集装箱码头在实施装船作业以前，要求船公司或船代提供四类主要的集装箱出口资料。

（1）编出口用箱计划。出口用箱计划是船公司或船代根据订舱资料和集装箱空箱用箱申请制作的一份空箱发放计划，主要供集装箱码头或港外集装箱堆场编制空箱发放清单，合理调整空箱的堆场位置，以做好备箱和发放工作。

（2）船期预报和确报：在远洋运输中，船期预报通常为船舶到港前96小时，由于海运的一些不可预见因素，在船舶到港前24小时还应有船期确报，以便集装箱码头根据船期预先做好各项准备工作。

（3）预配清单：预配清单也称订舱清单，是船公司或船代根据订舱资料按船名航次汇总编制的一份集装箱出口货运清单，主要供集装箱码头掌握该船名航次出口箱的总体情况。

（4）预配船图：预配船图是船公司或船代根据订舱资料、船舶规范，以及沿航线挂靠港的装卸箱计划而编制的船图，它是集装箱码头编制配载图的重要依据之一。

2. 编制出口作业计划

集装箱码头为有效地组织生产，需要编制的作业计划较多，功能也各不相同。按时间分，有年度计划、月度计划、旬度计划、15天计划、昼夜计划；按作业类型分，有船舶计划、堆场计划、配载计划、装拆箱计划、进出场计划、疏港计划等。这里只介绍下面两个重要作业计划。

（1）船舶计划：由于集装箱码头是围绕船舶开展业务的，因此，船舶计划是集装箱码头作业计划中的核心计划。船舶计划通常为昼夜24小时计划，故也称船舶昼夜作业计划。它是根据船公司或船代提供的船期表，5天船期预报和24小时船期确报并结合码头泊位营运的具体情况而编制的，它规定了每一艘船舶停命的泊位、靠泊时间和作业任务以及开工时间、作业要求、完工时间和离泊时间等内容，并将作业任务分解到昼夜3个工班。船舶计划的编制应充分发挥码头泊位及其装卸桥的作用，保证各艘船舶有序地靠泊、作业和离泊，同时还应结合堆场计划合理调整后才能确定。

（2）堆场计划：出口堆场计划是根据船名、航次、出口箱预到资料并结合堆场使用状况而编制的出口箱在堆场的计划。为保证出口箱顺利装船，出口箱在堆场通常按四分开原则堆放，为充分利用堆场容量，减少翻箱率，还可根据出口箱及其船舶等情况，采取按位或按列或按箱区的堆放方法。同时，堆场计划的编制还要综合考虑堆场的使用情况，如其他船舶的集装箱进场作业，已卸船进口箱的提运作业和归并转作业，力求减少各种堆场作业的相互影响。堆场计划应结合船舶计划编制，力求保持这两个计划的协调性。

（二）发放空箱

根据船公司或船代提供的集装箱空箱放箱通知，集装箱码头编制空箱发放清单后，一般在装船前6天可接受发货人的提空箱申请。码头进出口受理台接收集装箱卡车司机（发货人通常委托集装箱卡车司机办理拖箱业务）提运空箱凭证并核对无误后，开具发箱凭证，在计算机中制订出放箱计划。集装箱卡车司机凭发箱凭证、集装箱设备交接单到码头堆场提运空箱。

（三）重箱进场

发货人装箱、计数、施封后，在装船前3天可拖重箱进入集装箱码头。集装箱卡车司机向码头检查口提交装箱单、设备交接单，办理重箱进场手续后，将重箱送入码头堆场指定的箱区。

（四）编制配载图、装船顺序单

1. 配载图

配载图是集装箱码头根据船公司或船代的预配图，并按照船舶既定的技术规范和码头作业特点而编制的航次出口箱在船舶上的具体船箱位的计划。配载图应满足船舶安全和货物安全要求，同时也要兼顾码头作业要求，从而更好地保证船期，充分发挥码头的作业效率。

2. 装船顺序单

装船顺序单是已进场并通过报关的航次出口箱的汇总表，包括箱号、尺寸、箱型、状态、箱重、卸货港以及堆场箱位等内容，并列明了本次船名、航次所有准备装船出口集装箱的情况，主要用于堆场发箱和岸边装船。

（五）装船和理箱

在制订好各项作业计划、配备好机械和人员后，码头按船舶计划要求开工装船。控制室依据船舶计划、配载图、装船顺序单等作业计划，指挥堆场发箱、集装箱卡车运输、岸边装船，并对整个装船作业进行监控和协调。在装船作业过程中，由外理代表船方理箱，并与港方进行集装箱的交接，如有异常，则如实填制残损记录，双方共同签字，以明确责任。

（六）装船结束工作

装船结束后，集装箱码头还要按装船作业的实际情况，编制一系列单证。

1. 作业签证

（1）装船作业签证：这是集装箱码头完成装船作业后签发的一份向船方收取费用的凭证，包括船名航次、靠泊时间、离泊时间、开工时间、完工时间等内容，并详细列明该航次装船集装箱的数量、尺寸、箱型、危险品箱、特种箱以及开关舱盖板的块数。如系非港方原因造成的翻装，则记明翻装的箱数、箱型、尺寸及翻装次数。翻装船作业签证由船舶指挥员签发，要求仔细核对，如实填写，并与大副共同核审无误后，双方在装船作业签证上签字，作为向船方结算装船费用的原始凭证。

（2）系解缆作业签证：这是码头提供系解缆服务而签发的一份向船方收取费用的凭证，包括船名航次、船舶净重、停靠泊位和日期等内容，并列明该船系解缆的具体时间。系解缆作业签证经大副审核无误签字确认后，作为向船方结算系解缆费用原始凭证。

（3）船舶供水签证：在船舶停泊期间，码头为船方提供加淡水服务，签发供水签证，主要内容有船名、航次、停靠泊位和日期等，并列明该船供水的吨位和具体时间。该签证须经大副审核无误、签字确认后，作为向船方结算供水费用的原始凭证。

2. 出口单船小结

出口单船小结是装船结束后根据该船名、航次实际装船集装箱而编制的汇总表，主要内容有船名、航次，靠泊时间、离泊时间等，并详细列明装船集装箱总数及其分类箱数。出口单船小结是集装箱码头统计装卸业务量的凭证，也是重要的备查资料。

3. 船舶离港报告

船舶离港报告是装船工作结束后有关该船名、航次作业情况的报告，包括船名、航次、靠泊时间、离泊时间，装卸时间、装卸箱量、作业时间等内容，它是提供给船代以掌握船舶动态情况的单证。

## 三、出口货运主要单证及其流转

1. 出口货运主要单证及其流转

国际货运出口业务中涉及的单证繁多，这里以 CY—CY 条款为例介绍主要出口货运单证及其流转，如图 14-1 所示。

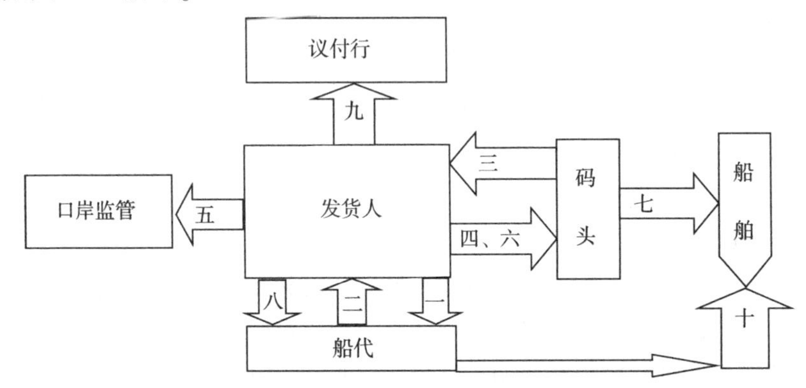


**图 14-1　出口货运单证及其流转**

（1）订舱托运场站收据（十联单）。

（2）确认订舱和放空箱：货物托运单、装货单、场站收据大副联、场站收据正本、场站收据货代联、集装箱设备交接单、集装箱放箱凭证。

（3）提运空箱：集装箱设备交接单、集装箱放箱凭证。

（4）重箱进场：装箱单、集装箱设备交接单。

（5）报关报验：装箱单、装货单、报关单、合同副本、信用证副本、商业发票、出口许可证等。

（6）签发场站收据：装货单、场站收据大副联、场站收据正本。

（7）装船理箱：场站收据大副联、装箱单、配载船图、装船顺序单、理货报告、集装箱装船清单。

（8）签发提单：场站收据正本、装箱单、提单。

（9）结汇：提单、装箱单、合同副本、信用证副本、商业发票、出口许可证等。

（10）随船单证：出口船图、出口舱单、理货报告等。

2. 集装箱码头出口单证及其流转

集装箱码头在出口业务中既涉及外部单证，也涉及内部单证，单证的种类较为繁多。随着我国沿海港口计算机通信技术的开发、运用和推广，单证已逐步呈现无纸化趋势，原来许多繁杂的纸面单证，已通过企业内部的局域网及外部的Internet网进行传递和处理，特别是企业内部单证更是如此。下面以“CY—CY”交接方式为例，介绍一些集装箱码头出口业务中尚在使用或与电子单证并轨使用的主要单证。

（1）出口资料预到：船期预报确报、出口用箱计划、预配清单、预配船图。

（2）出口作业计划：空箱发放清单、船舶计划集装箱码头出口单证堆场计划、配载图、装船顺序单。

（3）提运空箱：发箱凭证、设备交接单、提箱凭证。

（4）重箱进场：装箱单、设备交接单、危险货物集装箱装箱证明书、进箱凭证。

（5）签发场站收据：装货单、场站收据大副联、场站收据正本。

（6）装船和理箱：装箱单、场站收据大副联、配载图、装船顺序单、装船作业签证、理货报告、集装箱装船清单、出口船图、出口舱单。

（7）统计：装箱单、设备交接单、装货单、配载图、装船顺序单、出口单船小结。

（8）费收：装船作业签证、出口单船小结。

（9）开账：费收账单、装船作业签证等。

## 四、集装箱拆拼箱业务

### （一）概述

集装箱货运站（Container Freight Station，CFS），是集装箱公路运输系统的重要环节，起着独特而重要的作用。

装箱货运站按其地理位置可分为内陆货运站和港口货运站两类，主要针对CY交接条款为货主或内陆承运人提供装箱、拆箱服务。本节所介绍的，即为码头货运站的装箱、拆箱业务。

### （二）拆箱提货业务

1. 拆箱

CFS交接条款由码头拆箱的，或CY条款由于收货人无整箱提运能力或其他原因要求码头拆箱的，由码头控制室根据拆箱计划，安排机械将要拆箱的进口重箱移入码头CFS拆箱区。拆箱前，码头CFS人员和外理人员应先共同核对箱号、检验箱体和封志，再由码头人员拆箱、外理人员理货。

2. 库存

拆箱的货物应及时入库，根据货物的票数、重量、尺寸、包装等特性，选定合适的仓库货位，进行合理堆码。为便于保管和发货，通常还按票制作桩脚牌，置于该票货物正面明显之处。货物入库后，应即时将货物信息输入计算机，保证货物账货相符。

3. 受理

收货人办妥进口报关报验手续后，凭提货单到码头受理台办理提货手续。受理台审核提货单无误、收取码头有关费用后，开具提货凭证交收货人，并将提货作业计划按票输入计算机，通知码头 CFS 仓库做好发货准备。

4. 提货

收货人提货的方式主要为公路运输，此外还包括内河水运和铁路运输。因此集装箱码头受理提货申请后，根据提运方式的不同，分别编制车提、落驳和装火车的作业计划，按不同出库去向操作。

（三）装箱出口业务

1. 受理

发货人根据所托运的船名、航次的船期，完成备货和出口清关后，向码头受理台申请货物进库。受理台人员审核装货单并收取有关费用后，开具入库凭证交发货人，并将作业计划输入计算机，由计算机通知 CFS 仓库做好入库准备。

2. 入库

码头 CFS 仓库人员根据入库作业计划，做好货位安排准备。发货人将货物散件送仓库，仓库人员核对入库计划与入库凭证，双方当面清点、检验、交接货物，不同特性对货物进行合理堆码并做好桩脚牌。入库工作结束后，仓库人员应及时将货物信息输入计算机，做到账货一致。

3. 装箱

码头集装箱货运站人员根据装箱计划核对桩脚牌，并根据货物的不同特性，选定合适的集装箱箱型和尺寸，按照装箱的技术规范合理装箱。装箱时由外理负责理货，双方对装入箱子的货物进行清点、检验，如有异常应由外理作好记录，以区分装箱前后的责任。装箱完成后，由码头人员如实填制集装箱装箱单，并在海关监管下施封。需要注意的是，对于 CFS 条款装箱的，应注意避免各票货物之间不会因物理、化学性能造成货损，同时同一集装箱的各票货物不仅为同一船名、航次，而且应为同一目的港。出库装箱完成后，仓库人员应及时将作业信息输入计算机，以保持仓库的货物与记录一致。

4. 出运

装箱完成后，码头安排将重箱及时移入出口箱区，配载人员完成船舶配载后，按船名、航次和船期组织装船出运。

## 14.3 外轮理货单证

**【实训要点】**

1. 掌握主要的理货单证。
2. 掌握理货单证的制单要求。

### 一、整箱货出口货运代理业务流程与单证

1. 业务流程

委托代理 → 订舱 → 提取空箱 → 货物装箱 → 整箱货交接签证→ 换取提单 → 装船。

（1）委托代理：在集装箱班轮货物运输过程中，货主一般都委托货运代理人为其办理有关的货运业务。货运代理关系的建立也是由作为委托人的货主提出委托、由作为代理人的国际货运代理企业接受委托后建立。在货主委托货运代理时，会有一份货运代理委托书。订有长期货运代理合同，可以用货物明细表等单证代替委托书。

（2）订舱：货运代理人接受委托后，应根据货主提供的有关贸易合同或信用证条款的规定，向船公司或其代理人在其所营运或代理的船只的截单期前预定舱位，即定舱（Space Booking）。所谓截单期就是该船接受订舱的最后日期，超过截单期如舱位尚有多余或船期因故延误等，船公司同意再次接受订舱，称为“加载”。截单期一般在预定装船日期前几天，以便报关、报检、装箱、集港、制单等工作的进行。船期表及船公司所公布的各种航运信息是订舱配载的重要参考资料，货运代理人必须按照委托书内容要求的船期、船公司、箱型、装货、交货方式等办理。在订舱时，货运代理人会填制场站收据联单、预配清单等单据。

（3）提取空箱：订舱后，货运代理人应提出使用集装箱的申请，船方会给予安排并发放集装箱设备交接单。凭设备交接单，货运代理人就可以安排提取所需的集装箱。例如在整箱货运输时，通常是由货运代理人安排集装箱卡车运输公司（实践中通常称为集卡车队）到集装箱空箱堆场领取空箱，也可以由货主自己安排提箱。无论由谁安排提箱，在领取空箱时，提箱人都应与集装箱堆场办理空箱交接手续，并填制设备交接单。

（4）货物装箱：整箱货的装箱工作大多是由货运代理人安排进行，可以在货主的工厂、仓库装箱或是由货主将货物交由货运代理人的集装箱货运站装箱。当然，也可以由货主自己安排货物的装箱工作。装箱人应根据订舱清单的资料，核对场站收据和货物装箱的情况，并填制集装箱货物装箱单。

（5）整箱货交接签证：由货运代理人或发货人自行负责装箱并加封志的整箱货，通过内陆运输运至承运人的集装箱码头堆场，并由码头堆场根据订舱清单，核对场站收据和装箱单接收货物。整箱货出运前应办妥有关出口手续。集装箱码头堆场在验收货箱后，即在场站收据上签字，并将签署的场站收据交还给货运代理人或发货人。货运代理人或发货人可以凭经签署的场站收据要求承运人签发提单。

（6）换取提单：货运代理人或发货人凭经签署的场站收据，在支付了预付运费后（在预付运费的情况下），就可以向负责集装箱运输的人或其代理人换取提单。发货人取得提单后，就可以去银行结汇。

（7）装船：集装箱码头堆场或集装箱装卸区根据接受待装的货箱情况，制定出装船计划，等船靠泊后即行装船。

2. 操作过程

订舱后，货代将有关订舱信息通知货主或将“配舱回单”转交货主；货代申请用箱，取得集装箱设备交接单后就可以凭此到空箱堆场提取所需的集装箱；一种情况是货主“自拉自送”，先从货代处取得EIR，然后提空箱，装箱后制作集装箱装箱单（CLP），并按要求及时将重箱送码头堆场，即集中到港区等待装船；另一种情况是货代提空箱至货主指定地点装箱，制作CLP，然后将重箱“集港”；还有一种情况是货主将货物送到货代CFS，货代提空箱，并在CFS装箱，制作CLP，然后“集港”；货主委托货代代理报关、报检，办妥有关手续后将单证交货代现场；货主也可自行报关，并将单证交货代现场，货代现场将办妥手续后的单证交码头堆场配载；配载部门制订装船计划，经船公司确认后实施装船作业；实践中，在货物装船后可以取得场站收据（D/R）正本；货代可凭 D/R 正本到船方签单部门换取提单（B/L）或其他单据；货代将 B/L 等单据交货主。

3. 整箱货主要出口货运单证

（1）货主委托货代办理运输事宜的单证：该类单证可分为基本单证和特殊单证。基本单证即通常每批托运货物都须具备的单证，包括出口货运代理委托书、出口货物报关单、外汇核销单、商业发票、装箱单、重量单（磅码单）、规格单等。特殊单证是在基本单证以外，根据国家规定，按不同商品、按不同业务性质、不同出口地区向有关主管机关及海关交验的单证。如出口许可证、配额许可证、商检证、动植物检疫证、卫生证明、进料及来料加工手册、危险货物申请书、包装证、品质证、原产地证书等。在此介绍出口货运代理委托书和有关危险品单证及有关问题。

出口货运代理委托书（Entrusting Order For Export Goods）简称委托书。货运代理人接到委托方的委托书后，应及时加以审核，根据要求及时联系有关船公司或其代理人订舱，如某些要求无法接受或船货衔接存在问题，应迅速联系委托方征求意见，以免贻误工作。委托书详列托运各项资料和委办事项及工作要求，如装运事项、提单记载事项、运费结算事项等，是货运代理人的工作依据。

危险货物由于具有易爆、易燃、有毒、腐蚀、放射等危害特性，在进出口运输安排上要求较高、难度较大，托运的手续和需要的单证比普通货物复杂、烦琐。《国际海运危险货物规则》（International Maritime Dangerous Goods Code，IMDG Code）对海运危险货物的认定标准和程序作出了规定，且该规则（2002 年版第 31 套修正案）自 2004 年 1 月 1 日起成为强制性规则。

第一，编制托运单。危险货物的托运订舱必须按各类不同危险特性，分别编制托运单办理订舱配船，以便船方根据各种不同特性的危险货物按照《国际海运危险货物规则》的隔离要求分别堆装运输，以保安全。例如，一份信用证和合同中同时出运氧化剂、易燃液体和腐蚀品三种不同性质的货物，托运时必须按三种不同性质危险货物分别编制三份托运单，切不能一份托运单同时托运三种性质互不相容的危险货物。如果船方会将三种互不相容的危险货物装在一起，易产生化学反应，引起燃烧、爆炸，造成事故。特别是集装箱运输，切忌不要将互不相容的危险货物同装一集装箱内。

第二，托运时应随托运单提供中英文对照的“危险货物说明书”或“危险货物技术证明书”，一式数份，显示品名、别名、分子式、性能、运输注意事项、急救措施、消防方法等内容，供港口、船舶装卸、运输危险货物时参考。

第三，托运时必须提交经海事局审核批准的“包装危险货物安全适运申报单”（简称货申报），船舶代理人在配船以后凭此申报单（货申报）再向海事局办理“船舶载运危险货物申报单”（简称船申报），港务部门必须在收到海事局审核批准的船申报后才允许船舶装载危险货物。

第四，托运时应提交检验检疫局出具的按《国际海运危险货物规则》要求进行过各项实验结果合格的“危险货物包装容器使用证书”，该证书需经港务管理局审核盖章后才有效，港口装卸作业区凭港务局审核盖章后的证书，同意危险货物进港并核对货物后方可验放装船。

第五，集装箱装载危险货物后，还需填制中英文的“集装箱装运危险货物装箱证明书”，一式数份，分送港区、船方、船代和海事局。

第六，危险货物外包装表面必须张贴《国际海运危险货物规则》规定的危险品标志和标记，具体标志或标记图案参阅相关的明细表；成组包装或集装箱装运危险货物时，除箱内货物张贴危险品标志和标记外，在成组包装或集装箱外部四周还需贴上与箱内货物内容相同的危险品标牌和标记。

第七，对美国出口或需在美国转运的危险货物，托运时应提供英文的“危险货物安全资料卡（MSDS）”，一式两份，由船代转交承运人提供美国港口备案。危险货物安全资料卡需填写概况、危害成分、物理特征、起火和爆炸资料、健康危害资料、反应性情况、渗溢过程、特殊保护措施、特殊预防方法九项内容。

第八，罐式集装箱运散装危险货物时，还须提供罐式集装箱的检验合格证书。

第九，对美国出运危险货物或在香港转运危险货物，还需要增加一份《国际海运危险货物规则》推荐使用的“危险货物申报单”。

第十，托运人托运危险货物，应当依照有关海上危险货物运输的规定，妥善包装，作出危险品标志和标签，并将其正式名称、性质及应当采取的预防危害措施书面通知承运人；托运人未通知或者通知有误的，承运人可以在任何时间、任何地点根据情况需要将货物卸下、销毁使之不能为害，而不负赔偿责任。承运人知道危险货物的性质并已同意装运的，仍然可以在该项货物对于船舶、人员或者其他货物构成实际危险时，将货物卸下、销毁使之不能为害，而不负赔偿责任。

（2）集装箱货物托运单（“场站收据”联单）：现代海上班轮运输以集装箱运输为主（件杂货运输占极小比重），为简化手续即以场站收据作为集装箱货物的托运单。“场站收据”联单现在通常是由货代企业编制送交船公司或其代理人订舱，因此托运单也就相当于订舱单。我国在 1990 年开始进行集装箱多式联运工业性试验，简称“集装箱工试”。该项工业性试验虽已结束，但其中的三大单证的原理一直使用至今。三大单证是：出口时使用的“场站收据”联单，进口时使用的“交货记录”联单和进出口时都要使用的“设备交接单”联单。现以在上海口岸进行的“集装箱工试”的“场站收据”联单为例，介绍其各联的设计和用途：

第一联，货主留底（早先托运单由货主编制后将此联留存，故列第一联）；

第二联，船代留底；

第三联，运费通知（1）；

第四联，运费通知（2）；

第五联，装货单（Shipping Order）；

第五联（附页），缴纳出口货物港务申请书（由港区核算应收的港务费用）；

第六联（浅红色），场站收据副本大副联；

第七联（黄色），场站收据（dock receipt）正本；

第八联，货代留底；

第九联，配舱回单（1）；

第十联，配舱回单（2）；

第十一、十二联，白纸联（现在这两联白纸已不用）

以上一套十二张，船公司或其代理接受订舱后在托运单上加填船名、航次及编号（此编号俗称关单号，与该批货物的提单号基本保持一致），并在第五联装货单上盖章，表示确认订舱，然后将第二至四联留存，第五联以下全部退还货代公司。货代将第五联、五联附页、六联、七联共四联拆下，作为报关单证之用，九或十联交托运人（货主）做配舱回执，其余供内部各环节使用。

托运单虽有十二联之多，其核心单据则为第五、六、七联。第五联是装货单，盖有船公司或其代理人的图章，是船公司发给船上负责人员和集装箱装卸作业区接受装货的指令，报关时海关查核后在此联盖放行章，船方（集装箱装卸作业区）凭此收货装船。第六联供港区在货物装船前交外轮理货公司，当货物装船时与船上大副交接。第七联场站收据俗称黄联（黄色纸张，便于辨认），是在货物装上船后由船上大副签字（通常由集装箱码头堆场签章），退回船公司或其代理人，据以签发提单。

（3）集装箱预配清单：集装箱预配清单是船公司为集装箱管理需要而设计的一种单据，该清单格式及内容，各船公司大致相同，一般有提单号、船名、航次、货名、件数、毛重、尺码、目的港、集装箱类型、尺寸和数量、装箱地点等。货运代理人在订舱时或一批一单，或数批分行列载于一单，按订舱单内容编制后随同订舱单据送船公司或其代理人，船公司配载后将该清单发给空箱堆存点，据此核发设备交接单及空箱之用。

（4）集装箱发放/设备交接单：集装箱发放/设备交接单（Equipment Interchange Receipt，EIR）是集装箱进出港区、场站时，用箱人、运箱人与管箱人或其代理人之间交接集装箱及设备的凭证，兼有发放集装箱的凭证功能，所以它既是一种交接凭证，又是一种发放凭证，对集装箱运输特别是对箱务管理起着巨大作用。在日常业务中简称为“设备交接单”。

设备交接单使用时，应按照有关“设备交接单”制度规定的原则进行。设备交接单制度应严格要求做到一箱一单、箱单相符、箱单同行。用箱人、运箱人凭设备交接单进出港区、场站，到设备交接单指定的提箱地点提箱，并在规定的地点还箱。与此同时，用箱人必须在规定的日期、地点将箱子和机械设备如同交付时的状态还给管箱人或其代理人，对集装箱的超期使用或租用，用箱人应支付超期使用费；对使用或租用期间发生的任何箱子及设备的灭失和损坏，用箱人应承担赔偿责任，相应费用标准也应做出明确规定。

在集装箱货物运输情况下，货主（或货运代理人）在向船公司或其代理人订妥舱位取得装货单后可凭其向船方领取设备交接单。设备交接单一式六联，前三联用于出场，印有“出场OUT”字样，第一联盖有船公司或其集装箱代理人的图章，集装箱空箱堆场凭此发箱，第一、二联由堆场发箱后留存，第三联由提箱人（货运代理人）留存；设备交接单的后三联是进场之用，印有“进场IN”字样，该三联是在货物装箱后送到港口作业区堆场时重箱交接之用，第一、二两联由送货人交付港区道口，其中第二联留港区，第一联转给船方据以掌握集装箱的去向，送货人（货运代理人）自留第三联作为存根。可见，在集装箱货物出口运输中，设备交接单主要是货主（或货运代理人）领取空箱出场及运送重箱装船的交接凭证。

设备交接单的下半部分是出场或进场检查记录，由用箱人（运箱人）及集装箱堆场/码头工作人员在双方交接空箱或重箱时验明箱体记录情况，用以分清双方责任。空箱交接标准：箱体完好、水密、不漏光、清洁、干燥、无味，箱号及装载规范清晰；特种集装箱的机械、电器装置正常。重箱交接标准：箱体完好、箱号清晰、封志完整无损，特种集装箱机械、电器装置运转正常，并符合出口文件记载要求。

（5）集装箱装箱单：集装箱装箱单（Container Load Plan，CLP）是详细记载集装箱内货物的名称、数量等内容的单据，每个载货集装箱都要制作这样的单据，它是根据已装进集装箱内的货物制作的。不论是由发货人自己装箱还是由集装箱货运站负责装箱，负责装箱的人都要制作装箱单。集装箱装箱单是详细记载每一个集装箱内所装货物详细情况的单据，所以在以集装箱为单位进行运输时，是一张极其重要的单据。

集装箱装箱单的用途：作为发货人、集装箱货运站与集装箱码头堆场之间货物交接的单证；作为向船方通知集装箱内所装货物的明细表；单据上所记载的货物与集装箱的总重量是计算船舶吃水差、稳性的基本数据；在卸货地点是办理集装箱保税运输的单据之一；当发生货损时，是处理索赔事故的原始单据之一；卸货港集装箱货运站安排拆箱、理箱的单据之一。

装箱单记载事项必须与场站收据和报关单据上的相应事项保持一致，否则会引发不良后果。例如，装货港错打与场站收据不符，港区有可能不予配装，造成退关，也可能配舱错位，以致到达卸货港时无法从错置的舱架上把集装箱卸下；又如装箱单重量或尺码与报关单或发票不符，船公司按装箱单重量或尺码编制提单、舱单，出口单位结汇时发生单单不一致，不能结汇。此种情况，屡见不鲜，主要原因在于发货人托运时未向仓库或工厂取得正确数据，以致数量歧异。对此，发货人应加强注意，所装货物如品种不同必须按箱子前部（Front）到箱门（Door）的先后顺序填写。

4. 退关处理

货运代理人代委托单位订妥舱位并可能已办妥通关手续或者货已集港，但在装运过程中因故中止装运叫作退关（Shut Out）。发生退关后除弄清情况、分清责任外，当务之急是迅速做好善后处理。

（1）单证处理：属于委托单位主动提出退关的，货运代理人在接到委托方通知后须尽快通知船公司或其代理人以便对方在有关单证上注销此批货物，并通知港区现场理货人员注销场站收据或装货单；另一方面货运代理人须向海关办理退关手续，将注销的报关单及相关单证（外汇核销单、出口许可证、商检证件、来料或进料登记手册等）尽早取回退还委托方。如不属于委托单位主动提出退关而由于船方、港方或海关手续不完备等各种原因造成退关的，货运代理人在办理以上单证手续前，须先通知委托方说明情况并听取处理意见。

（2）货物处理：通关后如货物尚未进入港区，货运代理人须分别通知发货人、集卡车队、装箱点停止发货、派车及装箱；货物已经进入港区，退关后不再出运，须向港区申请，结清货物在港区的堆存费用，把货物拉出港区拆箱后送还发货人；退关后如准备该船下一航次或原船公司的其他航班随后出运，则暂留港区，待装下一航次或其他航班的船（限同一港区作业）；如换装另一船公司的船只，则因各船公司一般只接受本公司的集装箱，此种情况下，须将货物拉出港区换装集装箱后再送作业港区。

退关处理极为麻烦，货运代理人在处理此项工作时需要注意的是：必然抓紧时间，跟踪处理，不可延缓；对委托方提出的退关要求应采取积极配合的态度，但不宜轻率做出承诺，因为现场装船时间很紧，情况多变，往往不易控制；内外各部门、各环节之间除电话联系外，还须作书面通知，从时间界线上划清责任。

**二、整箱货进口货运代理业务流程与单证**

海运进口的货运代理业务是我国货代业务中涉及面最广、线最长、量最大、货种最复杂的货代业务。完整的海运进口业务，从国外接货开始，包括安排装船、安排运输、代办保险，直至货物运到我国港口后的卸货，接运报关报验，转运等业务。

1. 业务流程

货运代理人接受委托 → 卸货地订舱 → 接运工作 → 报检报关→监管转运→ 提取货物

（1）货运代理人接受委托：货运代理人与货主双方建立的委托关系可以是长期的，也可以是就某一批货物而签订的。在建立了长期代理关系的情况下，委托人往往会把代理人写在合同的一些条款中，这样，国外发货人在履行合约有关运输部分时会直接与代理人联系，有助于提高工作效率和避免联系脱节的现象发生。

（2）卸货地订舱：如果货物以 FOB 价格条件成交，货代接受收货人委托后，就负有订舱或租船的责任，并有将船名、装船期通知发货人的义务，特别是在采用特殊集装箱运输时，更应尽早预订舱位。

（3）接运工作：接运工作要做到及时、迅速。主要工作包括加强内部管理，做好接货准备，及时告知收货人，汇集单证，及时与港方联系谨慎接卸。

（4）报检报关：根据国家有关法律、法规的规定，进口货物必须办理验放手续后，收货人才能提取货物。因此，必须及时办理有关报检、报关等手续。

（5）监管转运：进口货物入境后，一般在港口报关放行后再内运，但经收货人要求，经海关核准也可运往另一设关地点办理海关手续，称为转关运输货物，属于海关监管货物。办理转关运输的进境地申报人必须持有海关颁发的《转关登记手册》，承运转关运输货物的承运单位必须是经海关核准的运输企业，持有《转关运输准载证》，监管货物在到达地申报时，必须递交进境地海关转关关封，《转关登记手册》和《转关运输准载证》，申报必须及时，并由海关签发回执，交进境地海关。

（6）提取货物：货运代理人向货主交货有两种情况，一是象征性交货，即以单证交接，货物到港经海关验放，并在提货单上加盖海关放行章，将该提货单交给货主，即为交货完毕。二是实际性交货，即除完成报关放行外，货运代理人负责向港口装卸区办理提货，并负责将货物运至货主指定地点，交给货主，集装箱运输中的整箱货通常还需要负责空箱的还箱工作。以上两种交货，都应做好交货工作的记录。

2. 操作过程

（1）货主（收货人）与货代建立货运代理关系。

（2）在买方安排运输的贸易合同下，货代办理 Home Booking 业务，落实货单齐备即可。

(3) 货代编制货物清单后，向船公司办理订舱手续。

(4) 货代通知买卖合同中的卖方（实际发货人）及装港代理人。

(5) 船公司安排载货船舶抵装货港。

(6) 实际发货人将货物交给船公司，货物装船后发货人取得有关运输单证。

(7) 货主之间办理交易手续及单证。

(8) 货代掌握船舶动态，收集、保管好有关单证。

注：在卖方安排运输的贸易合同下，前（2）至（7）不需要。关于Home booking见后述。

(9) 货代及时办理进口货物的单证及相关手续。

(10) 船抵卸货港卸货，货物入库、进场；在办理了货物进口报关等手续后，就可凭提货单到现场提货，特殊情况下可在船边提货；货代安排将货物交收货人，并办理空箱回运到空箱堆场等事宜。

3. 整箱货主要进口货运单证

(1) 货主委托货代办理进口货运业务单证：这些单证主要包括，进口货运代理委托书、进口订舱联系单、提单、发票、装箱单、保险单、进口许可证、机电产品进口登记表，以及包括木箱包装熏蒸证明等在内的其他单证。

(2) 交货记录联单：根据“集装箱工试”在上海的实验成果，在集装箱班轮运输中普遍采用交货记录联单以代替件杂货运输中使用的提货单。交货记录的性质实际上与“提货单”一样，仅仅是在其组成和流转过程方面有所不同。

交货记录标准格式一套共五联：到货通知书，提货单，费用账单（蓝色），费用账单（红色），交货记录。其流转程序为：第一，船舶代理人在收到进口货物单证资料后，通常会向收货人/代理人发出到货通知单；第二，收货人/代理人收到到货通知书后，凭海运正本提单（背书）向船舶代理人换取提货单及场站、港区的费用账单联、交货记录联等四联。提货单经船代盖章方始有效；第三，收货人/代理人持提货单在海关规定的期限内备妥报关资料，向海关申报。海关验收后在提货单的规定栏目内盖放行章。收货/代理人还要办理其他有关手续的，亦应办妥手续，取得有关单位盖章放行；第四，收货人/代理人凭已盖章放行的提货单及费用账单和交货记录联向场站或港区的营业所办理申请提货作业计划，港区或场站营业所核对船代提货单是否有效及有关放行章后，将提货单、费用账单联留下，作放货、结算费用及收费依据。在第五联交货记录联上盖章，以示确认手续完备，受理作业申请，安排提货作业计划，并同意放货；第五，收货人/代理人凭港区或场站已盖章的交货记录联到港区仓库，或场站仓库、堆场提取货物，提货完毕后，提货人应在规定的栏目内签名，以示确认提取的货物无误。交货记录上所列货物数量全部提完后，场站或港区应收回交货记录联；第六，场站或港区凭收回的交货记录联核算有关费用。填制费用账单，一式二联，结算费用。将第三联（蓝色）费用账单联留存场站、港区制单部门，第四联（红色）费用账单联作为向收货人收取费用的凭证；第七，港区或场站将第二联提货单联及第四联费用账单联、第五联交货记录联留存归档备查。

(3) 集装箱发放/设备交接单：集装箱进口货运过程中也需要使用设备交接单。

4. 货代卸货地订舱业务

货运代理人从事的卸货地订舱（Home Booking）业务应该是进口货物运输工作的第一

步，委托人需提供有关托运物品的一切细节，通常要求委托人在交货期一个月前填写《进口订舱联系单》，其份数根据具体情况而定。除卸货地订舱外，还可根据具体情况有类似的卸货地租船，因此，有人统称其为卸货地租船、订舱。本书将这部分内容在此一并予以介绍。由于订舱联系单是货运代理人安排运输的重要依据，所列项目必须完整、正确地填写。

（1）订舱联系单中的内容及填写：联系单中货名一栏必须使用中、英文填写，化工物品如使用商业名称，还必须填写化学名称；重量栏要填写毛重（如有含水分的货，应注明水量），以便根据货物的重量准确安排。尺码要按外包装尺寸填写；合同号栏，外贸专业公司进口成交的合同有统一的规范编号；包装栏要列明货物包装形式和种类，以便准确计算所需舱容；装卸港要列明具体的港口名称，若在同一地区选择装港，必须规定由买方选择；买卖条款栏，要将交货的具体条件填写清楚，如 FOB、FOBS、FOBST 等。如果合同中对此有专门文字叙述，也必须详细填写在订舱联系单内，如有装货率，或滞速条款也要说明，以便接受委托后根据实际情况通知国外代理安排并划分费用；危险品订舱时，要注明危规号（IMDG CODE 等级及联合国危险品编号）和危险品性质（如有毒、易燃、易爆、放射性）；贵重物品要加注货价，以便选配适当船只，保证货物安全；对按货价区分运价等级的五金、钢材，要列明 FOB 单价以作为支付和审核运费的依据；对于超长、超重货物，为了便于积载和做好装卸船的准备工作，对每件长度超过 9 米，重量超过 5 吨的，应在进口订舱联系单上注明；成套设备和机械设备重大件（包括裸装设备及大型箱装机器）凡毛重超过 20 吨，长度超过 12 米，宽度超过 3. 4 米，高度超过 2. 35 米者均需在订舱联系单上逐件注明；各种车辆不论是否超长超宽均需注明长、宽、高以便计算积载费用；特殊货物如散油、冷藏货及鲜货、活货的订舱，应在进口订舱联系单上列明具体货运温度等要求。

（2）订舱是选择权的行使：货运代理人接到订舱单后就承担了安排运输的责任，首先根据货物的具体情况选择运输形式，一般而言，货量较小的货物，只能使用班轮，可以信赖船公司去照料，但是其运费必然较高；而货量较大的适宜使用程租船的形式。其次，选择承运人，作为货运代理人，应非常仔细地检查有关承运人的情况。归纳起来，主要有以下几个因素：第一，运输服务的定期性。若货物需要以固定的间隔时间运输出去，则选择班轮。第二，运输速度。当托运人为了满足某种货物在规定日期内运到的需求，会更加注重考虑运输速度问题，其次才会考虑费用的高低。第三，运输费用。当运输的定期性和速度不是托运人考虑的主要因素时，运输费用就成为最重要的了。第四，运输的可靠性。在选择一家船公司之前考察一下它的实力和信誉，会减少海事欺诈。第五，经营状况和责任。调查托运人所使用船舶的所有人或经营人的经营状况及所负担的责任。

（3）订舱是一种契约行为：例如租船时，一方报价，经双方运价及条件的商议，另一方表示接受，契约即告成立。班轮由托运人提出订舱，其订舱单经船公司或其代理人注上船名、航次并退还托运人，契约也即告成立。船方有义务准时派船来受载，货方有义务准时把货送去装船。

（4）订舱的途径和方法：班轮运输的具体做法是制作货单（Cargo List），其内容都来自进口货物订舱联系单，应按照装货港口或地区分别制作，并分寄各有关船公司，船公司据此配载，以后确认订妥的船只及装期或者联系解决存在的问题均以货单上该批货物的编号为依据进行直接联系。租船因为对象不是固定的，而是在谈判过程中逐步明确起来的，这一过程中洽谈的对象可能有很多，因此往往通过租船经纪人进行，他们每天提供租船市场情况，包括愿意出租船舶的情况和货方需求船舶情况，当认为某船舶合适时即可以此为对象进行洽谈，以后由该经纪人代签租约。有时不必等待正式租约寄到，即可根据租船的主要条款如船舶的受载期、载重吨、散/包容积装港、装卸率等进行安排。

（5）装船：订舱工作完成后，按照装期进行装船工作。实践中大多由发货人与船方进行货物的交接工作。然而，事实证明发货人不是可以无条件信赖的，因此，有必要委派监装代理人，监装代理人作为货主的代表，将依法维护货方的利益。

作为称职的货运代理人还应该关心在运输途中的货物，对于承租船装运的货物，应要求船东按时报告船舶位置；对于班轮承运的货物如果需要转运的，应该关注其是否及时转船。总之做好订舱工作必须关注货物的运输过程，即使发生了意外事故，也可以及时得到解决，使委托人的利益得到更好地保护。

# 参 考 文 献

[1] 汪长江. 港口物流学[M]. 杭州：浙江大学出版社，2010.

[2] 杨玉生. 港口发展与沿海经济[M]. 大连：大连海运学院出版社，1990.

[3] 马宗武. 港口经济学[M]. 北京：中国城市经济社会出版社，1989.

[4] 黄晓科. 传统港口到现代港口的转变[J]. 中国西部科技，2006(4).

[5] 高刚. 促进福建港口物流发展的研究[D]. 福州：福州大学，2006.

[6] 王维寿. 港口物流企业阶段不同策略不同[N]. 中国交通报，2004-02-17.

[7] 罗正齐. 港口经济学[M]. 上海：学苑出版社，2005.

[8] 杜其东，陶其钧，汪诚彪. 国际经济中心城市港口比较专题系列研究之——港口与城市关系研究[J]. 水运管理，2003(1).

[9] 丁立信，张择. 国际物流学[M]. 北京：清华大学出版社，2003.

[10] 徐金伟. 港口物流发展研究[J]. 世界海运，2004(2).

[11] 郑弘毅. 港口城市探索[M]. 南京：河海大学出版社，2000.

[12] 谭钧. 港口物流[M]. 吉林：吉林大学出版社，2012.

[13] 冯佺光，李林. 物流市场经纪人[M]. 北京：东方出版社，2008.

[14] 王立坤. 现代港口理论与实务[M]. 上海：上海交通大学出版社 ，2011.

[15] 杨志刚，王立坤，周鑫. 国际集装箱码头实务、法规与案例[M]. 北京：人民交通出版社，2009.

[16] 崔国成. 物流基础[M]. 武汉：武汉理工大学出版社，2013.

[17] 李昆鹏，王先庆. 浅谈我国空港物流发展的特点、问题和对策[J]. 城市观察，2013 (02)：35-41.

[18] 魏然，张力. 中国航空物流发展现状与趋势[J]. 价格月刊，2017 (4)：82-86.

[19] 谢春讯. 航空货运管理概论[M]. 南京：东南大学出版社，2006.

[20] 刘南. 交通运输学[M]. 杭州：浙江大学出版社，2009.

[21] 徐勇谋，杨海民，郭湖斌. 国际物流管理[M]. 北京：化学工业出版社，2004.

[22] 王任祥，现代港口物流管理[M]. 上海：同济大学出版社，2007：194.

[23] 顾永才，高倩倩. 港口物流[M]. 北京：首都经济贸易大学出版社，2013：260.

[24] 刘浩华，吴群，王友丽，等. 物流学[M]. 北京：清华大学出版社，2016：295.

[25] 周艳军. 保税物流[M]. 北京：中国财富出版社，2015：2.